職業安全管理與實務

2nd Edition

張國信◎編著

Occupational Safety Management and Practice

序

　　《職業安全管理與實務》一書之撰寫，已度過七、八個年頭，感謝大家的捧場，為了感謝讀者們的支持，筆者再次提筆修正，希望能夠繼續幫忙學子在學期間之進修研讀及進入職場中從事職業安全衛生管理之新鮮人，能夠對於工廠安全衛生管理工作有深刻之認知與瞭解。

　　近年來高雄市發生重大氣爆案，造成人員重大死傷，財產損失。而食品安全更是空前浩劫，連國內前二大食品大廠產品紛紛中標下架，不僅產財損失外，更讓企業商譽落地，難道這樣的結果是企業主們所想要的嗎？當然不是，從事工安工作多年，常常在思考一件事情，為什麼相同之意外事故會重複不斷的發生，是管理者的心態嗎？或是人們的無知呢？反正受傷的人不會是我？我不會這麼倒楣吧！每當遭遇到意外事故後，第一句話又會問：「意外為什麼會發生呢？我該怎麼辦？」一臉無奈又悔恨的可憐樣，真讓人無比的感嘆，早知如此又何必當初呢？

　　發生意外事故的主要原因都是因人為之疏忽和錯誤的觀念所造成，凡事差不多，災難跟著多，造成人員傷亡、財產重大損失及社會成本的嚴重負擔。有鑑於此，台灣花了五十多年之努力，才成為一個富裕的社會，但是再多的錢財也抵不過一聲轟然爆炸，我們需要富而精緻、富而紀律、富而安全的環境，也是全體民眾和政府必須戮力追求的目標。

　　而本書再次修正出版，為符合職安法頒布實施，因此訂正及強化書籍陣容，希望有助於教學與訓練教材之用，筆者學疏經淺，承蒙各工安界先進不吝指正，共同祈望且能夠真正落實改善工安工作，以免發生事故後，造成人員傷亡及財產損失時才來懺悔與無助。

張國信　謹識

前　言

　　職業安全管理概念與實務，均會隨著時空環境之變化而改變，但其基本之理念、原則是不會變動的。以前觀念著重於消除災害之概念和方法，經過數十年來之努力，已經發展如何利用危害風險管理之概念來加以控制災害的發生。

　　職業安全管理工作的重要性，現在已為企業界、社會大眾所肯定及重視，其主要之目的仍在於如何防止職業傷害的發生，保障工作者生命安全與身體健康。然而一旦發生職業災害，輕者，設備及財務之損失，重者，可能會有人員傷亡。金錢之損失可以想辦法再賺回來，但是人員傷亡是一生當中完全無法彌補的遺憾和傷痛。

　　有鑑於此，筆者提出職業安全衛生管理系統架構，從職業安全衛生管理之角度來探討如何推展安全衛生管理工作？（更詳盡的資料請參考第二十章）

　　1.雇主或經營者對安全衛生管理工作做出承諾。

　　2.由事業單位管理階層訂定安全衛生政策。

　　3.健全安全衛生管理組織體系。

　　4.建立安全衛生管理系統及制度。

　　5.制定安全衛生年度計畫與實施教育訓練。

　　6.訂定安全衛生績效指標與稽核系統。

　　本書從職業安全管理系統架構來分為二大區塊：第一篇安全管理概論，屬於基本之概念性原理，涵蓋工業安全起源、職業安全意義、法規要求、組織建全、擬訂計畫、教育訓練、緊急應變、安全分析、作業標準、事故調查與統計、安全活動與激勵、個人防護具、安全稽核與績效管理。

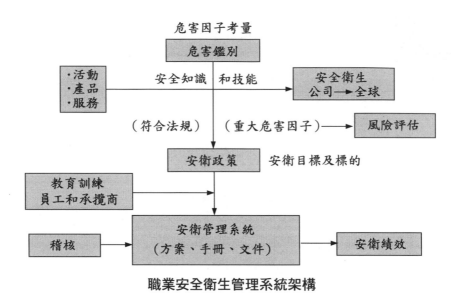

職業安全衛生管理系統架構

　　第二篇安全管理實務，屬於工廠管理現況和實務，涵蓋自動檢查、作業規定、危害通識、承攬商管理、製程安全、消防工程、危害風險管理、職業災害案例分析與因應對策、溝通、安全文化及職業安全衛生管理系統。

　　本次修訂藉此機會將「職業安全衛生法」新增條文第六條第二項保護勞工身心健康措施，專篇探討事業單位如何擬訂人因性危害防止計畫及職場暴力預防計畫納入第二十一章。另光電半導體產業占台灣產業有舉足輕重之地位，很少書籍加以介紹，因此，筆者在化學工廠近三十年工作經驗將所蒐集資訊以專篇簡略概述探討電子產業化學品之應用及危害管理納入第二十二章。希望藉由基本理論和工廠實務經驗之介紹，有助於學子在校學習且對於未來進入職場該如何選擇良好的工作場所有所裨益；對於從事工安管理新鮮人而言，能夠更容易且更具信心地切入職業安全管理工作。

目　錄

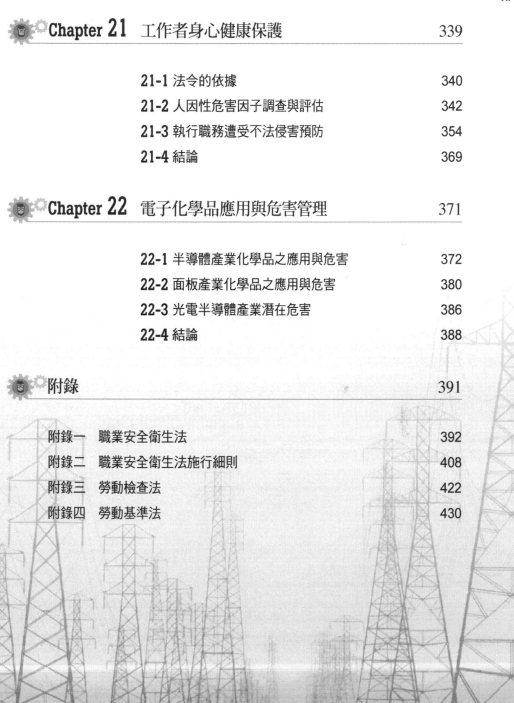

Part

1

安全管理概論

Chapter 1

工業安全起源與發展

從人類的歷史來看，為了生存，對於自我保護的觀念是與生所具備的，因為每個人都有「居安思危」的理念。雖然從農、漁業社會的演變過程中，人們總是希望追求更好的物質生活，改善環境品質，但是在追求過程中總是會造成某方面的損失，甚至於犧牲了最寶貴的生命。有鑑於此，當勞工勢力抬頭的時候，呼喚起資方及政府的關注，慢慢的開始重視勞工的工作環境與勞動條件，這是多少先人用生命換來的代價，希望每個人都應該加以珍惜得來不易的甜美果實，因此，必須靠勞工的努力爭取及資方的道德良知，才能夠繼續維持一個安全無虞的工作環境。

1-1 工業革命發展史略

人類從農、漁業社會中演進到工業發展過程中，除了追求物質生活之享受外，也付出了許多寶貴生命及社會成本代價，慢慢記取教訓，唯有安全才是生存必要之條件。

綜觀整個工業發展史（圖1-1）而言，在西元1777年（十八世紀中葉）由英國機械工程師瓦特（James Watt）創造發明第一部實用價值的蒸汽機，揭開工業革命神祕的面紗。讓許多資本家紛紛投入資金從事工業生產行列，改變整個世界的經濟型態，由農、漁業轉向輕工業（如紡織、毛紡、採礦等），帶動整體經濟發展，也衍生許多工業安全及衛生問題。

由於追求經濟發展造成許多職業傷害事件發生，影響工作能力，甚至犧牲許多勞工生命，引起社會動盪不安，因此對於工廠安全與衛生已引起英國及歐美國家政府之重視，並介入干預及推動各項安全衛生法案立法工作，奠定了工業安全運動的基石。

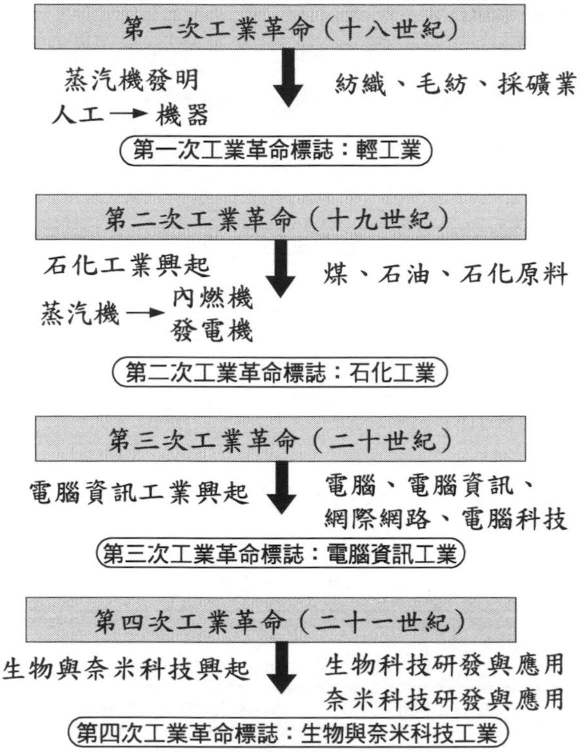

第一次工業革命（十八世紀）

蒸汽機發明　　　　　　　紡織、毛紡、採礦業

人工 ⟶ 機器

第一次工業革命標誌：輕工業

第二次工業革命（十九世紀）

石化工業興起　　　　　　煤、石油、石化原料

蒸汽機 ⟶ 內燃機
　　　　　發電機

第二次工業革命標誌：石化工業

第三次工業革命（二十世紀）

電腦資訊工業興起　　　　電腦、電腦資訊、
　　　　　　　　　　　　網際網路、電腦科技

第三次工業革命標誌：電腦資訊工業

第四次工業革命（二十一世紀）

生物與奈米科技興起　　　生物科技研發與應用
　　　　　　　　　　　　奈米科技研發與應用

第四次工業革命標誌：生物與奈米科技工業

圖1-1　工業革命發展史略

1-2 工業安全運動與立法

　　經過工業革命發展的震撼後，英國開啟工業安全衛生法令立法工作，成為工業發展與工業安全先驅。其他先進國家如美國、德國、日本等，均投入職業安全衛生立法保護勞工安全與健康之行列。唯有減少工廠的意外事件發生，才可能增加企業之獲利能力，創造社會經濟發展與繁榮。茲就各國推展職業安全衛生工作立法原由簡略說明如下：

一、英國：工業發展與工業安全先驅

在1802年英國國會通過「學徒健康與道德法」，依據此法的規定，學徒每天的工作時間不得超過十二小時，並不得在夜間工作，目的在於保護童工之健康。

英國政府於1819年為明確限制童工的工作年齡，特頒訂「工廠法」，規定受僱童工的年齡必須大於九歲，以避免造成兒童提早被送進工廠工作，而危害到身心的發育。

到了1974年英國政府受到美國的「職業安全衛生法」之影響，為保障國家生產原動力資源——勞工，與維護社會大眾權益及保護自然環境，特制定「工作場所健康及安全法」作為基礎（**圖1-2**）。

圖1-2 英國工業安全發展史

二、美國：職業安全與衛生管理始祖

在1970年美國國會通過「職業安全衛生法」，開啟了安全衛生管理的新局面，勞工從此獲得到應有的保障，此法涵蓋各行業僱用工人的雇主應負的法律責任，確保勞工的工作環境，並要求工作場所的安全衛生條件，讓勞工和雇主間的勞動條件獲得改善與尊重，提升政府的公權力進入到工廠內，目的在於保障勞工的安全與健康（**圖1-3**）。

三、中華民國：安全衛生的發展史

(一)1929年「工會法」

我國在清末民初時，工人的組織多為社團形態，由於沒有一定的成規，經常引起勞資糾紛，爆發工潮，引起社會的動亂不安，當時的國民政府在1929年公布實施「工會法」，以保障勞工權益，增進勞工的知能，發

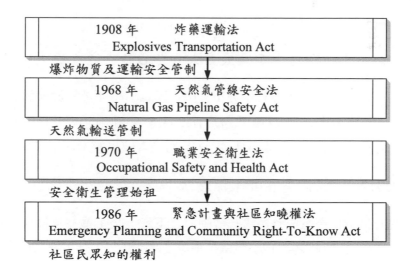

圖1-3　美國工業安全發展史

展生產事業,改善勞工的生活為其宗旨。

自中央政府遷台後,因兩岸戰事尚未平息,經濟發展之初期,為確保社會之安定,於1950年試辦勞工保險制度,改善勞工的生活,開啟我國保險事業的新紀元。

(二)1974年「勞工安全衛生法」

經過二十多年來的努力,台灣的經濟發展頗有成效,相對犧牲許多的社會成本及寶貴生命,有鑑於此,在1974年4月16日立法通過,由總統明令公布實施「勞工安全衛生法」,繼美國、日本之後第三個制定專屬保障勞工權益法案的國家。

(三)1984年「勞動基準法」

政府並於1984年完成保障勞工就業權益之法案「勞動基準法」,明定勞動條件的最低標準,基於勞、資間之立足點的不平等,以「勞工」為該法權利保障的主體,「雇主」為該法義務之主體,同時也兼顧權利與義務之適當平衡,達成雙贏目標。

(四)1993年重新修訂「工廠檢查法」更名為「勞動檢查法」

「工廠檢查法」在1931年發布實施,因為環境變遷,經濟繁榮,有不合適之法條,於是在1993年重新修訂更名為「勞動檢查法」,為貫徹勞動法令之執行、維護勞雇雙方權益、安定社會、發展經濟而制定本法。

(五)2001年「職業災害勞工保護法」

由於職業災害造成整體國家勞動力之下降,勞工權益無法完全獲得保障,政府並在2001年完成「職業災害勞工保護法」,其主要的功能與特色說明如下:

1. 保障遭受職業災害勞工之生活：包括提供津貼補助、器具補助、看護補助以及死亡時之遺屬救助。

2. 涵蓋未參加勞工保險之勞工：受害勞工如未參加勞保，且雇主又未按「勞動基準法」規定予以補償時，得申請職業災害殘廢、死亡補助；該法並對該雇主加強處罰，罰鍰作為本法專款使用。

3. 保障承攬關係之勞工：針對國內工程層層轉包之情形普遍，該法特別規定，勞工可向最上包求償，以保障其權益。

4. 提供受害勞工職業訓練：對職業災害勞工工作能力受損者，輔導其參加職業訓練，以重返職場。

5. 強化職業病防治體系：包括培訓職業病醫師，強化職業疾病鑑定，將可有效解決職業疾病之爭議，保障罹病勞工之權益。

6. 強化勞工安全衛生意識：除了辦理各項勞工安全衛生教育訓練及宣導外，並配合國際工殤日，訂定每年4月28日為工殤日，以紀念罹災勞工，提醒國人尊重生命之價值。

(六)2013年「職業安全衛生法」

「職業安全衛生法」於2013年7月3日頒布實施，並擴大適用對象，涵蓋所有勞動場所，一體適用於各業的所有工作者（包括受僱勞工、自營作業者及其他受工作場所負責人指揮或監督從事勞動的人員，如派遣工、實習生等。因職安法之擴大適用範圍，因此保障場域由雇主所能支配、管理之「工作場所」擴及至勞工執行職務之所有「勞動場所」，對勞工而言增加外出工作的保障（**圖1-4**）。除了擴大適用之對象外，並增加下列重大之改變及影響：

◆建構機械、設備及化學品源頭管理機制

1. 經中央主管機關指定的機械、設備或器具，非符合安全標準或未經驗證合格者，不得產製運出廠場或輸入；製造者或輸入者對於未經

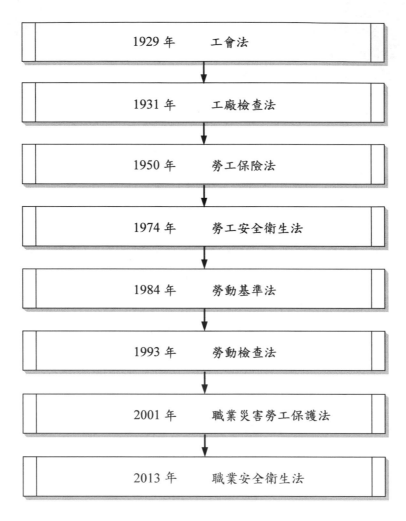

圖1-4 中華民國工業安全發展史

公告列入型式驗證的機械、設備或器具，符合安全標準者，應以登錄及張貼安全標示方式宣告。

2.建立新化學物質、管制性化學品及優先管理化學品之評估、許可、備查等管理機制；增訂危害性化學品的製造者、輸入者、供應者及雇主，提供或揭示安全資料表、製備清單及採取通識措施的義務，

並應依其危害性、散布情形及使用量等，評估風險等級及採取分級管理措施。

◆健全職業病預防體系、強化勞工身心健康保護

1.為防止勞工過勞、精神壓力及肌肉骨骼相關疾病之危害，強化勞工生理及心理健康之保護，雇主應就長時間工作等異常工作負荷促發工作相關疾病、執行職務因他人行為遭受身體或精神不法侵害、重複性作業等促發肌肉骨骼疾病等事項的預防，妥為規劃並採取必要的安全衛生措施。

2.對有害健康的作業場所，雇主應實施作業環境監測；監測計畫及結果應公開揭示，並通報中央主管機關。

3.強化勞工健康管理，雇主應依健康檢查結果採取健康管理分級措施，但不得將個人健康檢查結果作為健康管理以外的用途。

4.勞工人數達一定規模以上的事業單位，應僱用或特約醫護人員辦理健康管理、職業病預防及健康促進等勞工健康保護事項。

5.疑似職業病勞工若向勞動檢查機構申訴，雇主不得有不利待遇。

◆健全母性及未成年者之健康保護措施

1.兼顧母性保護與就業平權，配合國際勞工組織（ILO）2000年「母性保護公約」之修正及我國「消除對婦女一切形式歧視公約」之實施，刪除一般女性勞工禁止從事危險性或有害性工作的規定；修正妊娠中或分娩後未滿一年的女性勞工，禁止從事危險性或有害性工作之種類及範圍。增訂中央主管機關指定的事業，雇主應對有母性健康危害之虞的工作，採取危害評估、控制及分級管理措施；對於妊娠中或分娩後未滿一年的女性勞工，應採取工作調整或更換工作等健康保護措施。

2.雇主不得使未滿十八歲的未成年者從事危險性或有害性工作；此

外，未成年經醫師評估結果，不能適應原有工作者，雇主應參採醫師的建議，變更其作業場所、更換工作或縮短工作時間，並採取健康管理措施。

◆ 強化高風險事業之定期製程安全評估監督機制及提高違法事項罰則

1. 對從事石油裂解之石化工業等危險性工作場所，應定期實施製程安全評估並報請勞動檢查機構備查，以強化監督。
2. 考量實務情形修正罰則規定，並增訂公布事業單位之名稱、負責人的姓名等罰則。
3. 中央主管機關得公布違規名單或發生重大職災之廠商名單，期藉社會力量督促改善。

◆ 增列勞工立即危險作業得退避、原事業單位連帶賠償及勞工代表會同職業災害調查等規定

1. 勞工執行職務發現有立即危險之虞時，得在不危及其他工作者安全的情形下，自行退避至安全場所，並即向直屬主管報告，而雇主不得任意對其採取不利待遇。
2. 事業單位交付承攬時，如涉及違反安全衛生規定，致承攬人勞工發生職業災害時，應與承攬人負連帶賠償責任。
3. 事業單位工作場所發生職業災害時，雇主應會同勞工代表實施職業災害調查。

1-3 工業安全發展與職業災害統計

英國推行工業安全衛生管理工作至今約二百多年歷史，其實施成效乃舉世之最，無其他國家能相媲美，所規範之勞工安全衛生法令更成為當今

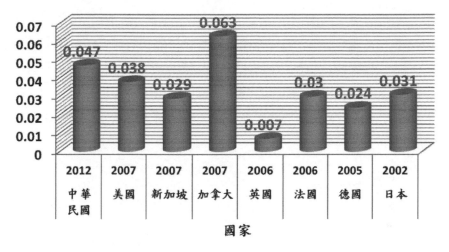

死亡千人率

圖1-5　職災死亡千人率統計

工業發展先進國家之參考典範。相對其職業災害死亡千人率統計仍為全世界最低（**圖1-5**），堪稱為職業安全衛生管理之模範國家。

1-4 結論

　　工業安全發展至今已歷二百年以上，世界各國的職業安全衛生管理推展工作頗具規模，勞工之工作環境與勞動條件已獲相當程度之改善與保障。然而，我國在政府大力推動勞工安全衛生工作經歷近四十年來之努力，對於勞工生命安全與健康提供不少的保障，但是職災死亡千人率仍較先進國家（如英國、美國、德國及日本等）偏高。我們應正視安全衛生績效無法提升及職災死亡千人率無法持續下降原因，應該一一提出檢討。

　　有鑑於此，「勞工安全衛生法」實施至今已無法符合國際潮流，政府重新思考我國勞工安全衛生政策，在追求經濟發展下，社會變遷，民

眾對安全保障更加嚴苛。因此，政府將勞工管理層級提升由勞委會→勞
動部，並將「勞工安全衛生法」（1974年）修訂為「職業安全衛生法」
（2013年），擴大工作者適用範圍，健全職業病預防體系，強化勞工身心
健康保障，把勞工保護由工作場所延伸至勞動場所，並將製程安全管理概
念（Process Safety Management, PSM）導入工廠安全管理系統。相信經過
重大變革後，應該可以降低職災死亡千人率，讓大家拭目以待吧！

參考文獻

黃清賢（1991）。《工業安全與管理》，頁1-19。台北：三民書局。

勞動部，安全衛生業務（2013年度勞動檢查年報），http：//www.mol.gov.tw。

Chapter 2 職業安全意義與概念

在我們的日常生活當中，無論食、衣、住、行都必須依賴有關的設施與設備，如水、電、煤氣、機械（車輛、電視機、電腦、冰箱、洗衣機、冷氣等），它會為我們帶來許多的便利，相對也可能為我們帶來許多的麻煩，甚至於引起災害。所以無論從事任何的活動，都可能存在相對的風險性，凡事小心為妙。

而每一種行業都有存在可能的風險性，例如銀行業怕被搶劫；製造業怕發生火災、爆炸的重大工安事故；運輸業怕車禍造成損失；營造業怕勞工墜落死亡等職業災害。所以說無論任何行業或從事任何工作，都必須具備安全的意識及常識，相信災害會離你遠去。

2-1 職業安全意義

「安全」是指災害事故損失的控制（control of accidental loss），簡易的說：「安」是指無危險，「全」是指無損害。在消極面而言，著重於如何防止意外事件之發生而加以消滅；在積極面而言，應針對可能潛在的危害性物質、設備、環境，提出改善計畫或方案，並且設法防止或加以消除（圖2-1、圖2-2）。

職業安全是一門研究如何防止職業上意外事件發生所可能造成損失之專業科學，包含心理學、工業工程、管理學、化工、機械、電機、統計學等結合電腦資訊所成之專門學科。

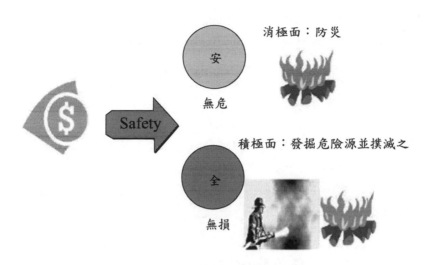

圖2-1　職業安全意義與概念

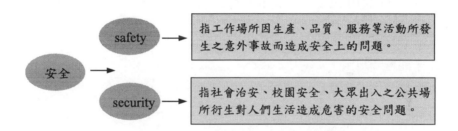

圖2-2　職業安全與社會安全之概念

2-2 安全管理哲學

　　在1931年美國工業安全理論專家韓笠琦（W. H. Heinrich）所著作出版的《工業意外事故之防止》（*Industrial Accidents Prevention*）一書中最早提出著名的骨牌理論（domino theory），建立了安全管理哲學的理論基礎。

韓氏所列出的意外事故可能發生的因素，其排列順序如下：

血統因素（社會環境）→個人因素（不安全行為）→外在因素
（機械或危害物質）→發生事故（意外事故）→造成傷害（災害）（圖
2-3）。

一、骨牌一：血統（社會環境）

是指民族性的差異或先天性遺傳的影響。也可能是社會環境不良或
教育抵觸等所造成。

二、骨牌二：個人缺失（不安全行為）

受先天性遺傳或後天習染的缺點，造成個人行為偏差，如下列行
為：

1.未能遵守規定。

2.未遵照標準作業程序操作。

3.除去安全防護設施。

4.不適當的操作方式。

5.未使用安全防護器具。

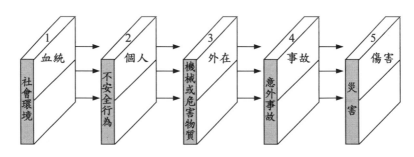

圖2-3　Heinrich之骨牌理論

6.嬉戲不專心。

7.修理操作中之機械或設備。

三、骨牌三：外在因素（機械或危害物質）

可能是受到外在環境之影響，如不安全的機械或設備，或受到外界物質的危害，如電、熱、冷、輻射、化學品、毒性或噪音等。

四、骨牌四：事故（意外事故）

是指一個不期望發生而發生的事故，如跌倒、被飛動的物體撞擊、墜落、被夾、被捲等造成典型的意外事故案件。

五、骨牌五：傷害（災害）

因意外事故的發生，結果可能造成人員傷亡、產財的損失及生產製程的中斷。

2-3 損失控制概念

一個具有成本概念意識的公司，要在現代具高度競爭市場中生存，就必須要控制意外事故所造成的損失與傷害，尤其社會愈發達，工業愈進步，在生產過程中，如果忽略了職業安全衛生問題而導致意外事故頻傳時，將會影響到產品品質，甚至於造成重大職業傷害，如人員傷亡、設備毀損、生產停頓，所以說「減少損失就是增加企業的利潤」，因此推行損失控制的管理制度是有效防止意外事故的重要策略，也是企業永續經營的關鍵。

在國際損失控制協會（International Loss Control Institute）所出版之著作*Loss Control Management*中提到事故機率，重傷害：輕傷害：事故財產損失：無傷害財產損失之比率為 1：10：30：600（**圖2-4**）。

因職業災害所造成之損失類型說明，如**圖2-5**所示。

一、人員損失

引起死亡、永久性失能、永久性部分失能或暫時性全失能等家庭問題、補償撫卹及醫療費用等。

二、機械設備損失

可能造成生產製程停頓、機械設備毀損、生產時間增加、減產、增加企業成本。

三、原物料損失

包括材料、物質受損、修理置換及生產阻礙。

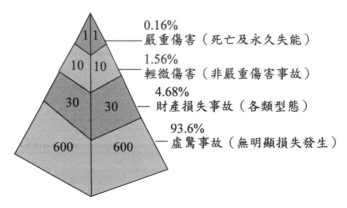

圖2-4　災害損失機率與比例分析

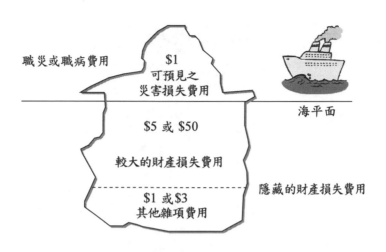

職災或職病費用
$1
可預見之
災害損失費用

海平面

$5 或 $50

較大的財產損失費用

隱藏的財產損失費用

$1 或 $3
其他雜項費用

圖2-5　災害損失費用冰山模型

四、其他事故後之費用

1. 直接損失：如補償撫卹、醫療費、員工薪資、加班等費用之支出。
2. 間接損失：如建築物損壞、生產機械及設備損壞、工具材料毀損、生產延誤及阻礙。
3. 其他費用：僱用新人、訓練費用、修復及清理費用、看護及慰問費用、事故調查等費用。

2-4 損失控制的管理

　　凡是業務上或工作場所發生的意外事故與事件造成的任何損失，都應該設法加以控制，減少其損失。而在損失控制的管理機制上應該從以下各項工作逐步進行，方能有效控制損失（**圖2-6**）。

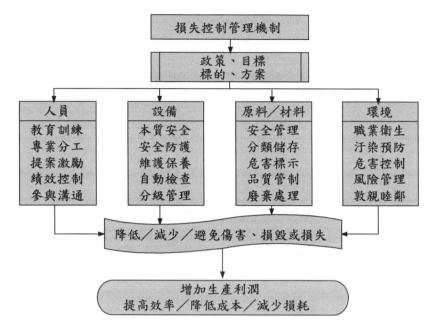

圖2-6　損失控制管理體系

　　損失控制管理的機制，應該從整體企業的經營策略開始擴展，由企業主或管理人制定公司的經營策略與方針，再依據當時的經營狀況隨時作調整，並對安全衛生工作做出承諾，再依序頒訂公司的職業安全衛生政策，各階層管理者再依公司政策制定有關的年度目標與標的，根據其目標訂定管理方案，唯有如此，按部就班，一步一步向前邁進，安全衛生管理工作一定可以達到一定水準之上。

　　其主要的項目涵蓋四大主題，第一項從人員方面著手，再依序如設備、原料／材料及環境，其詳細內容說明如下：

一、人員方面

　　人是工廠生產的動力，也是無窮的資源，所以應該給予必要的教育訓練，並依照個人的專長和技能，分配至適當的工作場所。工廠應該訂定

激勵員工士氣的獎勵措施，如提案制度、升遷管道等。在管理方面應該制定有效管理制度，讓表現優良的員工能夠得到合理的待遇，唯有訂定一套績效考核標準，才可以提升人員效率與士氣。當然，任何的工作或制度面的建立，需讓員工共同來參與，相信有利於日後的推動成效。

二、設備方面

機械設備是工廠生產的工具，它可以為企業帶來財富，也可能帶來災害，所以企業主應該從本質安全的角度來考慮生產之設備，若無法找到如此設備時，退而求其次，選用有安全防護功能的設備，以確保生產安全。除了具有安全防護功能外，更應該強化其特性，加強平日的維護保養工作，確保其功能及壽命。而平日的自動檢查、作業檢點也相當重要，若發現機械、設備發生異常或故障時，應該立即停止運作，加以維修後並測試其功能，在安全無疑的狀況下，才可以回復生產運轉。而機械或設備應該分級管理，對於關鍵性的設備或機械應該增加檢查頻率及保養次數，以免發生故障時，所造成之傷害損失將更為嚴重。

三、原料／材料方面

工廠所使用的原料或材料，採購單位應該選用較低危害性的物質，並要求供應商提供危害性化學品之安全資料表，對於工廠原物料應該加以分類儲存，如酸性物質、腐蝕性物質或鹼性物質應該分開儲存，避免引起反應危害。而工作場所使用的危害物質都應該加以標示，避免造成危害。在原物料方面應該標明批號，採用先進先出的方式，避免品質發生變異，而工廠內不需要的東西或廢棄物質應該加以分類包裝，再依有關規定加以妥善的處理。

四、環境方面

　　對於工作場所的作業環境要求需依「勞工作業環境空氣中有害物質容許濃度標準」辦理，以確保作業勞工的身體健康。如果作業場所中存在有害物質，雇主應該考慮採用局部排氣或整體換氣方式，將有害氣體加以處理後排除，避免造成環境汙染。對於工作場所中所使用化學物質應該進行風險評估，找出合適的決解方法，並進行風險控管。而平時與臨近工廠或民眾應該保持和睦相處，除了做好環境衛生工作外，敦親睦鄰的工作應該平時多付出，相信有助於企業的營運與生產。

2-5 結論

　　職業安全管理著重於制度面的建立及職業安全衛生工作的落實，藉由損失控制管理的概念，從人員、設備、原料／材料及環境各方面的重視及要求，讓企業全體員工有效的推行本制度，並且能夠建立各階層管理責任、傳遞管理心得、發展所需要的知識與技術，讓企業能夠有效控制損失，創造更多的利潤，企業才能夠永續經營發展。

參考文獻

工業技術研究院／工業安全衛生技術發展中心。《現代安全管理》，頁1-1～頁1-14。

黃清賢（1991）。《工業安全與管理》，頁21-28。台北：三民書局。

DNV (Det Norske Veritas). *Modern Safety Management.* International Loss Control Institute, Inc, Printing Department, pp. 2-1~2-13.

Chapter 3

職業安全衛生法規

我國原有對於勞工安全衛生之規定,在於「工廠法」、「工廠法施行細則」、「工廠檢查法」等法規中加以規範,自從政府遷台後經濟發展頗有成效,鑑於國際的情勢及國內的重大災害頻傳,造成多人的傷亡,引起社會的震撼,政府不得不重新思考勞工的作業安全問題,於是在1974年4月16日通過「勞工安全衛生法」,開啟我國安全衛生管理的新頁。

　　該法為保障更多的勞工,並於1991年5月17日重新修訂,擴大適用行業別,其後至2002年6月12日共計修正四次,作小幅度的修正,補足原來法律上的缺失,增加許多安全的觀念,並將風險評估的理念納入職業安全衛生管理當中,讓各事業單位瞭解工作場所可能的危害因子,透過危害分析、風險評估,找出潛在危害,擬訂改善的措施與對策,將危害的因素消除,防止職業災害的發生,達到保障勞工的作業安全與健康的立法宗旨。

　　然而,「勞工安全衛生法」立法至今近四十年已無法符合國際潮流,在追求經濟發展,社會變遷,民眾對於安全保障更加嚴苛。有鑑於此,政府重新檢討整體勞工安全衛生政策,將勞工管理層級提升勞委會→勞動部,重新制定新法為「職業安全衛生法」,於2013年7月3日頒布實施,並擴大適用對象,涵蓋所有勞動場所,一體適用於各業的所有工作者(包括受僱勞工、自營作業者及其他受工作場所負責人指揮或監督從事勞動的人員,如派遣工、實習生等。因職安法之擴大適用範圍,因此保障場域由雇主所能支配、管理之「工作場所」擴及至勞工執行職務之所有「勞動場所」,對勞工而言增加外出工作的保障。

3-1 法律的詮釋

　　人要活下來,有幾個必要的基本條件:

1.有良好的生理條件:需要身體健康,沒有疾病與苦痛。

2. 有良好的心理條件：除了上述的生理條件外，更要活得自在，活得快樂，沒有憂鬱或煩惱。

3. 有良好的自然環境：能夠生活在環境優雅、舒適及安全的空間裡。

4. 有良好的政治環境：因為政治環境的不良將會造成許多人無法生存下來，政治主張的不同將會產生種族間的仇恨、屠殺及社會暴亂事件，將會為人類帶來災難，甚至於喪失寶貴的生命。

國父孫中山先生曾說：「憲法者，國家之構成法，亦即人民權利之保障書也。」因此，憲法是規定國家之基本組織，人民之主要權利與義務及基本國策的根本大法。根據「憲法」第一百七十條規定：「本憲法所稱之法律，謂經立法院通過，總統公布之法律。」其架構圖如**圖3-1**所示。

法律規範人民的權利與義務，經過立法院三讀通過，總統令發布實施後，方為生效。而立法的形式可區分為兩種，一種為委任立法，另一種為職權立法，其說明如下：

1. 委任立法：法律授權行政機關制定之法規，具法律根源（如辦法、標準、規則等）。

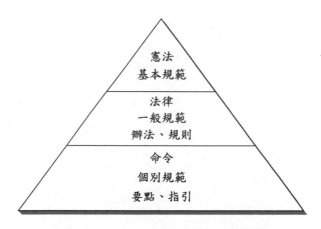

圖3-1　憲法／法律／命令之架構圖

2.職權立法：行政機關基於職權需要所制定者（如要點、方針、指引等）。

3-2 職安法的變革

1987年8月，政府成立行政院勞工委員會，綜合整個勞工安全衛生管理的業務，經過二十多年之努力，將職災死亡千人率下降（2013年；0.030人），頗具成效，與歐洲、美國、日本等先進國家比較，差距逐漸縮短。於2014年2月經由行政院組織改造方案，提升層級更名為勞動部，基於強化勞動場所的安全健康、維護勞動權益、完備職業災害勞工保護體系及提供安全健康勞動力之需要，原勞工委員會主管勞工安全衛生法規政策之勞工安全衛生處、執行勞動法令監督檢查之勞工檢查處與北區、中區、南區勞動檢查所，以及主管職災勞工補助與重建業務之勞工保險局職業災害勞工保護室整併為職業安全衛生署（Occupational Safety and Health Administration, OSHA）。

職業安全衛生署之成立，代表我國職業安全衛生水準將邁入新的里程碑，除了安全衛生政策規劃與執行之垂直整合，可強化職業災害預防功能，加速降低職業災害率與提升職業健康照護率，確保勞工安全與健康外，「預防、補償、重建」業務的進一步水平整合，將職業傷病診斷、職業病調查鑑定、職業災害勞工補償及重建等職業災害勞工保護業務之納入該署任務，亦可強化職業災害勞工權益保障，貫徹國家職業安全衛生政策目標之達成。

3-3 職安法的精髓

「職業安全衛生法」（以下簡稱為本法）：其目的是在防止職業災害（消極）；保障工作者安全及健康（積極），提供勞工舒適的工作環境，促進勞資和諧，提高生產力，乃為制定本法律之宗旨（職安法第一條）。

本法共計分為六大章節五十五條，其主要之內容說明如下（詳細條文請參閱附錄一及附錄二）：

「職業安全衛生法」的主要立法宗旨，從政府的監督責任與雇主的管理責任兩大安全工程明確的加以規範，其目的完全在於如何防止職業災害的發生，從此角度著手規劃有關監督與管理的工作要項有哪些？在於行政監督方面，明確界定哪些機械、設備、工作環境與條件、作業勞工的狀態等，以法律的觀點一一條例列舉於法條上，讓企業主有所遵循。另一方面事業主必須依照法律上的要求，從購置機械、設備、器具、設計工作環境與操作條件，需完全遵守有關之規定，對於作業的勞工也必須給予合理的照顧，唯有如此才能夠符合職業安全衛生法令要求外，更能夠創造政府、企業主及勞工三贏的局面，企業才能夠永續經營與發展。

一、名詞定義

根據本法第二條用詞定義說明如下：

(一)工作者

指勞工、自營作業者及其他受工作場所負責人指揮或督導從事勞動之人員。

1.勞工：指受僱從事工作獲致工資者。

2.自營作業者：指獨立從事勞動或技藝工作，獲致報酬，且未僱用有
　酬人員幫同工作者（如個體工作者）。

3.其他受工作場所負責人指揮或督導從事勞動之人員：指與事業單位
　無僱傭關係，於其工作場所從事勞動或以學習技能、接受職業訓練
　為目的從事勞動之工作者（如派遣工、實習生）。

(二)職業災害

職業災害之名詞定義如**表3-1**。

表3-1　職業災害之名詞定義

地點	媒介物	原因	結果
勞動場所	建築物、機械、設備、原料、材料、化學品、氣體、蒸氣、粉塵等	職業有關（作業活動）	造成工作者：疾病、傷害、失能或死亡

二、安全衛生設施要求

第一，根據本法中有關雇主應有符合規定必要之安全衛生設備及
措施，採用正面表列方式列舉十四項防止引起危害的安全衛生設備及措
施：

1.防止機械、設備或器具等引起之危害。

2.防止爆炸性或發火性等物質引起之危害。

3.防止電、熱或其他之能引起之危害。

4.防止採石、採掘、裝卸、搬運、堆積或採伐等作業中引起之危害。

5.防止有墜落、物體飛落或崩塌等之虞之作業場所引起之危害。

6.防止高壓氣體引起之危害。

7.防止原料、材料、氣體、蒸氣、粉塵、溶劑、化學品、含毒性物質
　或缺氧空氣等引起之危害。

8.防止輻射、高溫、低溫、超音波、噪音、振動或異常氣壓等引起之危害。

9.防止監視儀表或精密作業等引起之危害。

10.防止廢氣、廢液或殘渣等廢棄物引起之危害。

11.防止水患或火災等引起之危害。

12.防止動物、植物或微生物等引起之危害。

13.防止通道、地板或階梯等引起之危害。

14.防止未採取充足通風、採光、照明、保溫或防濕等引起之危害。

第二，另外採用正面表列方式列舉四項，應妥為規劃及採取必要之安全衛生措施：

1.重複性作業等促發肌肉骨骼疾病之預防。

2.輪班、夜間工作、長時間工作等異常工作負荷促發疾病之預防。

3.執行職務因他人行為遭受身體或精神不法侵害之預防。

4.避難、急救、休息或其他為保護勞工身心健康之事項。

第三，雇主不得設置不符合中央主管機關所定安全標準之機械、設備或器具，供勞工使用：

1.動力衝剪機械。

2.手推刨床。

3.木材加工用圓盤鋸。

4.動力堆高機。

5.研磨機、研磨輪。

6.防爆電氣設備。

7.動力衝剪機械之光電式安全裝置。

8.手推刨床之刃部接觸預防裝置。

9.木材加工用圓盤鋸之反撥預防裝置及鋸齒接觸預防裝置。

10.其他經中央主管機關指定公告者。

第四，製造者、輸入者、供應者或雇主，對於中央主管機關指定之機械、設備或器具，其構造、性能及防護非符合安全標準者，不得產製運出廠場、輸入、租賃、供應或設置。另製造者或輸入者對於中央主管機關公告列入型式驗證之機械、設備或器具，非經中央主管機關認可之驗證機構實施型式驗證合格及張貼合格標章，不得產製運出廠場或輸入。

第五，雇主對於具有危害性之化學品，應予標示、製備清單及揭示安全資料表，並採取必要之通識措施。危險物應符合國家標準（CNS-15030）分類，具有物理性危害者；有害物應符合國家標準（CNS-15030）分類，具有健康危害者。雇主對裝有危害性化學品之容器，應依其分類及危害圖示明顯標示，所用文字以中文為主，必要時輔以作業勞工所能瞭解之外文，其標示內容如下：

1.危害圖示：分成兩大類（參考第十三章）。
2.內容：
  (1)名稱。
  (2)危害成分。
  (3)警示語。
  (4)危害警告訊息。
  (5)危害防範措施。
  (6)製造者、輸入者或供應者之名稱、地址及電話。

第六，雇主對於前條之化學品，應依其健康危害、散布狀況及使用量等情形，評估風險等級並採取分級管理措施。

第七，雇主經中央主管機關所指定之作業場所，應訂定作業環境監測計畫，並設置或委託經由中央主管機關認可之作業環境監測機構實施監測：

1.設置有中央管理方式之空氣調節設備之建築物室內作業場所。

2.坑內作業場所。

3.顯著發生噪音之作業場所。

4.下列作業場所,經中央主管機關指定者:高溫作業場所、粉塵作業場所、鉛作業場所、四烷基鉛作業場所、有機溶劑作業場所、特定化學物質作業場所。

5.其他經指定公告之作業場所。

第八,經中央主管機關指定之工作場所,事業單位應在規定期限內,定期實施製程安全評估,並製作製程安全評估報告及採取必要之預防措施;製程修改時亦同。更詳細資訊,請參閱「勞動檢查法」第二十六條第一項之規定。下列之工作場所需符合上述之規定:

1.從事石油裂解之石化工業。

2.從事製造、處置或使用危害性之化學品數量達中央主管機關規定量以上。

第九,雇主使用經中央主管機關指定具有危險性之機械或設備需經檢查合格者否則不得使用;其使用超過規定期間者,非經再檢查合格,不得繼續使用。

1.危險性之機械:
  (1)固定式起重機。
  (2)移動式起重機。
  (3)人字臂起重桿。
  (4)營建用升降機。
  (5)營建用提升機。
  (6)吊籠。
  (7)其他經中央主管機關指定公告具有危險性之機械。

2.危險性之設備：

  (1)鍋爐。

  (2)壓力容器。

  (3)高壓氣體特定設備。

  (4)高壓氣體容器。

  (5)其他經中央主管機關指定公告具有危險性之設備。

第十，雇主或工作場所負責人對於工作場所有立即發生危險之虞時，應立即停止作業，並使勞工退避至安全場所。

1.自設備洩漏大量危害性化學品，致有發生爆炸、火災或中毒等危險之虞時。

2.從事河川工程、河堤、海堤或圍堰等作業，因強風、大雨或地震，致有發生危險之虞時。

3.從事隧道等營建工程或管溝、沉箱、沉筒、井筒等之開挖作業，因落磐、出水、崩塌或流砂侵入等，致有發生危險之虞時。

4.於作業場所有易燃液體之蒸氣或可燃性氣體滯留，達爆炸下限值之百分之三十以上，致有發生爆炸、火災危險之虞時。

5.於儲槽等內部或通風不充分之室內作業場所，致有發生中毒或窒息危險之虞時。

6.從事缺氧危險作業，致有發生缺氧危險之虞時。

7.於高度二公尺以上作業，未設置防墜設施及未使勞工使用適當之個人防護具，致有發生墜落危險之虞時。

8.於道路或鄰接道路從事作業，未採取管制措施及未設置安全防護設施，致有發生危險之虞時。

9.其他經中央主管機關指定公告有發生危險之虞時之情形。

第十一，雇主對於從事高溫作業之勞工每日工作不得超過六小時，對於從事特殊危害作業者應減少工作時間，並在工作時間中給予適當之休息。

1.高溫作業勞工作息時間標準。

2.異常氣壓危害預防標準。

3.高架作業勞工保護措施標準。

4.精密作業勞工視機能保護設施標準。

5.重體力勞動作業勞工保護措施標準。

6.其他對於勞工具有特殊危害之作業。

第十二，雇主僱用新進勞工時應施行體格檢查，對在職勞工應施行一般健康檢查，從事特別危害健康作業者之特殊健康檢查，並建立健康檢查手冊，發給勞工。針對健康檢查結果發現勞工有異常情形者，或經醫師健康評估結果不能適應原有工作者，應參採醫師之建議，更換其作業場所、更換工作或縮短工作時間，並採取健康管理措施。從事特別危害健康作業，指下列作業：

1.高溫作業。

2.噪音作業。

3.游離輻射作業。

4.異常氣壓作業。

5.鉛作業。

6.四烷基鉛作業。

7.粉塵作業。

8.有機溶劑作業，經中央主管機關指定者。

9.製造、處置或使用特定化學物質之作業，經中央主管機關指定者。

10.黃磷之製造、處置或使用作業。

11.聯啶或巴拉刈之製造作業。

12.其他經中央主管機關指定公告之作業。

三、安全衛生管理要求

第一，雇主應依其事業單位之規模、性質，訂定職業安全衛生管理計畫；並設置安全衛生組織、人員，實施安全衛生管理及自動檢查。

1.組織：
  (1)職業安全衛生管理單位：幕僚式組織管理（成立獨立一級單位），為事業單位內擬訂、規劃、推動及督導職業安全衛生有關業務之組織。
  (2)職業安全衛生委員會：集議式組織管理，為事業單位內審議、協調及建議職業安全衛生有關業務之組織。

2.人員：
  (1)職業安全衛生業務主管：
    ‧甲種業務主管：僱用人數100人以上之事業單位。
    ‧乙種業務主管：僱用人數30人以上未滿100人之事業單位。
    ‧丙種業務主管：僱用人數未滿30人之事業單位。
  (2)職業安全管理師或職業衛生管理師。
  (3)職業安全衛生管理員。

3.職業安全衛生管理計畫，包括下列事項：
  (1)工作環境或作業危害之辨識、評估及控制。
  (2)機械、設備或器具之管理。
  (3)危害性化學品之分類、標示、通識及管理。
  (4)有害作業環境之採樣策略規劃及監測。
  (5)危險性工作場所之製程或施工安全評估。
  (6)採購管理、承攬管理及變更管理。
  (7)安全衛生作業標準。
  (8)定期檢查、重點檢查、作業檢點及現場巡視。
  (9)安全衛生教育訓練。

(10)個人防護具之管理。

(11)健康檢查、管理及促進。

(12)安全衛生資訊之蒐集、分享及運用。

(13)緊急應變措施。

(14)職業災害、虛驚事故、影響身心健康事件之調查處理及統計分析。

(15)安全衛生管理紀錄及績效評估措施。

(16)其他安全衛生管理措施。

4.實施自動檢查：

依第六條第一項之設備及其作業，應訂定自動檢查計畫實施自動檢查。

(1)定期檢查：機械、車輛、設備之定期檢查。

(2)重點檢查：第二種壓力容器、異常氣壓輸氣設備、局部排氣及除塵裝置。

(3)作業檢點：機械設備、特別危害作業、高壓作業等。

(4)安全衛生巡查：雇主、各級主管及安衛人員。

　　第二，經中央主管機關指定具有危險性機械或設備之操作人員，雇主應僱用經訓練或技能檢定之合格人員充任之。

1.危險性機械：

(1)吊升荷重在三公噸以上之固定式起重機或吊升荷重在一公噸以上之斯達卡式起重機。

(2)吊升荷重在三公噸以上移動式起重機及人字臂起重桿。

(3)導軌或升降路之高度在二十公尺以上之營建用提升機。

(4)吊籠操作人員。

(5)其他經中央主管機關指定之人員。

2.危險性設備：

(1)鍋爐操作人員。

(2)第一種壓力容器操作人員。

(3)高壓氣體特定設備操作人員。

(4)高壓氣體容器操作人員。

(5)其他經中央主管機關指定之人員。

第三，承攬商安全衛生管理事項如下：

1.事業單位以其事業招人承攬時，其承攬人就承攬部分負雇主之責
任；原事業單位就職業災害補償仍應與承攬人負連帶責任，再承攬
者亦同。

2.事業單位以其事業之全部或一部分交付承攬時，應於事前告知該承
攬人有關其事業工作環境、危害因素，及有關安全衛生規定應採取
之措施。

3.事業單位與承攬人、再承攬人分別僱用勞工共同作業時，為防止職
業災害，原事業單位應採取下列必要措施：

(1)設置協議組織，並指定工作場所負責人，擔任指揮、監督及協
調之工作。並定期或不定期進行協議下列事項：

‧安全衛生管理計畫。

‧勞工作業安全衛生及健康管理規範。

‧安全衛生自主管理之實施及配合。

‧從事動火、高架、開挖、爆破、高壓電活線等危險作業之管
制。

‧對進入局限空間、有害物質作業等作業環境之作業管制。

‧電氣機具入廠管制。

‧作業人員進場管制。

‧變更管理事項。

‧劃一危險性機械之操作信號、工作場所標識（示）、有害物空容器放置、警報、緊急避難方法及訓練等事項。

‧使用打樁機、拔樁機、電動機械、電動器具、軌道裝置、乙炔熔接裝置、電弧熔接裝置、換氣裝置及沉箱、架設通道、施工架、工作架台等機械、設備或構造物時，應協調使用上之安全措施。

‧其他認有必要之協調事項。

(2)工作之聯繫與調整。

(3)工作場所之巡視。

(4)相關承攬事業間之安全衛生教育訓練之指導及協助。

(5)其他為防止職業災害之必要事項。

4.二個以上之事業單位分別出資共同承攬工程時，應互推一人為代表人；該代表人視為該工程之事業雇主，負本法雇主防止職業災害之責任。

第四，雇主不得使未滿十八歲者及妊娠中之女性勞工從事危險性或有害性工作。

第五，中央主管機關指定之事業，雇主應對有母性健康危害之虞之工作，採取危害評估、控制及分級管理措施；對於妊娠中或分娩後未滿一年之女性勞工，應依醫師適性評估建議，採取工作調整或更換等健康保護措施，並留存紀錄。

第六，雇主對勞工應施以從事工作與預防災變所必要之安全衛生教育及訓練。

第七，雇主應負責宣導本法及有關安全衛生規定時，得以教育、公告、分發印刷品、集會報告、電子郵件、網際網路或其他足使勞工周知之方式為之。

第八，雇主應依本法及有關規定會同勞工代表訂定適合其需要之安

全衛生工作守則，報經勞動檢查機構備查後，公告實施。對於安全衛生工作守則之內容，依下列事項定之：

1.事業之安全衛生管理及各級之權責。
2.機械、設備或器具之維護及檢查。
3.工作安全及衛生標準。
4.教育及訓練。
5.健康指導及管理措施。
6.急救及搶救。
7.防護設備之準備、維持及使用。
8.事故通報及報告。
9.其他有關安全衛生事項。

四、監督與檢查要求

第一，中央主管機關及勞動檢查機構對於各事業單位勞動場所得實施檢查，其有不合規定者，應告知違反法令條款，並通知限期改善；屆期未改善或已發生職業災害，或有發生職業災害之虞時，得通知其部分或全部停工。勞工於停工期間應由雇主照給工資。

第二，本法有關職業災害發生時雇主應採取之必要措施及通報檢查機構之時機如下：

1.事業單位工作場所發生職業災害，雇主應即採取必要急救、搶救等措施，並會同勞工代表實施調查、分析及作成紀錄。
2.事業單位勞動場所發生下列職業災害之一者，雇主應於八小時內通報勞動檢查機構：
   (1)發生死亡災害。
   (2)發生災害之罹災人數在三人以上。

(3)發生災害之罹災人數在一人以上，且需住院治療。

(4)其他經中央主管機關指定公告之災害。

3.勞動檢查機構接獲前項報告後，應就工作場所發生死亡或重傷之災害派員檢查。

4.事業單位發生之職業災害，除必要之急救、搶救外，雇主非經司法機關或勞動檢查機構許可，不得移動或破壞現場。

第三，中央主管機關指定之事業，雇主應依規定填載職業災害內容及統計，按月報請勞動檢查機構備查，並公布於工作場所。

第四，工作者發現下列情形之一者，得向雇主、主管機關或勞動檢查機構申訴：

1.事業單位違反本法或有關安全衛生之規定。

2.疑似罹患職業病。

3.身體或精神遭受侵害。

第五，雇主不得對前項申訴之工作者予以解僱、調職或其他不利之處分。

3-4 結論

「職業安全衛生法」立法通過實施，擴大適用對象，保障場域由雇主所能支配、管理之「工作場所」擴及至勞工執行職務之所有「勞動場所」，充分對工作者在外執行工作之保障，更加重了許多雇主對於工作場所應負的責任。

未來如何防止職業災害的發生，保障勞工作業安全與健全職業病預防體系，強化勞工的身心健康保護；對於高風險事業之定期製程安全評估

監督機制及提高違反事項罰則;增列勞工立即危險作業得退避、原事業單位連帶賠償及勞工代表會同職業災害調查等重大變革。因此,企業界應該即早規劃如何面對它,將衝擊性降至最低。

本法第五條雇主使勞工從事工作,應在「合理可行」範圍內,採取必要之預防設備或措施,使勞工免於發生職業災害。因此,將來考驗執法者(勞動檢查機構人員)與工廠安全衛生管理者之智慧,因為法律之不明確,萬一執法人員無限上綱,擴大解釋,未來將會帶來許多爭議與衝突。

對於「職業安全衛生法」實施後,筆者預測未來可能之影響因素,歸納說明如下:

1.職安法第五條將會帶來執法者與事業單位之間爭議與衝突。
2.執行職安法檢查人力嚴重不足(擴大適用範圍及備查文件太多)。
3.職安法對產業衝擊性非常大,事業單位必須即早因應。
4.勞動檢查機構及事業單位之人員素質必須持續提升。

綜合上述之討論,雇主除了遵守「職業安全衛生法」中之規定外,更應該努力如何防止工作場所發生任何的意外事件上著手,因為員工是公司的資產,讓員工在工作中獲得安全保障、有良好的工作環境,才能製造優良的產品,企業才能獲利,達到勞資雙贏目標,唯有如此企業才能夠繼續生產與經營發展。

🔧 參考文獻

勞動部,法規查詢(職業安全衛生目),職業安全衛生法規,http://www.laws.mol.gov.tw。

Chapter 4

安全衛生組織與計畫擬訂

安全衛生組織的建立，主要是依據職業安全衛生法令第二十三條規定要求，並明文規定相關的事業單位人數達到中央主管機關之規定者，需設置職業安全衛生組織及人員，其主要的任務為了配合安全衛生工作的推展，及發展意外事故的防範措施與對策。職業安全衛生管理單位或人員之設置方式可以區分下列三種管理體系：(1)直線式；(2)幕僚式；(3)綜合式。

　　直線式管理體系由生產線的主管直接兼任安全衛生的管理工作，可以節省人力資源，且生產線員工的配合度較高，但是無法客觀的執行任務，沒有辦法專注於安全衛生工作的推動與管理，一般為規模性質較小的企業為之。

　　幕僚式管理體系設置獨立的工安部門，由專業職業安全衛生管理人員來從事推動安全衛生的管理工作，對於安全計畫的擬定與實施較為周嚴而細膩，立場較為超然客觀，但缺點是生產線員工的配合度較差，處處表現被動，需要高階主管的全力支持，較適合中型企業為之。

　　綜合式管理體系適合大型的公司或工廠，由總公司設置獨立的安全部門，直接向董事長或總經理負責，督導各部門或工廠的安全衛生工作，若各生產工業廠推行安全衛生工作不力者，將會影響該部門的年終績效及個人升遷，因此不敢敷衍了事。其缺點是人事成本較高，非一般的企業可以為之。

🛡️4-1 設置安全衛生組織之重要性

　　職業安全衛生組織應該視為企業內部組織型態之一種，由於工廠內生產所使用之原物料種類繁多及流程複雜，機械設備規模龐大，若只依賴職業安全衛生管理人員來推動職業災害防止工作，其效果將不能彰顯，甚至會影響到推動的信心。因此，安全衛生管理工作有賴於高層主管或雇主

之支持，並加以具體規劃、分工、協調等多元功能的組織方式來推動，唯有讓全體員工共同參與，才能真正將安全衛生政策、制度有效的落實執行。

4-2 安全衛生之機構

職業安全衛生組織是用來推動工廠安全與衛生的事務，也是管理階層與勞工協調和溝通的橋樑，而有效運作職業安全衛生組織，對於落實事業單位的自主管理有很大的幫助。一般中、大型企業人數眾多，依規定需成立安全衛生委員會，規模較小者也應該定期實施安全衛生檢討會議，並共同研討與解決工廠安全與衛生的問題。

而政府機構為管理推動安全與衛生的業務，依法設立勞動部，而勞動部下設職業安全衛生署及勞動檢查機構（北區、中區及南區職業安全衛生中心），有效來管理勞工事務與檢查業務，為安全與衛生的工作嚴格的把關，共同創造勞工、雇主及政府三贏的局面，其組織形態，說明如下：

第一，依照政府在安全衛生組織最高管理部會為勞動部，掌管勞動政策與措施，其組織架構如**圖4-1**所示。

第二，在勞動部下設置職業安全衛生署，負責職業安全衛生工作之監督及檢查業務，其組織之架構如**圖4-2**所示。

1.中央主管機關：

中央主管機關為職業安全衛生署，轄下又分：

(1)北區職業安全衛生中心。

(2)中區職業安全衛生中心。

(3)南區職業安全衛生中心。

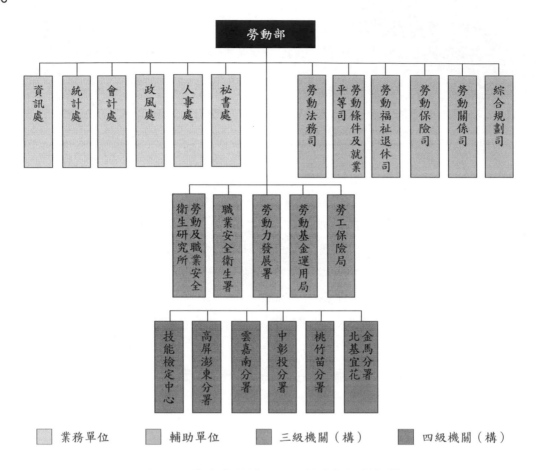

勞動部

資訊處

統計處

會計處

政風處

人事處

祕書處

勞動法務司

勞動條件及就業平等司

勞動福祉退休司

勞動保險司

勞動關係司

綜合規劃司

勞動及職業安全衛生研究所

職業安全衛生署

勞動力發展署

勞動基金運用局

勞工保險局

技能檢定中心

高屏澎東分署

雲嘉南分署

中彰投分署

桃竹苗分署

北基宜花金馬分署

業務單位　　　輔助單位　　　三級機關（構）　　　四級機關（構）

圖4-1　中央主管機關——勞動部組織架構

2.地方主管機關：

(1)直轄市：台北市／高雄市政府。

(2)縣市：縣市政府。

3.廠內職業安全衛生委員會組織與成員如下，其任期為兩年，架構如圖4-3、圖4-4所示。

(1)事業單位負責人或其代理人。

(2)職業安全衛生人員。

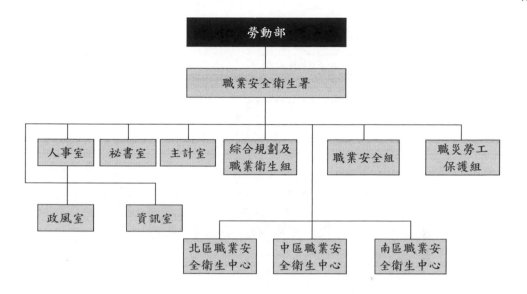

圖4-2　中央主管機關——職業安全衛生署組織架構

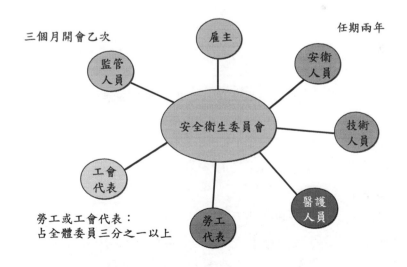

圖4-3　職業安全衛生委員會組織與成員

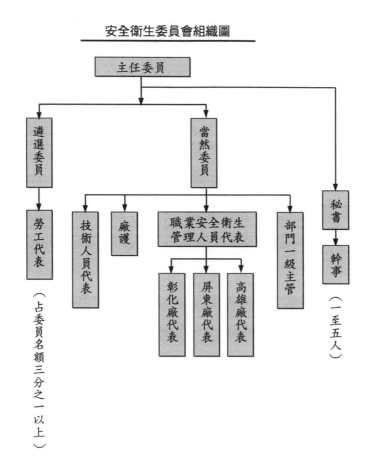

圖4-4 廠內安全衛生委員會架構

　(3)事業內各部門之主管、監督、指揮人員。

　(4)與職業安全衛生有關之工程技術人員。

　(5)醫護人員。

　(6)工會或勞工選舉之代表。

4.職業安全衛生委員會應每三個月召開會議乙次,必要時得召開臨時

　會議,並應置備紀錄,委員會之辦理下列事項:

　(1)對雇主擬訂之職業安全衛生政策提出建議。

(2)協調、建議職業安全衛生管理計畫。

(3)審議安全、衛生教育訓練實施計畫。

(4)審議作業環境監測計畫、監測結果及採行措施。

(5)審議健康管理、職業病預防及健康促進事項。

(6)審議各項安全衛生提案。

(7)審議事業單位自動檢查及安全衛生稽核事項。

(8)審議機械、設備或原料、材料危害之預防措施。

(9)審議職業災害調查報告。

(10)考核現場安全衛生管理績效。

(11)審議承攬業務安全衛生管理事項。

(12)其他有關職業安全衛生管理事項。

5.職業安全衛生管理單位之權責（依法應屬一級單位）如下：

(1)釐訂職業災害防止計畫，並指導有關部門實施。

(2)規劃、督導各部門之職業安全衛生管理。

(3)規劃、督導安全衛生設施之檢點與檢查。

(4)指導、督導有關人員實施巡視、定期檢查、重點檢查及作業環境監測。

(5)規劃、實施勞工安全衛生教育訓練。

(6)規劃勞工健康檢查、實施健康管理。

(7)督導職業災害調查及處理、辦理職業災害統計。

(8)向雇主提供有關職業安全衛生管理資料及建議。

(9)其他有關職業安全衛生管理事項。

6.各級主管人員之權責如下：

(1)職業災害防止計畫事項。

(2)安全衛生管理執行事項。

(3)定期檢查、重點檢查、檢點及其他有關檢查督導事項。

(4)定期或不定期實施巡視。

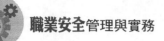
(5)提供改善工作方法。

(6)擬定安全作業標準。

(7)教導及督導所屬依安全作業標準方法實施。

(8)其他雇主交辦有關安全衛生管理事項。

4-3 職業災害防止計畫之製作擬訂

工欲善其事，必先利其器，而安全衛生工作之推動落實有賴於企業或事業單位之決心，想要防止職業災害之發生達成零災害目標，就必須嚴謹推動安全衛生管理及改善安全衛生設施，所以擬訂「職業災害防止計畫」是事業單位相當重要之工作，然而，除了企業自我要求外，還需靠法令之規範約束，才能有效的執行，以使達到所預期之目標。

一、法令依據

「職業災害防止計畫」既然是事業單位防止職業災害之發生，保障工作者生命財產、健康衛生重要的工作，在「職業安全衛生法」中亦有明確規定，要求事業單位必須釐訂該項計畫並需落實推行，其法令之規範如下：

(一)「職業安全衛生法」第二十三條第一項

雇主應依其事業單位之規模、性質，訂定職業安全衛生管理計畫；並設置安全衛生組織、人員，實施安全衛生管理及自動檢查。另「職業安全衛生管理辦法」依「職業安全衛生法」第二十三條第四項規定訂定之。

(二)「職業安全衛生管理辦法」第二條之一

第一類事業單位僱用勞工人數在一百人以上者或第二類事業單位僱

用勞工人數在三百人以上者,應設直接隸屬雇主之專責一級管理單位。並訂定勞工安全衛生管理規章,要求各級主管及管理、指揮、監督有關人員執行與其有關之下列勞工安全衛生事項如職業災害防止計畫事項等。

(三)「職業安全衛生管理辦法」第五條之一

雇主應使職業安全衛生管理單位、職業安全衛生人員辦理下列事項:釐訂職業災害防止計畫,並指導有關部門實施。

(四)「職業安全衛生管理辦法」第七十九條

雇主依第十三條至第六十三條規定實施之自動檢查,應訂定自動檢查計畫。

(五)「職業安全衛生管理辦法」第八十條

雇主依第十三條至第四十九條規定實施之定期檢查、重點檢查應就下列事項記錄,並保存三年:

1.檢查年月日。
2.檢查方法。
3.檢查部分。
4.檢查結果。
5.實施檢查者之姓名。
6.依檢查結果應採取改善措施之內容。

二、職業災害防止計畫之準備工作

職業災害防止計畫可以稱為職業安全衛生工作計畫或管理計畫,其目的是如何預防職業災害之發生,根據職業災害之統計,其發生之根本原

因在於安全衛生管理不當所造成，所以擬訂一套完善的管理計畫是相當重要的工作。職業災害防止計畫製作應涵蓋三部分，其內容簡介如下：

(一)職業災害防止計畫所參考資料

1.職業災害統計分析資料（失能傷害之嚴重率及頻率）。

2.現場潛在危害因素。

3.內、外部稽查結果缺失檢討。

4.各部門推行安全衛生活動之資料檢討。

5.上半年度職業災害防止計畫之檢討。

6.自動檢查結果之缺失改善事項檢討。

7.提案改善案之評估檢討。

8.其他有關安全衛生之資訊。

(二)職業災害防止計畫內容架構

1.計畫時程表應包括下列項目：

　(1)法令依據。

　(2)計畫目標。

　(3)計畫項目。

　(4)執行改善方案。

　(5)工作進度。

　(6)執行單位及人員。

　(7)所需經費。

2.追蹤稽核單位及人員（由獨立客觀公正單位或人員來擔任）。

3.矯正預防措施（提出可以預防事件再發生之方案）。

4.追蹤稽核報告（最終結果報告）。

(三)職業災害防止計畫的製作程序

1. 由管理單位製訂基本方針及計畫目標之草案，邀請相關部門主管會商決定。
2. 草案經過討論決定後，訂出計畫目標、執行項目、執行進度、實施單位及人員、所需經費等綱要內容。
3. 呈報雇主或最高管理階層同意後，依法照計畫時程表執行。
4. 辦理相關人員必要之教育訓練，涵蓋計畫內容與實施要領。
5. 公告實施日期。

三、職業災害防止計畫需注意事項

製作職業災害防止計畫因工作繁雜，其製作過程應注意的重點事項包括內容如下：

(一)法令規範不可遺漏

因職業安全衛生法令所規範要求事業單位安全衛生工作乃為最低標準，事業單位一定要達到此標準，否則勞動檢查機構會依法要求立即改善、罰鍰、最重可停工之處分。因此法令規範各項安全衛生工作時不可有所遺漏。

(二)充分溝通、協調

職業安全衛生管理單位或人員在推行各項安全衛生工作前應和相關部門主管研商、溝通協調，可以減少推行之阻力及達到預期成效，更能有效推動各項計畫工作。

(三)權責區分、分工明確

工作項目由哪些單位或人員來負責執行，在研商時應該明確劃分權

54

責，應選擇最適當人員來執行較具有成效，如電氣設備定期檢查工作由電氣技術人員來擔任較為適切，因為其具備專業知識，對電氣設備檢測儀器之操作也較為熟練。

(四)定期修正與檢討

計畫執行過程中一定會遇到困境或無法如期完成時，在執行一段時間後，執行單位應與職業安全衛生管理單位或人員進行檢討，提出可接受的方式進行計畫之修正，可使計畫更周密、完善。

(五)計畫執行應追蹤稽核

由公正客觀單位或人員進行計畫執行之追蹤查核，可以控管計畫執行之品質，避免計畫流於形式，石沉大海，相信可以提升安全衛生管理工作成效，有效降低職業傷害。

參考文獻

中國生產力中心（2003）。〈管理員訓練〉。《勞工安全衛生教材》，頁163-171。

永安工業區，某化工廠安全衛生管理資料。

勞動部，組織架構，http：//www.mol.gov.tw。

勞動部職業安全衛生署，組織架構，http：//www.osha.gov.tw。

Chapter 5

教育訓練與緊急應變

從職業災害預防的觀點而言，安全衛生教育訓練有其必要性，因為工作者有知的權利，雇主有保護工作者的義務，所以事業單位管理階層對於新進的勞工或調換工作者，應該給予適當的安全衛生教育與訓練。實施教育訓練不僅幫助勞工瞭解工作場所的危害性因子有哪些、應該注意哪些事項，除了保護工作者的安全及健康外，也可以讓勞工早日熟悉工作環境與執行任務，有助於企業的生產及營運。

緊急應變的目的主要是萬一工廠不幸發生意外事故時，透過緊急應變計畫及演練，可以將事故所造成的傷害損失降至最低，俗語說得好，「不怕一萬，只怕萬一」，有萬全的準備，以免事後手忙而腳亂。而緊急應變計畫除了將工廠內的危害物質加以妥善的規劃與管理外，平時應該假設各種可能的意外狀況加以演練，並熟悉各種安全防護器具及消防設施如何應用，以免發生意外事故時，變成一群烏合之眾，造成企業重大的損失及人員傷亡。

5-1 安全衛生教育訓練之重要性

安全衛生教育訓練的目的在於消除勞工不安全行為與動作，依照職業災害之統計，大多數意外事件之發生乃出自於勞工之無知或疏忽，以及錯誤觀念所造成，但其責任不可完全歸咎在勞工身上，事業單位雇主或管理階層應負最大之責任，原因是未能將員工教育好、管理好。所以有良好的教育訓練規劃執行與管理，才可將災害降到最低，甚至將它消滅於無形。

在規劃勞工安全衛生教育訓練時應該要加以考量勞工之需求、能否滿足企業之需要、訓練計畫及教學方式內容等，這都會影響到訓練之成效。

所以教育訓練應該要符合下列要求：

1.防範意外事故，減少事故損失。

2.保護作業勞工安全，避免傷害發生。

3.改進工作方法和程序。

4.提高生產品質。

5.減少管理人員監督負擔。

6.增進勞工安全感與士氣。

根據數據統計之結果，有辦理職業安全衛生教育訓練之事業單位，其災害事故率比不辦理或較少辦理之事業單位減少約80%（**圖5-1**），其職業災害發生之年資比例集中於一年內之新進員工的身上（**圖5-2**）。由此證明辦理職業安全衛生教育訓練有助於降低職業災害發生率。

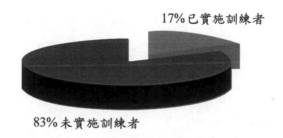

17%已實施訓練者

83%未實施訓練者

圖5-1　教育訓練與職業災害發生比例

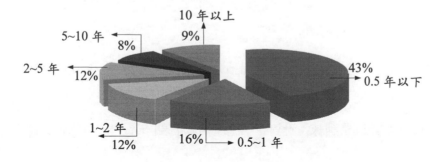

10 年以上 9%

5~10 年 8%

2~5 年 12%

1~2 年 12%

0.5~1 年 16%

0.5 年以下 43%

圖5-2　職業災害發生年資統計

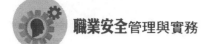
5-2 安全衛生教育訓練之涵義與種類

　　安全衛生教育訓練是一件未雨綢繆的工作，事業單位僱用勞工來為企業從事生產工作，雇主及管理者更應該加以保護，因為勞工可以為公司創造更多利潤與財富。換一個角度思考，勞工也是如此，應該選擇一間有制度及規模的企業，因為唯有制度良好的公司，才會創造更多的工作升遷機會與福利待遇，希望企業主或管理者應該重視教育與訓練，勞資共同努力，創造雙贏的局面。

一、教育訓練的涵義

　　教育是屬於一種未來的工作祈望，是理論知識的學習，長期培育潛移默化，其成效不易馬上呈現。而訓練是一種目前工作的需求，是實際應用的開始，短期即學即用，效果較易掌握。

二、教育訓練的種類

　　教育訓練的類型按不同的分類方式而有所不同，依其目的發展成不同的需求，大致可分為法定和非法定之訓練。

(一)一般企業人員訓練

　　依目前國內各企業的訓練課程種類眾多，一般可分為下列幾種類型：

1. 產品知識專業訓練：針對企業生產活動有關一系列的資訊知識需求之訓練。
2. 職能業務別訓練：依據職能別劃分而成，如生產、安全衛生、財

務、管理、行銷等，針對其職能需求所開設專門性的知識之訓練。

3.管理發展訓練：針對企業之管理階層為主之訓練。

4.知識（knowledge）的訓練：為適應作業環境所實施的啟蒙教育，重點應置於使人能確實獲取安全衛生知識。

5.技能（ability）的訓練：符合安全衛生的技能、動作的傳授及安全的作業方法。

6.態度（attitude）的訓練：將所習得的知識、技能付諸實施，必須改變其態度，賦予動機，增加誘因，才足以實踐力行而成為習慣化。

(二)職業安全衛生教育訓練

依「職業安全衛生法」第二十四條之規定：「經中央主管機關指定具有危險性機械或設備之操作人員，雇主應僱用經中央主管機關認可之訓練或經技能檢定之合格人員充任之。」同法第三十二條之規定：「雇主對勞工應施以從事工作及預防災變所必要之安全衛生教育及訓練。」依「職業安全衛生教育訓練規則」第二條規定之訓練對象分類如下：

◆職業安全衛生人員

1.職業安全衛生業務主管：

(1)雇主僱用勞工人數在一百人以上者，應使擔任職業安全衛生業務主管者接受甲種職業安全衛生業務主管安全衛生教育訓練（42小時）。

(2)雇主僱用勞工人數在三十人以上未滿一百人者，應使擔任職業安全衛生業務主管者接受乙種職業安全衛生業務主管安全衛生教育訓練（35小時）。

(3)雇主僱用勞工人數未滿三十人者，應使擔任職業安全衛生業務主管者接受丙種職業安全衛生業務主管安全衛生教育訓練（21小時）。

2.職業安全管理師或職業衛生管理師：

(1)高等考試工業安全類科錄取或具有工業安全技師資格；高等考試工業衛生類科錄取或具有工礦衛生技師資格。

(2)領有職業安全管理甲級技術士證照；領有職業衛生管理甲級技術士證照。

(3)曾任勞動檢查員，具有勞工安全檢查工作經驗滿三年以上；曾任勞動檢查員，具有勞工衛生檢查工作經驗滿三年以上。

(4)修畢工業安全相關科目十八學分以上，並具有國內外大專以上校院工業安全相關類科碩士以上學位；修畢工業衛生相關科目十八學分以上，並具有國內外大專以上校院工業衛生相關類科碩士以上學位（2012年07月01日起不再適用）。

3.職業安全衛生管理員：

(1)具有前項2之資格者。

(2)領有職業安全衛生管理乙級技術士證照。

(3)曾任勞動檢查員，具有勞動檢查工作經驗二年以上。

(4)修畢工業安全衛生相關科目十八學分以上，並具有國內外大專以上校院工業安全衛生相關科系畢業（2014年07月01日起不再適用）。

◆作業環境監測人員

1.化學性因子作業環境監測人員：

(1)甲級化學性因子作業環境監測人員（98小時）。

(2)乙級化學性因子作業環境監測人員（61小時）。

2.物理性因子作業環境監測人員：

(1)甲級物理性因子作業環境監測人員（79小時）。

(2)乙級物理性因子作業環境監測人員（56小時）。

◆施工安全及製程安全評估人員

　　1.施工安全評估人員（76小時）。

　　2.製程安全評估人員（82小時）。

◆職業安全衛生相關作業主管

　　1.高壓氣體作業主管安全衛生教育訓練：

　　(1)高壓氣體製造安全主任（22小時）。

　　(2)高壓氣體製造安全作業主管（21小時）。

　　(3)高壓氣體供應及消費作業主管（21小時）。

　　2.有害作業主管安全衛生教育訓練：

　　(1)有機溶劑作業主管（18小時）。

　　(2)鉛作業主管（18小時）。

　　(3)四烷基鉛作業主管（18小時）。

　　(4)缺氧作業主管（18小時）。

　　(5)特定化學物質作業主管（18小時）。

　　(6)粉塵作業主管（18小時）。

　　(7)高壓室內作業主管（18小時）。

　　(8)潛水作業主管（36小時）。

◆危險性設備操作人員安全衛生教育訓練

　　1.鍋爐操作人員：

　　(1)甲級鍋爐（60小時），傳熱面積：500m^{2}以上者。

　　(2)乙級鍋爐（50小時），傳熱面積：50～500m^{2}者。

　　(3)丙級鍋爐（39小時），傳熱面積：50m^{2}以下者。

　　2.第一種壓力容器操作人員（35小時）。

　　3.高壓氣體特定設備操作人員（35小時）。

　　4.高壓氣體容器操作人員（35小時）。

◆危險性機械操作人員安全衛生教育訓練

1.吊升荷重在三公噸以上之固定式起重機操作人員（38小時）。

2.吊升荷重在三公噸以上之移動式起重機操作人員（38小時）。

3.吊升荷重在三公噸以上之人字臂起重桿操作人員（38小時）。

4.吊籠操作人員（26小時）。

◆特殊作業安全衛生教育訓練

1.小型鍋爐操作人員（18小時）。

2.荷重在一公噸以上之堆高機操作人員（18小時）。

3.吊升荷重在零點五公噸以上未滿三公噸之固定式起重機操作人員
（18小時）。

4.吊升荷重在零點五公噸以上未滿三公噸之移動式起重機操作人員
（18小時）。

5.吊升荷重在零點五公噸以上未滿三公噸之人字臂起重桿操作人員
（18小時）。

6.使用起重機具從事吊掛作業人員（18小時）。

7.以乙炔熔接裝置或氣體集合裝置從事金屬之熔接、切斷或加熱作業
人員（18小時）。

8.火藥爆破作業人員（18小時）。

9.胸高直徑七十公分以上之伐木作業人員（15小時）。

10.機械集材運材作業人員（24小時）。

11.高壓室內作業人員（12小時）。

12.潛水作業人員（18小時）。

◆一般作業人員安全衛生教育訓練

1.急救人員（18小時）。

2.新進人員（3小時）及專業（如生產性機械或設備、缺氧作業、電

焊作業、對製造、處置或使用危害性化學品等）必要之訓練每項各增加三小時。

3.在職勞工或變換工作者（6小時）。

(三)違反「職業安全衛生教育訓練規則」之處罰

違反「職業安全衛生教育訓練規則」之處罰如下：

1.雇主違反「職業安全衛生法」第二十四條（未具備合格操作人員，從事危險性機械、設備之操作）之規定，得不經通知限期改善而即予處分，處新台幣三萬元以上三十萬元以下之罰鍰。

2.雇主違反「職業安全衛生法」第三十二條第一項（未實施勞工必要之安全衛生教育及訓練）之規定，經通知限期改善，屆期未改善，處新台幣三萬元以上十五萬元以下之罰鍰。

3.勞工違反下列規定者，處新台幣三千元以下之罰鍰。

(1)違反第二十條第六項，勞工有接受健康檢查之義務。

(2)違反第三十二條第三項，勞工有接受安全衛生教育及訓練之義務。

(3)違反第三十四條第二項，勞工有遵守安全衛生工作守則之義務。

5-3 教育訓練實施計畫與實施方式

教育訓練不僅要很嚴謹地加以規劃，更應該加以管控，因為沒有一個好的計畫，很難做出什麼驚天動地的偉大事蹟，所以說教育訓練應該依照公司的需求、人才的培育及工作任務等，擬訂一套完善的人力資源培訓計畫，才可能成就不凡的事業。

有了計畫以後，更應該依照計畫的內容來加以實施及控管，因為只有理想不加以實現，也是徒勞而無功。教育訓練實施的方式有許多種，企業應該依照規模與性質，安排不同的方式進行，並加以評估其成效性，選擇最適合的方式來實施安全衛生教育與訓練。

一、教育訓練計畫

教育訓練的終極目的在於使作業者具有安全衛生作業行動，不單是自身教育效果而已，更激勵實踐並建立制度，才算是達成教育的實際成效。

教育訓練計畫除了安排時程、進度、預算及執行細節步驟外，更應包括分析內外在環境狀況、各項設定目標與條件，以及擬定達成目標計畫之過程與考核其成效。而一般教育訓練計畫應涵蓋四個階段來加以考量，其主要內容說明如圖5-3所示。

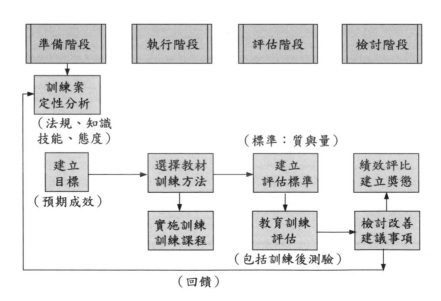

圖5-3　教育訓練計畫四大循環

1.第一階段（準備工作）：訓練案在規劃時應先分析法規、知識、技能及態度，並建立預設目標。

2.第二階段（執行任務）：依訓練之對象選擇師資、訓練教材、訓練方法及課程內容等。

3.第三階段（評估結果）：建立質與量之評估標準，涵蓋訓練後之測驗或考核之方法。

4.第四階段（成效檢討）：檢討訓練後之成效，並建立良好之績效評比，樹立獎懲標準，提供激勵誘因，依四大循環定期檢討成效，讓整個訓練計畫推動有良性的發展。

二、教育訓練的實施方式

教育訓練的實施方式，係藉由教育過程以達到防止職業災害為目的，以樹立安全衛生正確觀念，培養預知危險之判斷能力作為其基礎，而實施方式可以分為下列幾種：

(一)講授

聘任專業之講師，藉由其學術研究或實務經驗，直接傳述給勞工，利用雙向溝通達到經驗交流之目的，可以掌握受教者的學習動態。

(二)集體討論、會議

以共同之課題為主，透過分組討論方式增加知識經驗、判斷力和推理的思考，再藉由會議之報告與檢討後，互相交換意見和心得，可以獲得不同的寶貴經驗和知識交流。

(三)示範觀摩

由較大型企業為之，因公司具備規模，且在人力、物力及財務狀況

容許，其表現足為楷模者，透過示範觀摩方式能夠具體呈現優良成效，讓其他有意學習者，可以獲得實際經驗交流，藉由實際展現，對正面思考和改變態度有極大的幫助。

(四)實習演練

可以透過親身的實習，得到正確的技能動作。藉由實際演練參與，可以促進啟發其個人或相互學習的經驗，提升個人潛能及整體之成效。

(五)多媒體視訊傳播

利用高科技多媒體視訊之方式進行訊息傳遞，讓很多人同時接受到想要傳遞之資訊，且可以重複播放，可以解決無法親臨現場參與之缺憾，達成傳遞安全衛生訊息的目的。

三、教育訓練的成效指標

教育訓練的成效指標，即是評定教育訓練計畫內容和任何促進教育訓練實施方式活動的結果，以期達成安全的目標，必須有一個比較之基準，可以作為有效的安全管理的量測工具或依據。

(一)學員反應

可以透過教育訓練實施後，進行學員之問卷調查或是直接從學員中抽樣面談之，將其問卷或面談之結果記錄，並加以分析統計作為改善之參考依據。

(二)學習成效

可以透過教育訓練實施後，進行學員的書面測驗或考試，可以從測試之回答或成績中得到結果，並加以分析統計作為改善之參考依據。

(三)行為觀察

經過有計畫的教育訓練實施後，可以由學員日常生活中的表現加以觀察，並將不安全的行為和動作記錄之，並加以分析統計作為日後改善之參考依據。

(四)整體績效

從企業全年度之營運績效或職業災害嚴重率和頻率之統計結果，進行資料分析，可以作為日後改善之參考依據。

5-4 緊急應變計畫與演練

企業應該建立一套完整的緊急應變計畫，並維持適當的程序，而計畫書必須界定災害的類型及危害等級，再根據危害的程度，擬訂應變的救災程序。有了計畫書後，每年應該定期實施演練一次以上，並依照演練的結果隨時修正計畫書不符合的部分，保留最新的管制版本。

一、緊急應變程序

根據莫非定律理論，只要有危險存在，作業場所就可能會發生意外事故，不論安全計畫如何的完備，若是管理上發生疏失，就馬上會有意外事件的發生。

而緊急應變計畫（emergency response planning）之撰寫內容，首先應著重於危害分析，由專業人員所組成之小組，對於生產製程與儲存場所的潛在危害因素進行分析及風險評估，提出控制方法及災害發生時之緊急疏散避難路徑等。

像這樣完整一套有系統的緊急應變程序應涵蓋下列分析步驟，進行工廠現況評估與檢討，再發展出符合廠內之緊急應變計畫書：

1. 危害鑑定方法（參考第十六章）：進行製程或作業場所之潛在危害性之分析，找出重大之危害源（major hazard）。
2. 評估現有防護設施：檢討廠內現況，可以控制或抑制發生意外事件時可用資源及防護設施。
3. 廠內應變組織：依工廠規模、人員研擬可應變的組織編組，規劃所擔負任務及功能。
4. 緊急醫療救護：建立緊急醫療網，當災害發生時不幸有人員受傷時，可以立即救護的設施和處理的醫院。
5. 廠外支援體系：建立可以協助災害搶救的有利資源，如消防隊、毒災諮詢中心、國軍部隊等行政資源。
6. 災區範圍：計畫除了廠內規劃外，還需包括廠外範圍，如鄰近工廠、附近居民、社區等疏散計畫。

二、緊急應變計畫書

緊急應變組織是意外事故發生時實際執行救災任務的因應單位，由廠內最高階主管來擔任該組織之總指揮官，其主要責任包括成立災害應變指揮中心、災害搶救、控制、消防、疏散等措施的監督與指揮。而緊急應變計畫書的架構詳細內容如**表5-1**所示。

三、計畫書的整合

根據目前政府機關所要求之計畫書可區分為兩種，一種屬於行政院環保署要求之緊急應變計畫，另一種為內政部消防署所要求之消防防護計畫，其要求之內容大同小異，建議事業單位應加以整合，避免造成資源之

表5-1　緊急應變計畫書架構

項目	應變程序	計畫書內容與要點
1	緊急應變組織	1.負責單位人員、職掌、功能及指揮系統 2.負責單位人員緊急連絡電話 3.人員編組及擔負任務
2	作業場所風險評估	1.危害物質存量及儲存場所 2.負責單位及管理人員 3.危害物質的特性資料（如SDS） 4.消防及緊急處理程序
3	地區風險評估	1.鄰近工廠危害物質存量及特性 2.附近社區人口數及分布狀況 3.附近工廠、社區緊急連絡人員及電話
4	緊急處理設施	1.滅火設備與設施 2.醫療急救供應 3.毒性／可燃性氣體偵測設備 4.個人防護設備（如防護衣鞋、呼吸器等） 5.圍堵與處理設備（如air pump、吸油條、棉） 6.廠內人員疏散路徑
5	緊急應變步驟及措施	1.火災、颱風、地震天然災害來臨應變步驟 2.災害區分、階段處理流程 3.通報流程及廣播步驟 4.緊急疏散步驟
6	通報及廣播系統	1.警報系統（如手動警報器、警鈴） 2.傳播設備（如無線電話、手機、廣播器） 3.主管機關通報電話（檢查機構、消防隊、環保局） 4.呈報公司負責人（如董事長、總經理）
7	氣象條件	1.掌握氣象狀況（天候、氣溫、風速、風向） 2.颱風或地震動態
8	善後處理及復原	1.善後處置：將災後對環境、設備之威脅性消除 2.復原工作：汙染區域之評估、清除及重新運作 3.災後重建：恢復正常作業狀況及安撫社區民眾
9	訓練與演練	1.定期辦理講習與實際操作訓練 2.定期辦理緊急應變的演練
10	附則	1.定期檢討與修正本計畫書，維持正確資訊 2.不定期檢討相關緊急應變器材與措施 3.定期檢查各項處理設備及防護裝備

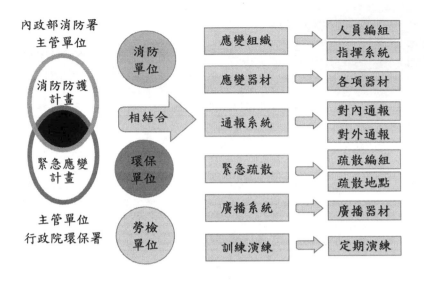

圖5-4　消防防護計畫與緊急應變計畫結合架構簡圖

浪費，其架構可參考**圖5-4**所示。

四、緊急應變演練

任何一套建全完善的緊急應變計畫皆必須配合足夠的訓練及演練，否則無法發揮其成效，更重要的是要讓緊急應變組織的成員均會操作廠內所有消防設施，以應付緊急意外事故發生時能夠立即消滅災害。

(一)演練要點

緊急應變組織成員必須定期接受訓練，以熟悉應變各項步驟。演練方式可以區分為以下幾類：

◆沙盤推演

僅限於桌上、紙上談兵或電腦模擬方式進行，參與者依照假設狀況提出因應之方案，可以作為實際演練之參考。

◆局部演練

　　僅限於區域較小發生的災害；如應變計畫之第一階段，由轄區單位依照管轄範圍，自行假設發生意外狀況時之緊急應變處置之步驟與措施，讓單位內員工熟練各項災害搶救、救護與疏散。

◆全廠演練

　　全面性假設意外事件發生屬於應變狀況下之第二階段或第三階段，啟動整個緊急應變組織，其演練內容應涵蓋如下：

　　1.各種假設狀況處理對策與討論。
　　2.災害防範步驟與方法研討。
　　3.危害作業傷害認識與防範。
　　4.各種防護裝備認識與穿著測試。
　　5.毒性物質與危害設備之認識。
　　6.演練結果之檢討及修正。

(二)演練週期

　　1.演練週期：每年至少一次。
　　2.參與對象：緊急應變編組人員（含正常班和非正常班編組人員）。

參考文獻

中國生產力中心（2003）。〈管理員訓練〉。《勞工安全衛生教材》，頁109-118。
中華民國工業安全衛生協會（1995）。〈安全管理師訓練〉。《勞工安全衛生教材》，頁201-211。

Chapter 6

工作安全分析與安全作業標準

職業安全與管理的工作，是一件非常煩雜的工程，必須依賴科學的管理與技術方法，才能夠有系統的規劃及運作。在事業單位的工作環境中，原物料的種類繁多，若沒有指定專人負責管理、依工作的性質分配任務，一定會經常發生異常事件，例如品質發生變異、輸錯料品、發生洩漏等，所以說工廠必須有一套完善的管理模式，才能夠維持公司的正常營運。

　　事業單位管理者，應該建立完整的管理措施，將原物料、生產流程、出貨作業、品質管制、維護保養等，按照工作的性質，加以一一分析檢討，透過專業分工，分析每個步驟、流程，找出可能危害因素，持續研討與改善，尋求最佳的方法，才是防範意外事件發生最為有效的良策。

6-1 工作安全分析的重要性

　　工作安全分析（job safety analysis）是由工作分析推演而來，應用於職業安全與管理中，在於避免意外事故發生的方法。在1947年由美國葛理瑪教授所提出，其目的為防範事故之發生，藉由觀察、討論、修正等逐步分析作業現況後，而建立安全的工作方法。其功能如下：

1.作為在職訓練員工之方法。
2.發現及杜絕工作之危害。
3.確立工作安全所需的工具、設備或防護具。
4.確立工作安全所需的人員資格條件。
5.作為安全觀察之參考資料。
6.作為意外事故調查之參考資料。
7.作為自動檢查之依據。
8.增進員工對工作安全的認識。

工作是由一連串的個別步驟或活動所結合而成，分析需依賴專業知識、技能和經驗來執行任務，故工作分析是依5W1H的觀念來確定工作的需要條件資格。

1.工作的內容如何（What）。

2.工作負責人是誰（Who）。

3.工作的執行時間（When）。

4.指派的工作地點（Where）。

5.說明為什麼要如此做（Why）。

6.分析的方法或程序（How）。

由此可知工作安全分析應該真正瞭解一件工作所需要的作業程序，合理安排作業順序，讓工作能夠以最容易、最經濟的方式進行，並且發揮其工作的效率。

6-2 工作安全分析的目的

工作安全分析的目的無論從選人任事或決定作業方法與程序，應加以考量周遭之因素，藉由分析可能所面臨的任何狀況、問題，並一一找出可以解決的方法，以最經濟、最簡單、最有效的方式來完成所需的任務或工作。

一、工作安全分析需考量因素

(一)人

包括作業員、領班、管理階層及和安全有關的人員，其知識、經驗、意願及身體狀況等是否可以適應。

(二)方法

要調查作業流程中的各項工作程序、步驟、方式、範圍及績效等是否適當。

(三)機械設備

工作上需要操作之機械、設備、工具及安全防護具等,是否安全或完備。

(四)材料物料

生產作業中所需使用的物料、材料等,應加以分析是否具危險性或有害性。

(五)環境

應考量作業場所中的環境狀態是否符合規定,如空間、溫濕度、照明等。

二、工作安全分析的方法

(一)觀察法

可以從一般作業中加以仔細觀察工作的狀況,正確記錄所觀察的結果,是否發生有不安全的行為和狀況。

(二)面談法

與從事該工作人員直接面談,談論主題有工作的現況、執行任務是否困難、其他建議改善問題等,面談過程中應保持和諧,態度友善,才可以達到真正想獲得之訊息。

(三)問卷法

將工作環境狀況、技能、機械設備及個人問題等資訊，設計成調查表方式，進行問卷，可以藉由此方式得到訊息，並加以分析，作為改善之參考。

(四)測驗法

利用測驗方式對工作人員的經驗、知識、興趣等進行測驗，將所得到之資料加以分析，可以提供人力資源管理部門任職之參考，測驗內容應依人員之工作性質及程度加以分類。

(五)綜合法

綜合上述各種方法加以混合應用，然後進行交叉比對分析，可以得到較平衡、正確的資料或事實。

6-3 工作安全分析的程序

主管人員要進行工作安全分析時，通常有一定的遵循方向，可以歸納為以下基本的順序（圖6-1）：

一、選擇需要分析的工作

需要安全分析的工作，一定要加以選擇，不能漫無標準或範圍，否則可能會造成人力、物力的浪費，甚至徒勞無功，所以可以依照下列方式選出其優先順序：

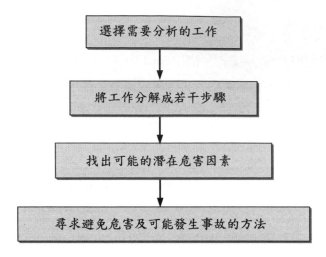

圖6-1　工作安全分析之程序

(一)失能傷害頻率最高者

依照意外事故之統計資料，將發生頻率（FR）最高者的作業列為優先分析的工作，因為它發生職業災害機率很高，可能會帶來重大的損傷。

(二)失能傷害嚴重率最高者

曾經發生過或其他類似工廠發生過的失能傷害工作之統計資料，將發生嚴重率（SR）最高者的作業列為需要優先分析的工作，因為它發生職業災害相當嚴重，會帶來重大的災害，更應該提出來加以防範。

(三)曾經發生過事故者

有些工作在本單位或其他單位曾經發生過災害，這也必須要加以分析。

(四)有潛在危險者

某些工作本身具有潛在的風險，如鍋爐、壓力容器、爆炸性及可燃性物質的作業等，都具有高能量，雖未發生嚴重災害，稍有疏忽就會造成

災害，應予以分析。

(五)臨時性或非經常性的工作

如機件修理、承攬工程、擴建廠房等工作，這類不屬於經常性的工作，作業人員較不熟悉程序或方法，較易發生意外事故。

(六)新設備或新製程者

由於機械設備的置換、工作程序的變更或新的工作，因為作業步驟生疏，必須擬定新的安全工作方法，不應在事故發生後才來檢討補救。

(七)一般性或經常性工作

這些屬於經常性的維護保養工作，應該也要一一加以分析，制定出標準工作流程，避免忽略而造成傷害。

二、將工作分解成若干步驟

把要分析的工作依先後順序分成幾個主要的步驟，在分解的過程中應注意不可太繁瑣，不僅要易於說明教導，更應使作業人員一目了然，而分析者應選擇對工作操作具有經驗者來擔任，工作分析必須顧及安全和效率，所以須將步驟分解成如下方式：

(一)示範動作

由領班或工程師來擔任示範作業，依照作業方式將其分解步驟一一呈現給作業人員學習。記住：示範者不應將過程表現得太繁瑣或複雜。

(二)先後次序

觀察者應該牢記示範者的主要基本步驟，將先後順利完整排列，記

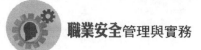
住工作分析的目的與價值。

(三)學習試作

嘗試讓學習或觀摩者能夠親身體驗操作,由示範者核對主要步驟是否符合,相互溝通說明,務必讓學習者充分瞭解。

(四)修正或改進

將討論的結果讓所有操作人員充分瞭解,如發現有不適當的地方,應該加以修正或改進,尋求正確的安全作業標準,符合安全與效率。

三、找出可能的潛在危害因素

把工作分解成幾個主要步驟後,應該仔細分析每個基本步驟中是否隱藏著潛在的危害性問題,在鑑別分析時,領班或職業安全管理人員以專業知識從旁加以協助。可以透過預知危險的活動,讓現場作業人員找出真正的關鍵危害點,這對於工作安全分析是一個很重要的工作,因為遺漏了任何的潛在危害,都可能造成永遠無法彌補的遺憾(圖6-2)。

四、尋求避免危害及可能發生事故的方法

針對每個基本步驟的潛在危害及各種可能發生的意外事故,經過工作安全分析後,應該逐一尋求防止意外事故的對策,以及最佳的行動方案與工作方法來加以解決。然而,有些方案需要花費較長的時間來進行改善,但有些工作可以立即著手改正,如操作方法或增加一些設備及措施就可以完成者。不論時間長短,都應逐步加以規劃改善,其方法可參考圖6-3。

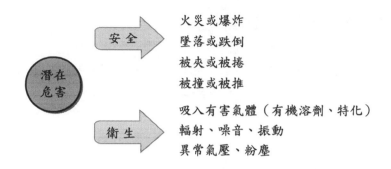

圖6-2　尋找潛在危害可能的因素

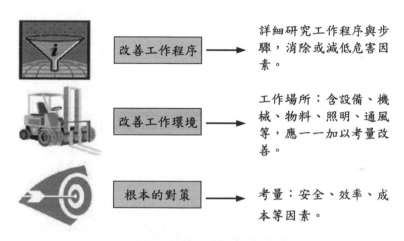

圖6-3　解決潛在危害的方法

6-4 工作安全分析的製作與實施

　　工作安全分析檢核表的製作，應該針對所進行之作業實施檢核，瞭解作業過程中可能接觸之機械、設備、器具或環境，作業人員應配戴何種安全防護裝備，一一找出可能潛在的危害，提出可以解決的方法，建立一套可行又安全的操作方式。

一、工作安全分析表之製作

工作安全分析表的製作，一般可以包括工作的內容、工作地點、安全防護裝備等，其主要項目如下（**表6-1**）：

1.工作名稱。
2.作業地點。
3.設備工具。
4.物料材料。
5.個人防護具。
6.編製日期。
7.修訂日期。
8.修訂次數。
9.工作安全分析內容（涵蓋基本步驟、潛在危害及安全的工作方法）。
10.分析者、審核者及批准者。

表6-1　工作安全分析表

○○化工股份有限公司 工作安全分析表		
工作名稱：　　　　　　個人防護具： 作業地點：　　　　　　編製日期： 設備工具：　　　　　　修訂日期： 物料材料：　　　　　　修訂次數：		
基本步驟	**潛在危害**	**安全的工作方法**
批准者：　　　審核者：　　　分析者：領班或作業主管		

二、工作危害分析表之製作

　　工作危害分析表的製作，由作業主管或工程師對現有之機械、設備、器具、環境或操作方式，認為有所不妥或需要改善的地方，由作業人員或工程師提案建議，經單位主管及職業安全衛生管理人員同意認可後，再修正工作安全分析表或標準作業程序，讓作業或工作場所更具安全又有效率。其主要內容如**表6-2**所示。

三、工作安全分析之實施

　　雖然各事業單位的工作安全分析表的製作內容不盡相同，不過基本的精神確是一致。而工作安全分析的實施，一般由領班或作業主管來擔任分析者，負責填寫分析表，其原因如下：

表6-2　工作危害分析表

○○化工股份有限公司 工作危害分析表		
		年　　月　　日
工作名稱：		
工程方法：		
潛在危害：		
防範措施或對策		
		提案人：
單位主管：(1)同意（　）		
(2)修正為：		簽名：
職業安全衛生管理人員：(1)同意（　）		
(2)修正為：		簽名：

(一)分析者——領班

1. 領班為操作人員之基層主管,作為管理階層的橋樑。工作安全分析之擬訂需與作業人員研究,經過充分溝通後,再送交主管審查批准,相信為最適當的人選。
2. 領班對所屬員工及機械、設備、器具、原物料等,皆有相當瞭解且較具經驗,對於防止不安全的行為與不安全的狀況更具成效。
3. 領班為從事安全教導與訓練的種子教官,由他來從事工作安全分析,自然駕輕就熟,易為勞工所信服。

(二)審核者——單位主管或職業安全管理師

1. 職業安全管理師為廠內職業安全管理與安全工程的專家,對各種機械、設備、器具及工作環境的不安全狀況或不安全行為,有深入認知瞭解,由他來審核各單位送來的工作安全分析表,較為適當。
2. 職業安全管理師與領班之間較易溝通與討論,在聽取對方之意見沒有爭議後,將審核建議呈送工作安全最高主管批閱。

(三)批准者——廠方最高主管

1. 依照各公司或工廠的編制,應由廠內負責工作安全管理的最高階主管來批准工作安全分析表,表示對工作安全的支持與重視。
2. 若對工作安全分析表有異議,應與職業安全管理師或領班討論,待一切無意見後,批准並公告實施之,以便讓全廠員工共同遵守這些安全規定。

(四)修訂

1. 工作安全分析表應定期修正,以免不符合時宜。
2. 當有發生意外事故時,分析表就應在檢討事故原因後加以增訂或修正。

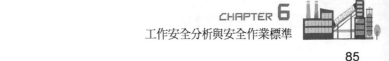

3.作業程序改變時也應加以修正。

4.有新設備或機械時,需加以分析,制定新的作業程序或工作方法。

6-5 安全作業標準之功能與製作

在事業單位中無論任何部門都有一套完善的內部管理程序,一般而言稱為標準作業程序書或工作指導書,其目的是在建立作業的標準,避免因人為的疏忽而造成遺漏。

這些作業程序經過標準化後,供作業人員遵循,並且必須定期的檢討,將不符合的部分隨時加以訂正,讓新進人員能夠正確又快速地學習,以提升工作的績效及企業的競爭力。

一、安全作業標準之功能

安全作業標準是指經由工作安全分析,檢討各工作步驟是否存在可能的潛在危害,並建立正確的工作程序,以消除工作時的不安全行為、設備與環境,確保工作安全的標準。

而作業場所制定了安全作業標準,可以達到下列功能:

(一)防範工作場所災害之發生

針對整個作業已經制定了安全作業標準(SOP),對所有之危害因素都加以檢討,並提出改善措施及防範對策,只要要求作業人員依標準作業程序實施,相信可以防止意外事故的發生。

(二)確定工作場所所需的設備或器具

從工作安全分析或安全作業標準中,很清楚地列出該工作所需之設

備、器具、個人防護具等，事前應該準備妥當齊全，不致在工作時缺乏或使用不當的物品，而發生災害事故。

(三)選擇適當的工作人員

在工作安全分析中已經將作業人員或管理人員的資格、條件及經驗（包含知識、技能及身體狀況）做了檢討，因此當主管人員分派工作時，應依照相關之資訊派遣合適人員擔任工作，特別是法令規定需要具備相關證照的作業，如壓力容器、鍋爐等操作人員，不可因條件不符合而誤派非合適人員擔任，造成違法及危害。

(四)作為安全教導的參考

安全作業標準，可提供領班或主管人員在實施員工教育訓練時之教材，以及一般作業時之工作教導和督導時參考依據，指導工作人員正確的安全作業方式。

(五)作為安全觀察的參考

可以作為主管人員或職業安全衛生管理人員巡視現場作業時，對作業人員實施安全觀察是否有發生不安全行為或動作，加以統計分析，作為日後改進的依據。

(六)作為事故調查的依據

萬一發生意外事故，主管人員或職業安全衛生管理人員可依安全作業標準，查核相關人員是否依規範正確作業，有助於事故的調查及意外發生原因的追蹤。

(七)增進工作人員的參與感

安全作業標準是由主管人員或職業安全衛生管理人員觀察工作人員

作業之情形，經過多方討論而決定之安全工作方法，因此作業人員有參與討論，相信也會配合遵守安全作業標準。

二、安全作業標準之製作與實施

安全作業標準之格式製作，依工作安全分析之結果加以修正，增加不安全因素之檢討與相關安全措施及意外事故之處理程序。而安全作業標準將一些名詞定義清楚，如不安全因素涵蓋潛在的危害與可能之危害，安全措施是指安全的工作方法與防範對策。

製作安全作業標準時應注意之事項如下：

1. 作業種類：範圍較廣，所指的是作業的方式，如手工作業或機械作業等。
2. 作業名稱：範圍狹窄，指作業時所使用之工具或器材，如鐵鎚、扳手、起子等。
3. 工作步驟：作業的步驟不可繁雜，應簡化明瞭，可分為作業前、作業中及作業後的基本操作方法。
4. 不安全因素：針對會造成人員傷害的不安全環境、設備或人為之不安全動作與行為，提出可能存在的危害因子。
5. 安全措施：應針對不安全因素所可能存在之危害提出相對的防護措施，可以避免傷害之發生。
6. 事故處理：將發生意外時之緊急處理的過程或方式加以說明。
7. 安全作業標準須經過主管之審核與批准程序，並公告後方可實施。
8. 安全作業標準須加以管理，如管制編號、訂定日期，若有變更時應隨時加以修正。
9. 圖解：可以幫助作業人員瞭解，以照相或繪圖方式呈現。
10. 案例：屬於搬運作業，由個人以徒手方式進行，沒有使用任何機械器具，其安全標準作業程序如**表6-3**所示。

表6-3 安全作業標準

<table>
<tr><td colspan="5" align="center">○○化工股份有限公司
人力搬運安全作業標準</td></tr>
<tr><td colspan="3">作業種類：搬運作業</td><td colspan="2">編號：T1-081-14001</td></tr>
<tr><td colspan="3">作業名稱：人力搬運</td><td colspan="2">訂定日期：2010年10月01日</td></tr>
<tr><td colspan="3">作業方式：個人作業</td><td colspan="2">修訂日期：2014年11月10日</td></tr>
<tr><td colspan="3">使用器具：無</td><td colspan="2">修訂次數：五次</td></tr>
<tr><td colspan="3">防護具：安全鞋、棉紗手套</td><td colspan="2">製作人：張三</td></tr>
<tr><td>工作步驟</td><td>工作方法</td><td>不安全因素</td><td>安全措施</td><td>事故處理</td></tr>
<tr>
<td>一、作業前</td>
<td>1.準備棉紗手套
2.檢查荷物外觀有無破損
3.檢查工作範圍環境狀況
4.檢查防護具是否妥當</td>
<td></td>
<td></td>
<td></td>
</tr>
<tr>
<td>二、作業中</td>
<td>1.站立於荷物外側，左右腳分開半步
2.腳下蹲，背部挺直，手掌抵住荷物，手指握緊荷物，提舉荷物
3.移動腳步搬運到目的地
4.放下荷物</td>
<td>1.腳位置不當，重心不穩，易傾倒
2.姿勢不當，容易閃到腰
3.搬運不專心時，荷物掉下會打傷腳部
4.放下時若不慎仍會掉落傷腳</td>
<td>1.確認雙腳位置
2.挺直背部，兩臂貼身，內縮下頸，保持平衡
3.步調自然平穩
4.確認放置位置，小心放下</td>
<td>壓傷、扭傷或擦傷者，立即送醫治療</td>
</tr>
<tr>
<td>三、作業後</td>
<td>1.棉紗手套放回原處</td>
<td></td>
<td></td>
<td></td>
</tr>
<tr>
<td>圖解</td>
<td colspan="4"></td>
</tr>
</table>

 **參考文獻**

中華民國工業安全衛生協會（1995）。〈安全管理師訓練〉。《勞工安全衛生教材》，頁299-315。

黃清賢（1991）。《工業安全與管理》，頁127-137。台北：三民書局。

蔡永銘（2003）。《現代安全管理》，頁63-74。台北：揚智文化。

Chapter 7

事故調查與職災統計

災害的事故是人們所不願樂見的，但是大多數的人又不太願意遵守規定，如工作場所作業的各項要求、交通規則等，當受到傷害或發生事故時，再來抱怨及悔恨，已經來不及了。

　　事故的災害，不論事件的大小或輕重程度如何，應予調查，而意外事故調查的程度、範圍，依照企業的政策或重視程度而定。有些工廠認為發生人員失能傷害才會進行調查，並提出調查報告，有些工廠則是要發生重大的災害造成人員傷亡及財產嚴重損失，受到外界的關切時，才會實施調查。此時，建議所有企業主或管理者，針對每件事故都必須著手調查，找出發生的原因，並尋求解決的方案及預防對策，這才是預防事故發生的上策。

　　而職業災害統計是在提醒管理者，當職業災害頻率或傷害嚴重率居高不下時，必須謹慎面對這個議題，若不即刻尋求解決方法，可能會帶給企業重大的衝擊。所以說職業災害的統計是作為職業安全衛生管理的重要績效指標之一，管理者應該重視其意涵。

7-1 事故的定義與型態

　　意外事故是一個不期望發生而發生的災害事件，可能會造成人員的傷亡、財產的損失或生產製程的中斷。而事故發生的型態亦是種類眾多，如工廠的事故（手指割傷、嗆傷、中毒等）、營建工地（墜落、滾落等）、交通事故（擦傷、肢體斷裂等），無論事故種類如何，必須提醒每一位工作者，希望大家快快樂樂的上班去，平平安安回到甜蜜可愛的家。

一、意外事故的定義

　　事故係指凡是打斷或妨礙正常工作進行的任何事件，因此對於人

員、機械、設備或財產可能造成損傷。事故的範圍包含傷害事件及非傷害事件兩種，造成傷害者稱為意外事故（accident）；未造成任何傷害者稱為虛驚事故（incident）。

意外事故即一連串事件中所發生之事故，其結果常常會造成無法預期的傷害、死亡或財產損失（Accident is that occurrence in a sequence of events which usually produces unintended injury, death or property damage）。

二、多重因果關係

從意外事故的定義中，我們可以瞭解一件意外事故的發生很少是由單一的原因所造成，通常是由很多複雜因素所結合在一起而發生。而這些可能的因素常存在於工作場所或勞工身上，甚至許多高階主管的心態也是如此。

而多重因果之理論由美國D. Peterson在1971年所提倡，認為發生意外事故的原因有許多，不只是一個簡單的理由可以解釋的，一般人往往會把發生意外事件的罪過歸咎於他人或自身倒楣，無法找出根本之原因加以解決，讓事件不斷地重複發生。

因此我們必須深切體認發生意外事故的嚴重性，從最根本的原因加以探討解決，才可以真正防止意外事件的發生。從多重因果之理論可以歸納發生意外事故的原因如下（**圖7-1**）：

(一)事故的直接原因

當意外事故發生後，其能量或物質超過可以承受的範圍時，就會造成傷害。

1.能量：指電、熱、冷及輻射等。

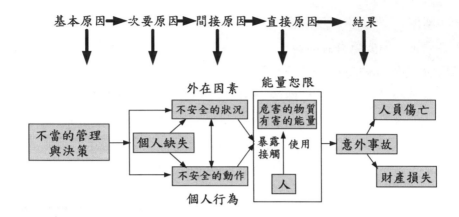

圖7-1　意外事故發生的多重因果關係

　　2.物質：指危害物質，如化學品、毒物、粉塵及噪音等。

(二)事故的間接原因

　　因為作業人員不安全的動作和不安全的狀況所引起的事故原因。

1. 不安全動作：指個人行為因素，如不使用合格的設備器具、不穿戴個人防護具或在工作中嬉戲等。
2. 不安全狀況：指外在環境因素所引起的，如工作場所擁擠、通風不良、噪音過高及採光照明不良等。

(三)事故的根本原因

　　綜合上述的說明討論可以瞭解工作場所發生意外事故，表示管理失策、督導不周、檢查疏忽，其責任應歸咎於管理階段主管，因為不當的管理與決策是造成事故發生最根本的源頭。

1. 管理上的缺失：指公司未制定職業安全衛生政策、工作守則或未實施人員教育訓練等。

2.人與環境的缺失：如個人經驗不足、人際關係不佳或設備設計不當
　所造成。

三、職業災害之定義

　　依「職業安全衛生法」第二條第五款之規定，所謂「職業災害」
指因勞動場所之建築物、機械、設備、原料、材料、化學品、氣體、蒸
氣、粉塵等或作業活動及其他職業上原因引起之工作者疾病、傷害、失能
或死亡（**表7-1**）。

(一)勞動場所

　　依「職業安全衛生法施行細則」第五條之規定，所謂勞動場所包括
下列場所：

1.於勞動契約存續中，由雇主所提示，使勞工履行契約提供勞務之場
　所。
2.自營作業者實際從事勞動之場所。
3.其他受工作場所負責人指揮或監督從事勞動之人員，實際從事勞動
　之場所。

(二)工作場所

　　指勞動場所中，接受雇主或代理雇主指示處理有關勞工事務之人所
能支配、管理之場所。

表7-1　職業災害之定義

對象	地點	媒介物	原因	結果
作業者	勞動場所	建築物、機械、設備、原料、材料、化學品、氣體、蒸氣、粉塵等	職業有關（作業活動）	造成作業者：疾病、傷害、失能或死亡

(三)作業場所

指工作場所中，從事特定工作目的之場所。

四、意外事故之類型

若意外事故不限於與工作有關的事故類型，依發生的地點大致上可區分為四大類，分別隸屬不同的主管機關管轄（**圖7-2**）。

1.交通事故。
2.家庭事故。
3.工作事故（職業災害）。
4.公共場所事故。

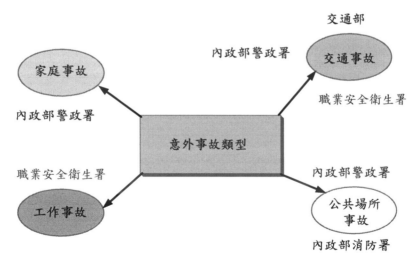

圖7-2　意外事故發生之類型

7-2 意外事故分級與調查處理

根據「職業安全衛生法」第三十七條之規定，事業單位工作場所發生職業災害，雇主應即採取必要之急救、搶救等措施，並會同勞工代表實施調查、分析及作成紀錄。除了需要符合法令要求外，任何的意外事故均需實施災害原因的分析，避免再次重複發生相同的事故。

假如任何的意外事故調查每次都要勞師動眾，除了人員的精神負荷及資源的支助外，更可能造成企業內部之不安。有鑑於此，意外事故的種類及性質應該加以區隔，依照傷害等級與嚴重程度的不同實施分級管理，事件較小者應該由轄區單位主管負責調查，跨越部門者由工安人員或專責單位負責調查，若屬於全公司者應該組成專案小組實施調查。任何的調查都必須作成紀錄，以報告方式呈現，可以作為安全管理與教育訓練教材，以示警惕。

一、意外事故的分級

意外事故發生的結果乃有輕重緩急之區分，其造成之傷害也有嚴重程度的不同，所以必須加以分級並進行不同層次的調查。一般事業單位對於意外事故分成四級。詳細如**表7-2**及以下說明：

(一)Level 1（A級）

災情嚴重之事故，發生有人員死亡或一人（含）以上之永久失能傷害者或財物損失超過一百萬元以上之損失的事故災害。

(二)Level 2（B級）

災情介於嚴重與輕傷害之間的事故，造成有人員發生暫時性失能傷

表7-2 意外事故分級一覽表

事故種類	事故調查分類、等級			備註
	等級	單位	小組	
人員死亡事故	A級	－	√	
損失工時事故	A級	－	√	永久失能傷害
限制工時事故	B級	√		需住院
廠外醫療事故	B級	√		需住院
廠內護理事故	B級	√		回家休養
火災爆炸事故	B級	√		如動用消防編組救災，則須進行A級小組調查
洩漏汙染事故	C級	√		如洩漏汙染至廠外，則須進行A級小組調查
設備損失事故	C級	√		如損失金額達新台幣百萬元以上，則須進行A級小組調查
交通意外事故	B級	√		人員受傷送醫治療
虛驚事故	D級	√		不需開立改正行動通知單，加強管理即可
其他安環事故				依狀況由工安部門研判等級

害者或財物損失十萬元以上至一百萬元以下之損失的事故災害。

(三)Level 3（C級）

屬於輕傷害之事故，並沒有發生暫時性失能傷害或財物損失在一萬元以上至十萬元以下者，未使生產製程中斷之事故。

(四)Level 4（D級）

屬於較輕微或虛驚之事故，可能是物料小洩漏或財物損失在一萬元以下者，或虛驚之事故。

二、意外事故的處理流程

　　當意外事故發生時，應該立即通知轄區單位主管及職業安全衛生管理單位或人員，並依意外事故處理流程，即刻投入災區進行搶救工作。若屬於重大職業災害事故，依「職業安全衛生法」第三十七條第二項之規定雇主應於八小時內通報勞動檢查機構。

　　事業單位工作場所如發生職業災害時，除了實施災害調查並樹立災害防止計畫或對策外，不得移動或破壞現場，對罹災者實施必要的急救與搶救。其處理流程如圖7-3所示。

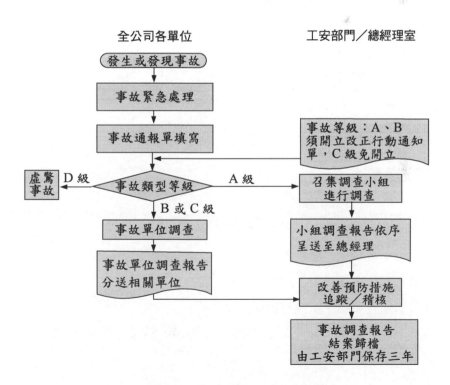

圖7-3　意外事故的處理流程

三、意外事故的調查

意外事故調查是依「職業安全衛生法」第三十七條第一項規定：「事業單位工作場所發生職業災害，雇主應即採取必要之急救、搶救等措施，並會同勞工代表實施調查、分析及作成紀錄」。而意外事故調查在蒐集事故發生的必要資料，包含人、事、地、物及發生的過程，並將所蒐集的資料加以分析、檢討，追查其原因，建立事故預防的對策，訂定災害防止之計畫。

其事故調查可以達到下列目的：

1. 防止類似或相同職業災害的發生。
2. 罹災人員之救護及善後。
3. 探討災害原因及擬訂防止對策。
4. 蒐集災害相關資料作為統計分析研究之根據，並作為宣導及教育訓練之資料。
5. 確認災害責任。

四、調查步驟

意外事故可以分成四個步驟進行調查（圖7-4）：

1. 掌握災害狀況（確認事實）。
2. 發現問題（調查災害原因）。
3. 分析災害原因（資料分析與討論）。
4. 建立防範對策（訂定災害防止計畫或職業安全衛生管理計畫）。

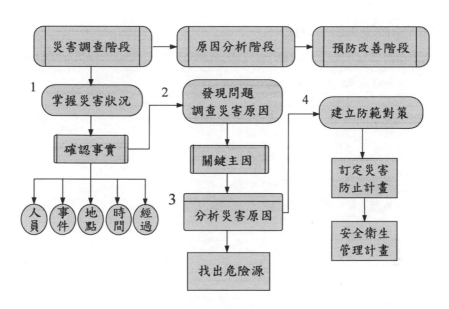

圖7-4　意外事故調查步驟

五、意外事故調查人員的職責

　　意外事故調查小組之成員包含組長、工安人員、操作主管、事故單位主管、技術人員、工程主管及人事主管，在事故調查上各有不同職責，每個人唯有扮演適當角色才能有效發揮事故調查功能。其職責說明如**表7-3**至**表7-5**所示。

7-3 失能傷害之定義

　　當發生意外事故可能造成人員之傷害，而傷害之型態可區分為四種：死亡、永久全失能、永久部分失能及暫時全失能。其定義如**表7-6**所示。

表7-3 事故調查組長的職責

項目	擔任職責內容
1	指揮管理調查作業
2	分配成員調查工作，決定期限
3	任用受過訓練的人員作整體的規劃和展開工作
4	保持現場的安全，且調查工作不可破壞現場或打擾緊急作業
5	盡可能早日恢復現場生產工作
6	蒐集相關之資料，如證人、證物、現場報告或文件、紀錄等
7	處理與相關主管機關之溝通、對話，新聞訊息之發布
8	彙集調查資料提供給主管機關之官員
9	召開事故檢討會議
10	彙整事故調查報告向雇主或代理人呈報

表7-4 事故調查工安人員的職責

項目	擔任職責內容
1	提供組長有關事故所涉及相關法令資訊
2	提供組長有關事故分級及相關程序之規範
3	提供小組成員關於事故調查之勤前教育與訓練
4	監督現場保持安全及相關證據完備，不可破壞或被移動
5	監督現場未完成調查及釐清災害原因責任時不可恢復操作
6	對調查事故時程掌握，要求其有效性
7	向有關主管機關通報災害之實況與調查結果呈報
8	監督事故檢討報告結論與災後重建追蹤查核
9	指導調查人員正確使用個人防護具
10	協助分析發生事故原因與災後重建工作

表7-5　事故調查小組成員的職責

項目	擔任職責內容
1	決定訪談對象與調查時程表
2	繪製事故現場圖及相關位置圖
3	蒐集相關證物,如現場照相、紀錄、文件、作業標準及其他資料
4	訪談相關人員,如事故現場作業員、領班、工程師及單位主管
5	請求相關人員協助配合,如技術人員、工程人員、維修人員
6	將現場所蒐集之資料、觀察報告、照片及結果,作成紀錄並分析證據等
7	分析直接、間接及基本原因,針對原因提出事故發生之缺失及改善建議方案
8	評估事故應變處理程序與措施
9	評估事故調查計畫及訓練計畫是否適當
10	參加事故檢討會議
11	提出事故調查報告給組長批示

表7-6　失能傷害之定義

死亡		因工作而喪失生命,不論罹災至死亡時間的長短。
永久失能	永久全失能	因工作而使罹災者造成永久性的傷害而無法恢復。例如:同一事故造成雙目、一眼一手、(手足)四肢中的兩肢。
	永久部分失能	指嚴重性低於死亡及永久全失能傷害者,而造成永久性的傷害無法恢復。例如:腳趾或手趾切除、一眼失明等。
暫時全失能		指不造成死亡與永久失能傷害者,此傷害是可以恢復。但傷者不能從事正常工作,受傷當日不計,達一整天或超過一天以上的傷害。

7-4 職業災害統計

　　職業災害統計係將職業災害調查所得到的資訊，加以綜合分析，以瞭解災害發生之類型、災害之媒介物、加害物質、不安全狀況與不安全行為等狀態。並計算傷害頻率、傷害嚴重率，經過量化後的數據來作為事業單位職業災害發生因素及情形的分析，讓事業單位作為擬訂災害防止計畫之參考，採取必要之安全防護對策與措施，以達到避免職業災害發生之目的。

一、職業災害統計之目的

　　依「職業安全衛生法」第三十八條之規定，中央主管機關指定之事業，雇主應按月填寫職業災害統計，並將結果報檢查機構備查。而依「職業安全衛生法施行細則」第五十一條規定，中央主管機關所指定之事業如下：

1.僱用勞工人數在五十人以上之事業。
2.僱用勞工人數未滿五十人之事業，經中央主管機關指定，並由勞動檢查機構函知者。
3.前項第二款之指定，中央主管機關得委任或委託勞動檢查機構為之。

二、職業災害統計注意事項

1.職災統計之數據可以應用於職業安全衛生管理計畫中。
2.職災統計需能具體表達現況，易於瞭解，具有參考價值。
3.災害統計可用圖形或數字方式表現，達到量化之目的，可以作為職業安全衛生管理之績效指標。

4.確實掌握各種災害統計之項目、內容、災害原因等,提供職業災害
　預防參考資訊。

三、職業災害統計之計算

(一)失能傷害頻率（Disabling Frequency Rate, FR）

　　按該時期內失能傷害之總計人數計算,以每百萬工時內之失能傷害
之總計人數傷害頻率（取至小數第二位）,計算公式如下:

$$失能傷害頻率 = \frac{失能傷害次數 \times 10^6}{總經歷工時}$$

(二)失能傷害嚴重率（Disabling Severity Rate, SR）

　　按該時期內失能傷害之總損失日數計算,以每百萬工時內之失能傷害
之總損失日數計算失能傷害嚴重率（小數點以下不計）,計算公式如下:

$$失能傷害嚴重率 = \frac{失能傷害總損失日數 \times 10^6}{總經歷工時}$$

(三)失能傷害平均損失日數

　　係指失能傷害總損失日數除以失能傷害次數,其計算公式如下:

$$失能傷害平均損失日數 = \frac{失能傷害總損失日數}{失能傷害次數} = \frac{SR}{FR}$$

(四)死亡年千人率

　　係指勞工每千人於一年期間發生災害之死亡人數,其計算公式如下:

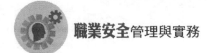

$$死亡年千人率 = \frac{職業災害死亡人數 \times 1000}{平均勞工人數}$$

四、職業災害統計

　　我國推行職業安全衛生管理工作四十多年，從2008年職業災害失能傷害發生的頻率統計（**圖7-5**）得知，與鄰近國家如日本、新加坡、韓國相比較，只比韓國好一些。根據勞動部2013年度勞動檢查年報知悉，職業災害失能傷害頻率降至1.66（2008年為2.09），確實有逐年下降之趨勢。

　　根據勞動部之勞動檢查年報統計得知，職業災害發生之類型以上下班交通意外事故最高（**圖7-6**）所示，排除交通意外事故，在工作職場中所發生之職業災害以墜落、滾落之傷害案件最多，未來如何預防是一個重要的課題。

失能傷害頻率

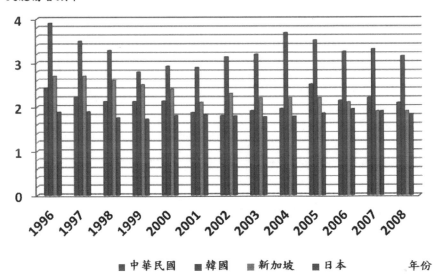

圖7-5　鄰近國家失能傷害頻率比較圖

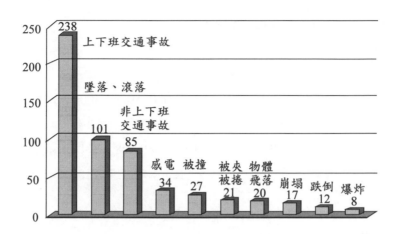

圖7-6　工作場所發生死亡原因統計資料

五、失能傷害之計算

　　範例：由**表7-7**統計某公司去年之職災狀況，試求其失能傷害頻率、失能傷害嚴重率及失能傷害平均損失日數為多少？

表7-7　○○公司2013年職災狀況統計

項目\月份	一月	二月	三月	四月	五月	六月	七月	八月	九月	十月	十一月	十二月
總經歷工時	52,340	34,560	46,329	41,800	56,780	46,321	51,342	48,421	50,142	49,421	53,122	49,800
傷亡人數	3傷	1死	0	0	0	1死 2傷	0	0	2傷	0	0	1傷
傷害次數	3	1	0	0	0	2	0	0	2	0	0	1
損失日數	4,800	6,000	0	0	0	12,000	0	0	800	0	0	4,500

解：

總經歷工時：一月+二月+三月+………+十二月

=52,340+34,560+46,329+41,800+56,780+46,321+51,342+48,421

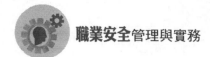

+50,142+49,421+53,122+49,800

=580,378小時

失能傷害次數：3+1+2+2+1=9（次）

失能傷害損失日數：4,800+6,000+12,000+800+4,500=28,100日

失能傷害頻率（FR）=（9／580,378）×10^6=15.51（次）

失能傷害嚴重率（SR）=（28,100日／580,378）×10^6=48,417（日）

失能傷害平均損失日數=（SR／FR）=48,417／15.51=3,122（日／次）

六、傷害損失之計算

依據CNS-1467之規定，任何傷害均以日來作為計算的基準，萬一發生意外事故時，不幸造成傷亡，其計算損失日數可以參考**表7-8**之換算表。

表7-8　失能傷害損失日數換算表

傷害損失日數換算表（以日為單位）依據CNS-1467							
死亡：6,000							
永久全失能：6,000							
骨節之全部或局部斷失	姆指	食指	中指	無名指	小指	大趾	其他各足趾
末梢骨節	300	100	75	60	50	150	35
第二骨節		200	150	120	100		75
第三骨節	600	400	300	240	200	300	150
中腕節或中跗骨	900	600	500	450	400	600	350

手腕：3,000	一眼失明：1,800
足踝骨：2,400	兩眼失明：6,000
腕部以上至肘部：3,600	一耳全失聽：600
肘部以上包括肩骨關節：4,500	兩耳全失聽：3,000
足踝以上至膝蓋：3,000	不能治癒疝氣：50

 參考文獻

永安工業區，某化工廠安全衛生管理資料。

勞動部，安全衛生業務（2013年度勞動檢查年報），http：//www.mol.gov.tw。

黃清賢（1991）。《工業安全與管理》，頁53。台北：三民書局。

鄭世岳、李金泉、蕭景祥、魏榮男（1999）。《工業安全與衛生》，頁62-71。台
　　北：文京圖書。

Chapter 8

安全活動之推展與激勵制度

事業單位推動安全工作上最終目的是在追求全體員工能夠健康、平安、快樂，企業能夠鴻圖大展大賺錢，一切希望能夠達到零災害之目標。

零災害（zero incident/accident）是一個崇高的理想，並非是一句口號，更祈盼所有的企業主能夠將推展安全活動當作事業經營的一環，尊重生命，無怨無悔的貢獻，將職業安全衛生工作當作慈善事業，將會使得企業能夠永續經營的發展。

8-1 安全活動的意義與內容

企業的首要目的在追求生存，且經營的哲學不只是追求最大的利潤，更應該如何的去避免損失。日本先進國家，在工作場所每天工作前由小組長發起工具箱會議（Tool Box Meeting, TBM），藉由相互提醒，呼喊口號，提升工作的士氣。

安全活動是由企業本身自發性的發起和參與，為了讓員工隨時隨地重視工作安全，以尊重生命為事業單位的努力目標，藉由舉辦各種安全活動，全員參與，達到預知危險的防範目的。

一、安全活動的意義

是指安全活動的推展可以抑止人的不安全行為，提升安全意識，減少災害之發生。由事業單位自發性所辦理之活動，鼓勵全公司人員參與，營造積極作為的一種活動。另一層涵義如下：

1.在職業安全衛生法令的規範外，事業單位內部為達成某種安全目的，所採取主動或配合之群體活動措施。

2.職業安全衛生法令之要求是最低的規定，不能包羅萬象，唯有事業

單位自我要求,才能到達完善的境界。

3. 藉由舉辦安全活動,讓全體員工共襄盛舉,讓安全意識融入生活中,有助於意外災害之降低。

4. 政府機關可以主辦安全活動,讓事業單位參與,對於優良之單位給予獎勵,表現不佳之工廠給予協助與輔導。

二、安全活動的內容

舉辦安全活動的方式有許多種,有動態之活動,也有靜態的展示,依照事業單位的需求,考慮何種方式進行,都具有一定之成效。主要之活動內容如下:

1. 資訊展覽:海報、圖片展示及影片播放。
2. 安全宣導:專題演講、舉辦研討會及示範觀摩會。
3. 安全競賽:壁報比賽、零災害活動。
4. 提案制度:提供激勵措施或獎金發放。

8-2 安全活動的推展

事業單位除了制定營運的目標外,更應規劃年度的安全衛生任務,逐年降低事故發生率,可以藉著安全活動的推展,喚起員工的安全意識,經年累月的實施,相信有助於職業災害發生率的降低。

一、零災害預知危險活動

零災害運動的推行方式以預知危險與工作確認為主,而預知危險活動是以零災害活動成員組成,由小組長或個人為中心,在作業前、作業中

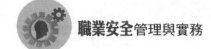
或作業後所實施的安全活動。工作確認則是將工作場所中一些危險關鍵項目，藉由用口呼喚方式指認確定進行，達到提醒警示功能。

　　預知危險活動是零災害活動小組成員以素描圖或現場實物，加以討論、協商或問答方式進行，大家腦力激盪來發掘出作業場所中可能潛在的危險有哪些，並訂定預防措施與對策的行動方案，讓大家一起來防止災害的發生，確保全體成員之健康與安全。而主要之推行目的與做法內容如下：

(一)目的

1.防止人為的失誤所造成的災害。

2.提升對危險的感受性，以提升肯做的意願。

(二)做法

◆ 先知先制預測危險

1.掌握現狀：在工作前或工作中發掘危險因素。

2.追求真相：找出災害肇事之關鍵因素。

3.樹立對策：針對關鍵性之危險提出對策加以消除。

4.設定目標：把具體可行之方案對策設定為行動目標去落實。

◆ 指認呼喚確認動作

1.行為動作：以指認呼喚（個人）或呼喚應答（團隊）方式做確認。

2.方式確認：心到 ⟶ 眼到 ⟶ 手到 ⟶ 口到 ⟶ 耳到。

3.最終目標：確認自己動作和消除臆測心理效果。

二、廠場整潔及美化活動（5S）

　　每個人在選擇工作場所時都不希望處於危險、髒亂和辛苦的環境中

工作，在物質缺乏困苦的時代，因為找尋工作不易，為了生活不得不勉為其難委屈求全來適應不良的環境。經過數十年來之努力，國民所得大增，人們生活水準也大幅提升，已不再過分追求薪資的多寡，而是尋求安全、快樂、舒適的工作環境。

而5S之活動是將雜亂的工作場所先行整理整頓，把不要之物品加以分類處理，如可以利用者加以回收，不可利用者丟棄處理。把工作場所加以清掃、清潔乾淨，不得任意製造髒亂，經過上述的整理整頓、清掃清潔後，工廠或工作場所必定煥然一新，所以有乾淨的工作環境，就不易發生危險，由此可知整理整頓、清掃清潔是達成安全最基本要求工作的第一步。

除了一般的環境整理清潔外，為了工作程序之便利加以規劃物品原料之動線，如地面平整劃分區間、辦公室自動化隔間、電線走地下槽化等。工作場所之綠化與美化，讓工廠公園化之設計規劃，使員工在安全與優雅舒適的工作環境中作業，有助於提高生產力。因此5S主要之推行目的與做法內容如下：

(一)目的

1.以整理、整頓、清掃、清潔、美化等方式，使作業場所保持整齊、空間寬敞、減輕工作壓力，符合人性化管理精神。
2.提高員工士氣，穩定員工就業、保持產品品質，減少事故發生。

(二)做法

1.宣導溝通。
2.教育訓練。
3.規劃執行。
4.檢查評估。

三、自主管理活動

工具箱會議是指作業前工作人員為了提高警覺，由領班召集小組成員共同研討與溝通，做好工作前之準備，或在工作中遇到困難問題，大家彼此商討解決方法或研擬防範之對策。因此藉由自主管理活動來掌握災害發生的原因並予消除，達到防止災害發生之目的。

四、加強上下班交通事故防止活動

根據所有職業災害發生原因之統計，交通事故率居於首位（可參考圖7-6），造成企業與國家社會之重大損失，因此如何來防止交通意外事故發生是一個非常嚴肅之課題。

對於駕駛的員工，事先實施健康諮詢，以及對於設備、車輛、防護工具等檢點，同時對於員工給予定期防禦駕駛訓練（觀看交通意外事故影片），有助於遵守交通安全規定之共識。應用於預知危險指認呼喚的手法，皆能有效防止交通事故的發生。

8-3 安全激勵之意義與方式

企業為了達成生產及品質之目標要求，常會訂定一套獎勵措施激勵員工，而一個受到激勵的人會努力地工作，持續地忍受困難，鞭策自己，達成重要的目標。因此組織有效運用資源，激勵員工，順利達成目標，甚至可使員工提高工作滿意度，降低離職意願。

相對而言，激勵也可以應用於工作安全上，為避免意外事故的發生，企業主或管理者更應該在工作安全方面訂定各項激勵措施，如提案改善制度，以減少操作人員忽視工作場所中一些危險關鍵因素，降低可能引

起之意外事故案件的發生。

一、安全激勵的意義

刺激他人或自己所採取某種行為的一種動作，能夠滿足心理或行為之需求所採用之方法或措施，才會具有成就感，否則即會產生沮喪失望的挫折感。

基本上激勵的出現過程需經過三個層次，因為需求是人類行為的起因，而想要達到某種特定需求滿足，中間需要有一種為追求目標的指揮行為力量來驅動它，最後為繼續滿足該需求則會維持該行為的出現，其模式如下：

需求 ⟶ 目標導向行為 ⟶ 追求需要的滿足

假設某人需要以車代步來節省時間（需求），因而興起買車的念頭（動機），有此動機後，他就會投入目標導向行為，如加班、存錢等。等存夠了錢，就會付出行動，買一部車使需求得到滿足。

激勵與動機兩者之間卻有明確的分別，動機是一種產生行為的心理變化，來自內心，有主動的意味。而激勵則有被動的意味，但兩者皆有滿足人們需求而採取行為的條件，所以一個人的行為動機可由激勵而產生。

二、人類的需求理論

人有了需求、慾望，刺激才會發生作用，激勵才會有目標。但是每個人的需要各有所不同，馬斯洛（Abraham H. Maslow）提出需求層級理論，對企業組織從事管理工作有很大的幫助，人類有五層次的基本需

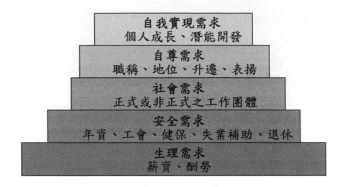

圖8-1　馬斯洛需求層級理論階梯圖

求,詳細內容如**圖8-1**所示。

(一)生理需求(physiological needs)

人類最基本的需求即生理需求,通常指無需經過學習的原始需求,就是生理的滿足,如食、衣、住、行等,一旦生理需求得到滿足後,人們就會設法滿足下一個層次的需求。

(二)安全需求(safety needs)

指人類期望得到保障或保護,為免於危險或受到威脅的需求,此需求不僅指身體的安全,更進一步要求心理上的安全感,在工作上就會追求年資、工會、健康保險、失業保險或退休制度的保障等皆為安全需求。

(三)社會需求(social needs)

在生理與安全需求得到相當的滿足後,人類追求親密關係與歸屬感的需求接連產生,此即社會需求。此時對於親友的愛特別強烈,對於社會團體喜歡有被認同感,因此在工作上屬於正式與非正式工作團體的隸屬關係。

(四)自尊需求（esteem needs）

所有的人都希望獲得別人的肯定，並感到自己的地位很重要，有價值的需求。凡是與個人自尊有關，如自信、獨立、成就等；與得到他人尊敬有關，如地位、認可、讚賞等；與工作上有關，如職稱、升遷、表揚等，都屬自尊需求。

(五)自我實現需求（self-actualization needs）

當所有層次的需求（生理、安全、社會及自尊等）皆獲得滿足後，便開始控制一個人的行為需求，發揮個人潛能，即為自我實現的需求。在各行業中總是有些少數的奇人為達到他們心目中最崇高的理想，而不斷地自我實現，竭盡所能，迎接挑戰，努力創造、發明。並非每個人都那麼幸運地達成自我實現的需求。

三、激勵與管理理論

在一個組織裡面，每個人都需要激勵，而管理的藝術是如何將激勵導向有效的行為措施，達到預期的目標。

麥格雷戈（Douglas McGregor）首先提出兩種不同的管理理論：X理論與Y理論，所謂X理論是指傳統專權式的管理，假設個人的行為具有下列各種的特性：

1. 基本需求：工作賺錢只為滿足基本的生活。
2. 天性懶惰：因為人總是討厭工作，所以必須以專權式管理手段來強迫、控制、威脅他們，使他們努力工作，以達到組織之要求目標。
3. 指派任務：一般人寧願被指揮，不願負責任，只接受上級下達工作指令，缺乏討論。
4. 條式管理：管理者只要依照公司之規範，如訂定行為標準、獎懲標

準等執行任務即可。

5.專權領導：部屬都希望上司來指揮他們即可，不希望瞭解太多，缺少獨立思考能力。

　　所謂Y理論是指參與式的自主管理，假設個人的行為具有下列各種的特性：

1.競爭挑戰：雖然每個人都有生理和安全的需求，因為教育水準的提升，除了滿足基本生活需求外，更追求更佳的生活水準。

2.誘因激勵：人雖生性懶惰，若能滿足各種層次需求，願意全力以赴。

3.參與式管理：使員工明瞭相互間責任的重要性，配合公司政策目標，全心投入生產，員工會更努力工作，有效提升整體生產力。

4.自主性管理：鼓勵員工發揮個人專長，培養自動自發精神，自我要求，提升組織整體的戰鬥力。

5.責任制領導：依權責分層負責，發揮各層人員專業、獨立、技能，迅速解決問題，提升公司整體的競爭力。

參考文獻

中華民國工業安全衛生協會（1995）。〈安全管理師訓練〉。《勞工安全衛生教材》，頁201-211。

黃清賢（1991）。《工業安全與管理》，頁293-299。台北：三民書局。

Chapter 9

個人安全防護器具

9-1 防護具之定義與必備條件

9-2 防護具之分類與用途介紹

從安全的觀點來考量，欲防範災害於未然，基本上應依序採行下列四項事故預防措施：

1. 利用工程改善和技術來消除機械設備、製造程序、原物料及工廠各項措施等作業環境中可能潛存之危害因素。
2. 若工程或技術上無法消除該類危害因素時，則應採取封閉或防護的方法以阻絕其發生源之產生。
3. 實施工作教導與安全訓練，以提高員工的工作安全意識與警覺，使能完全遵照安全工作程序作業。
4. 最後防線則採取配戴個人安全防護器具的方式，來保護勞工。

雖然以工程或技術方法消除工作場所中的潛在危險因素，仍為預防災害最經濟有效之原則，此亦為現今工程設計相關人士所追求之目標。然而因限於科技發展日趨提高增大，常導致生產因素與安全防護問題間之矛盾而難以取捨，在此情況下作業，則難免被迫採取使用配戴個人防護具以保護勞工之做法，此即為個人防護具乃勞工職業安全衛生防護最後一道防線之來源。

由上所述，個人防護具乃為供給在危害作業環境中工作者所配戴，以直接保護勞工身體上之全部或某些部位，使其免於與有害物質接觸，消除或儘量降低其傷害程度，同時亦可增進勞工心理上之安全感。通常在比較危險的作業環境中，作業者心理上難免會產生恐懼感，如能使用適當之個人防護具，必然會提高其安全感，進而促進作業安全及增進工作效率。

9-1 防護具之定義與必備條件

為了防止或減少意外事故的發生，使暴露在危害作業環境中的工作者，減少在安全與健康上的影響，提供個人安全防護裝備只是消極性的補

救手段，真正積極性的做法應該從工作環境中消除潛在的危害源。

　　然而個人安全防護具之使用，不論在工業先進國家或工業落後的地區，皆為大量被使用。所以工作場所仍然必須準備各式各樣的安全防護裝備，供給勞工來使用，以善盡企業主或管理者之責任。

一、防護具的定義

　　防護具的定義為「防止災害或保護勞工健康為目的，由勞工直接用於身上從事工作之防護器具者，避免造成勞工之損傷」。可分為：

1. 安全防護具：包括安全帽、安全眼鏡、面罩、防護衣、安全鞋、防護手套等。
2. 健康防護具：包括呼吸防護具、防護口罩、耳罩、耳塞等。

二、防護具的必備條件

　　各種個人安全防護裝備，有其特定的設計及用途，即使同一類型的防護裝備，其保護程度和所使用的場所亦各殊異，因此採購部門或人員必須慎重加以選擇，才能真正保護到使用者，避免其受到傷害，因此需考量下列各項要點：

1. 容易穿著：著用方法愈簡單愈好，盡可能不使人有束縛感，且能靈活輕巧。
2. 具防止危害之性能：應選用經過檢驗認證合格之產品，並定期檢驗測試，不斷更新替換。
3. 選用材料良好之品質：防護具為提供勞工使用，與皮膚接觸機會頻繁，應選用對皮膚不致造成傷害，且愈輕愈好。
4. 優美外觀設計：除了具安全防護功能外，應考慮外觀之設計，讓使用者願意穿戴。

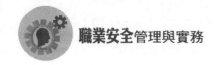
9-2 防護具之分類與用途介紹

個人防護具包括防護頭部、眼睛、臉部、耳朵、身軀及四肢之防護裝備，如安全帽、安全眼鏡、防護面罩、耳塞耳罩、防護衣、防護手套及安全鞋等。茲將常用個人安全防護具之種類及使用方法，依安全帽、防護面罩、防護眼鏡、聽力防護具、呼吸防護用具、防護衣、安全防護手套、安全鞋及安全帶等順序分別說明如下：

一、頭部安全防護：安全帽

頭部防護具應具有防止飛落物掉落衝擊之功能，以及兼作防止感電用的電氣用之安全帽。

(一)安全帽種類介紹

依安全帽之用途大致可分為以下三種：

1.硬質安全帽：以金屬、塑膠、玻璃纖維製成，帽內的撓性套帶能吸收物體撞擊頭盔的衝力。
2.便帽：女工作業時使用，防止頭髮被轉動機械捲入之危險。
3.特殊護帽：從事酸鹼作業所戴的防護帽，可防止酸鹼的潑濺。

(二)安全帽構成要件

安全帽的基本構成零件，必須包括帽殼、頭帶及戴具等（圖9-1）。

(三)安全帽一般的維護要點

1.一般安全帽的使用壽命，會因使用場所的環境、溫度、與化學物品之接觸、太陽直接照射等有關，一般而言，若在上述場所正常使用

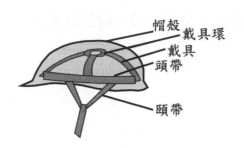

帽殼

戴具環

戴具

頭帶

頤帶

圖9-1　安全帽構造

狀況下，應以兩年為更換期限。

2.若不考慮上述之使用因素，一般最多以不超過五年為原則，換言之，安全帽之使用不得超過五年。

3.帽殼、頭帶、頤帶等，應用攝氏六十度左右之溫和清潔劑加以清洗。

4.假如安全帽曾被任何物品擊中過（不論重量的大小），或自高處掉落，縱使看不見受損的情形，亦應更換新的安全帽。

5.帽殼及帽帶應保持最初時的形狀，而不應在帽殼上任意穿洞或做任何修改（含加熱烙印商標等）。

6.安全帽若長期的曝曬於強烈陽光下，會產生帽殼材質的老化及蛻變，而縮短其使用期限。

7.不當的使用安全帽（如坐在帽殼上、用力拉帽帶、提著頤帶甩動帽子等）會直接損壞其保護功能。

8.配戴時不應因太熱而加襯擦汗毛巾，或反帶安全帽，應隨時保持帽殼與帽帶之間隙，以有效的保持其耐衝、穿擊力等功能。

9.不宜私自在帽殼上加噴漆，因有些漆會和帽殼材質起化學作用，而破壞帽殼。

10.休息時不應將安全帽掛在腰邊，避免帽殼受擦撞。

11.應遵照製造廠商的建議，做必要項目的定期維護。

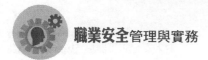

二、面部安全防護：安全眼鏡、護目鏡及面罩

面部防護具應具有防止外界飛來的物件或眩光衝擊之功能，達到保護臉部及眼睛之安全。

(一)臉部及眼睛可能危害因素

1.飛濺的粒狀物質。
2.熔融的金屬。
3.液態的化學物質。
4.具腐蝕性液體，如酸性或鹼性液體。
5.氣體、蒸氣，或含有化學性之氣體。
6.有害光線、輻射線等。

(二)防護面罩種類

防護面罩大致可以分為以下幾種：

1.透明塑膠面罩：適用各種研磨、切割、吹砂等作業，材質應堅固不變形（**圖9-2**）。
2.化學物品面罩：可防酸鹼、有機溶劑等化學品，面罩上有頭帶須繫緊。
3.焊接面罩：從事熔接作業，可過濾紫外線以保護眼睛，且可防止熔融金屬或火花的噴濺（**圖9-3**）。

(三)安全眼鏡之種類

安全眼鏡之種類甚多，大致可以分為以下幾種：

1.防塵眼鏡：防止研磨作業時產生的火花、微細粉塵；切削作業時產

生的切屑飛濺（**圖9-4**）。

2.防酸鹼護目鏡：須具防腐蝕性之功能，避免作業時眼睛受到化學品之浸蝕，且配戴時不可妨礙視野，鏡片透光性良好。

3.防止強光護目鏡：在強光下作業，如電焊作業、室外作業（紫外線），可防止紫外線、紅外線之傷害（**圖9-5**）。

圖9-2　安全帽式防護面罩

圖9-3　焊接用防護面罩

圖9-4　密合式防護眼鏡

圖9-5　輻射防護眼鏡

三、聽力安全防護：耳罩、耳塞

經常暴露於高音壓階的工業噪音環境下，容易引起聽力損失或聽覺障礙，能夠防止耳部傷害治本方法為消除噪音源，而使用防護具只可減少對耳部衝擊。

(一)耳部安全防護

耳部安全防護大致可以分為以下幾種:

1. 耳塞:耳塞或耳栓多以橡膠、塑膠和注入蠟的棉花製成,直接塞入
   耳內,可以減少音壓值為15〜30dB（圖9-6、圖9-7）。
2. 耳罩:覆蓋兩耳的防音裝備,材質以橡膠或塑膠製造,可以減少音
   壓值為20〜40dB（圖9-8、圖9-9）。

(二)耳塞的配戴方法

1. 如果耳塞為可壓縮型,將其揉捏成細長條狀。
2. 另一手繞過頭部,將耳朵向外,向上拉高,使得外耳道被拉直。
3. 將耳塞插入耳道中,並由外往內壓住數秒（待耳塞確實與耳道密合

 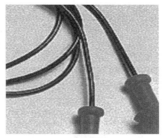

圖9-6　海綿式耳塞　　　圖9-7　矽膠式耳塞

圖9-8　安全帽式耳罩　　　圖9-9　可收訊耳罩

後放開，以防止耳塞被擠壓出來）。

(三)耳罩的配戴方法

1.分辨耳護蓋的上下端（如有左右之分的耳護蓋，亦應區分）。

2.調整頭帶至最大位置。

3.儘量將頭髮撥離耳朵。

4.戴上耳罩，確定耳朵在耳護墊之內。

5.以姆指向上、向內用力固定耳護蓋，同時用中指調整頭帶，使得頭帶緊貼住頭頂。

6.檢查耳墊四周，確定耳護墊有良好的氣密性。

7.如不合用，選擇其他的耳罩或耳塞。

(四)聽力保護要領

1.聽力受損無法治療。

2.聽力危害是可以預防。

3.防音防護具是您的保護防線。

4.噪音傷害會隨時間累積。

5.定期接受聽力檢查，可早期預防聽力損害。

四、呼吸防護器具：口罩、濾毒罐、呼吸器

呼吸防護具使用於發生有害粉塵、霧滴、有毒氣體等場所或缺氧環境。

(一)呼吸防護具種類

呼吸防護具大致可以分為以下幾種：

1.防塵口（面）罩：在防止人體吸入有害粉塵、霧滴，保護肺部免於受害的防護具，捕集效率 95%。

　　過濾材 ⟶ 吸氣閥 ⟶ 面體 ⟶ 排氣閥 ⟶ 繫帶

2.防毒口（面）罩：俗稱濾毒罐，保護勞工作業時免受作業環境中有毒氣體的危害，依不同作業場所選用合適之濾毒罐，才可達到保護肺部免於受害，濾毒罐之選用參考**表9-1**。

3.簡易式口（面）罩：針對濃度較低之粉塵、有機溶劑或危害性較低者之氣體，可選用該口罩，用完後即可丟棄。

4.供氣式防護器：在缺氧環境或有害氣體濃度太高無法使用濾毒罐時，必須採用該類防護具，可區分為下列兩種：

　(1)輸氣管式面罩：須靠動力來輸送，其裝置包含：

　　面罩 ⟶ 輸氣管 ⟶ 空氣調整袋 ⟶ 流量調節閥 ⟶ 送風機

表9-1　吸收罐與適用對象氣體之種類

種類	鹵素氣體	酸性氣體	有機氣體	一氧化碳	氯氣	二氧化硫	氰酸	硫化氫
有機溶劑蒸氣	×	×	◎	×	×	×	×	×
四氯化碳	△	×	◎	×	×	×	×	×
四烷基鉛	△	×	◎	×	×	×	×	×
二硫化碳	△	×	◎	×	×	×	×	×
丁酮	△	×	◎	×	×	×	×	×
氯	◎	×	△	△	×	△	○	○
氟化氫	×	◎	×	△	×	○	△	○
鹽酸	△	◎	△	△	△	○	○	○
一氧化碳	×	×	×	◎	×	×	×	×
硫化氫	△	△	△	△	△	△	○	◎
二氧化硫	×	△	×	△	×	◎	○	○
氨	×	×	×	×	◎	×	×	×
氰酸	×	×	×	×	×	×	◎	×

註：◎適合使用；○可使用；△儘量避免使用；×不可使用。

(2)自攜式面罩：使用空氣或氧氣罐來供應氣體，其裝置包含：

面罩 ⟶ 全套調壓設備 ⟶ 輸氣管 ⟶ 空氣鋼瓶

(二)呼吸防護具選用

選用前請先確認以下事項（以下資料可由SDS查詢）：

1.要防護何種汙染物：

(1)代號。

(2)化學名（化學式）。

2.汙染物的狀態：

(1)毒氣。

(2)有害蒸氣。

(3)粉塵。

(4)霧滴。

(5)燻煙。

(6)上述狀態的組合。

3.汙染物在空氣中容許濃度是多少？PEL值多少？

4.使用呼吸防護具時，汙染物的濃度是否高過立即致病濃度？是否高過容許濃度？

5.汙染環境含氧。

6.此種汙染物是否具有能被感知的特性（如刺激性臭）。

7.在此濃度下是否對眼睛有刺激性？

8.此種汙染物會經由皮膚吸收嗎？

9.在一天或一週之內，工作人員有多少時間會暴露於受汙染的環境之內？

10.在汙染的區域附近可能有其他亦會產生汙染物的製程嗎？

11.工作場所的溫度？相對濕度？

12.工作場所是開闊的區域或是密閉區域？是否有通風系統？效果如
　　何？

(三)呼吸防護具選用要領

1.在救火、逃生或缺氧環境下，僅能使用正壓式的自攜式呼吸防護具
　（SCBA），或使用正壓式輸氣管面罩加上小型空氣呼吸器的組合
　（圖9-10、圖9-11）。

2.氧氣含量足夠（>18%），但汙染物濃度過高的情況（大於立即致

圖9-10　自攜式空氣呼吸器

圖9-11　輸氣管式呼吸防護具

病濃度），會對人體產生顯著的立即傷害，因此必須使用防護性最好的自給式呼吸防護具，或正壓式輸氣管面罩加上逃生用小型空氣呼吸器的組合。

3. 在汙染物濃度低於立即致病濃度時，可依汙染物濃度的高低選擇輸氣管面罩、高濃度濾清式口罩或中、低濃度濾清式口罩。

4. 要防護粉塵、燻煙及霧滴等粒狀汙染物，須使用濾布等過濾性材料。若進一步考慮舒適性，可使用附電動泵式濾清口罩。

5. 要防護毒氣或有害蒸氣，可選用不同型式的濾毒罐。但若作業場所內兼有氣狀及粒狀二類汙染物，必須在防護氣狀物的濾毒罐外側再加一片防護粒狀物的濾材，以達到良好的防護效果。

五、身體安全防護：各式防護衣

身體防護衣為在特殊作業場所工作或從事緊急搶救作業時，須穿著全身性防護衣，以確保作業或搶救的安全。

(一)防護衣種類

防護衣大致可以分為以下幾種：

1. 耐熱衣：從事高溫作業時所使用，可防止高熱或高溫。
2. 防火衣：發生火災時，進行救災時進入火場所使用。
3. 化學防護衣：針對化學品發生洩漏、緊急搶救時所使用，可分為A級、B級、C級（**圖9-12**）。
4. 防輻射衣：從事輻射作業場所時所使用。

(二)化學防護衣的分級

1. 依美國環保署之規定，把危害分成四個等級，主要以A 級、B級為

圖9-12　A級化學防護衣

　　主，其危害的注意事項如下：

(1)A級的危害會對人員呼吸及皮膚造成立即性之危害者。

(2)B級危害，當氧氣濃度低於19.5%或有物質會對人體呼吸系統造成立即性傷害者。

2.身體之防護衣的分類如表9-2、表9-3所示。

表9-2　化學防護衣分類等級原則

項目	等級	保護程度
1	A級	對呼吸、皮膚及眼睛具有保護級數須是為最高級。
2	B級	呼吸之保護級數是為最高級，皮膚可較次一等。
3	C級	當危害物質之可燃性及其濃度可量測時使用之，但此級防毒面具須有空氣淨化之功能。
4	D級	不得使用於有毒（對呼吸或皮膚）區域，此為最低之標準。

表9-3　化學防護衣防護標準

設備等級	選擇準則	設備需求	選擇性設備
A級	化學物質為已知，且為呼吸系統、皮膚及眼睛防護許可之最高程度： 1.可能或存在高蒸氣、氣體或微粒濃度。 2.工作機能需濺濕、侵泡或暴露於毒性物質中。	1.正壓自攜或空氣呼吸器（SCBA）。 2.全身氣密式化學防護衣。 3.化學防護鞋。 4.無線電通訊。 5.所有配備均於防護衣內。	1.連身服或長袖棉內衣。 2.安全帽／硬質頭帽。 3.抗化學性之外護手套及長筒鞋護罩（丟棄式）。
B級	1.環境對呼吸系統具有危害性，但對皮膚不具嚴重毒性。 2.空氣中汙染物濃度大於「對生命健康有立即性的危害」。 3.氧氣濃度低於19.5%。	1.正壓自攜或空氣呼吸器（SCBA）。 2.防濺式化學防護衣。 3.化學防護手套。 4.化學防護鞋。 5.安全帽。 6.無線電通訊。 7.所有配備均於防護衣內。	1.連身服或長袖棉內衣。 2.抗化學性之外護手套及長筒鞋護罩（丟棄式）。
C級	1.氧氣含量大於19.5%。 2.空氣中汙染物氣體濃度小於IDLH標準。	1.全面或半面式空氣濾清式口罩。 2.化學防護手套。 3.化學防護鞋。 4.安全帽。 5.無線電通訊。	1.連身服或長袖棉內衣。 2.抗化學性之外護手套及長筒鞋護罩（丟棄式）。
D級	1.有害氣體偵測裝置顯示當時空氣為無毒狀況。 2.在無毒性化學物質狀況下操作。	1.連身服或長袖棉內衣。 2.化學防護鞋。 3.安全眼鏡或護目鏡。 4.安全帽。	1.抗化學性之外護手套及長筒鞋護罩（丟棄式）。 2.逃生面罩或防飛面罩。

六、防護手套

　　手部防護具為保護勞工作業時，手部接觸到各作業環境中存在之危害因子，如灼傷、割傷、感電及接觸吸收化學物質等，選用適當防護手

套,確保作業安全。

(一)防護手套種類

防護手套大致可以分為以下幾種(圖9-13至圖9-18):

圖9-13　化學防護手套

圖9-14　實驗用乳膠手套

圖9-15　耐熱手套

圖9-16　棉紗手套

圖9-17　耐磨手套

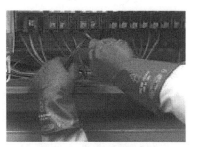

圖9-18　電工用手套

1.棉紗手套：一般作業時所使用，可防熱或防骯髒。

2.耐酸鹼手套：由人造橡膠或合成塑膠製成，防止皮膚接觸遭受到浸蝕。

3.抗電絕緣手套：從事電氣或活線作業時使用。

4.耐熱手套：從事高溫、熔爐、鍋爐等作業時使用。

(二)安全手套使用時的注意事項

1.對於鑽孔機、截角機等旋轉刀具作業，勞工手指有觸及之虞者，不得使用手套。

2.使用前和使用後都應做手套之外觀檢查。

3.無萬能的手套，使用時必須正確穿戴適合於作業內容的手套。

4.須特別注意有些手套可耐濃硫酸，但卻不耐稀硫酸，其他類似情形亦同。

5.可耐單種溶劑如酒精、甲苯之手套，但卻不一定能耐此混合之有機溶劑。

6.因手套製造過程中有混入可塑劑等種種物質，其與主材質原性能將大不相同，需特別注意。

7.使用適合工作場所電壓值的電用橡膠手套。

8.使用高電壓手套（B種或C種）一定要在手套外側另套用皮革手套，以保護橡膠手套免於作業中受刺穿破，以策安全。

9.戴用電用橡膠手套前，應將手錶及手鍊等金屬物卸下。

10.戴上手套後試握手指會不會痛，以及觀察指頭的縫製有沒有擰在一起。

11.戴用防振手套從事工作，如機具握太緊時振動感較大，但放鬆時作業性又會變差，故要握得恰到好處。

12.在檢查時或使用中如發現有任何不良，應立即更換新品，不可再使用。

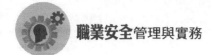

七、安全皮鞋

足部防護具為在多數的作業中經常使用物件、器具或作業場所之環境，可能會有物體掉落或踢到管件設備導致足部受傷，故須穿著安全鞋來加以保護。

(一)安全鞋種類

安全鞋大致可以分為以下幾種：

1.防壓安全鞋：防止重物墜落或足部踢到物件時所使用之安全鞋。
2.防滑鞋：防止地面滑溜導致人員跌倒時所使用。
3.耐酸鹼安全鞋：以橡膠製成，旨在防酸鹼滲透腐蝕。
4.耐熱鞋：從事高溫作業場所或災害搶救時所使用。

(二)安全鞋選用要領

欲選擇最適當的安全鞋，最主要考慮的因素為穿用者在作業環境所會面臨的危害。一般而言，安全鞋必須具備柔軟、防濕、防潮及吸汗等功能。

1.鞋底：鞋底必須製作成具有防滑的功能，針對不同的作業環境，鞋底的材質和紋路設計可以增加摩擦力，對防滑可具較佳效果；鞋底亦可製作成具有防振、防止靜電及絕緣、防熱、防油等功能。防油或其他液體阻絕可在鞋底安全縫合而達成。
2.護趾鋼頭：護趾鋼頭必須有足夠的功能防止重且尖銳物質衝撞。其能力可由CNS-6863性能之規範。
3.防熱：皮革等隔熱材料可用以提供防止熱、火花、熔融金屬的傷害。
4.防水：橡膠或PVC等材料可用來防止水之滲透，但當安全鞋用此種

材料製成時，亦因其不透氣性，而使得穿戴者感覺不舒服且不衛生。目前已有防止水之滲透但能讓空氣進出之材料，使得使用者穿用時感覺較舒服且衛生，相對地，其價格也比較高。

5.電的危害：必須考慮鞋底絕緣或通電之功能，以防止感電或電擊之危害。

6.尺寸及重量：當穿著太重或太緊的安全鞋時，易導致腳部疾病，如黴菌孳生等。

7.安全鞋的重量最好不要超過一公斤，量訂尺寸最好於接近傍晚時分。

八、墜落防護具：安全帶

墜落災害的預防除了高架作業使用符合規定之施工架、施工平台，設置足夠高度或強度的扶手或柵欄，架設安全網外，可用安全帶以為預防。

(一)安全帶種類型式

1.A種安全帶：使用於直掛。在繫身腰帶上有一D型環，D型環上有掛繩，掛繩另一端附有掛鉤。

2.B種安全帶：使用情況與A種安全帶一樣，構造在A種安全帶之繫身腰帶上附加一條補助帶。

3.C種安全帶：為U字掛法作業專用。由墊帶、腰帶、伸縮調節器及附有掛鉤之掛繩所組成（**圖9-19**）。

4.D種安全帶：用於U字掛法及直掛，其性能比C種安全帶優良，但是在構造上除在掛繩有8字環外，其他與C種安全帶相同（**圖9-20**）。

5.E種安全帶：用於U字掛法及直掛，為防止在U字掛法，掛鉤在墊帶之D型環掛解時之錯誤所引起之墜落，在D種安全帶之掛繩末端裝

圖9-19　C種安全帶示範例

圖9-20　D種安全帶示範例

有補助鉤，其伸縮調節器係為使用補助鉤時，有防止使用此安全帶作業人員之墜落機能（逆向墜落阻止機能），或在掛繩裝設有制止環之構造。掛鉤之開口部尺寸比掛繩直徑大，使用上需要時才附8字環（圖9-21）。

6.補助繩：在繩的末端加上掛鉤或補助鉤，直接鉤於人體側，同時也

圖9-21　E種安全帶示範例

可將掛鉤取下之製品。補助繩的使用是為了當安全帶之掛繩自D型環取下時，避免無掛鉤狀態導致墜落事故，則以補助繩上之掛鉤鉤於安全帶D型環上，以防止意外墜落發生。

(二)安全帶適用場所

1.電力、電信工程人員。
2.營造、建築工程人員。
3.廣告看板工程人員。
4.鷹架搭築工程人員。
5.在密閉容器內之工程人員。

參考文獻

勞工安全衛生研究所，勞工教育，http：//www.iosh.gov.tw。

Chapter 10

安全稽核與績效評估

　　企業整體的生產力表現在於管理技術、公司資本和人力資源上，而公司的營運績效好壞，決定於人力資源管理。衡量員工對於工作的執行狀況，可以透過員工的工作表現結果進行評估，此項的評估方法稱為績效評估。因此績效的評估可以區分成兩個層次，一個是員工的績效評估；另一個為企業組織整體的績效評估。前者在於建立對於員工的回饋系統，使員工瞭解自己過去的工作表現，並設定未來的執行目標；後者是透過建立組織的管理系統，設定組織短期、中期、長期的目標，以確立公司未來的發展趨勢和營運方向。

　　管理階層使用積極的評估方法來檢核執行的成果，建立一套完善的檢查制度，此方法可以簡稱為稽核。組織透過稽核的程序，進行查證執行計畫是否完備，執行狀況是否依照計畫之進度如期完成工作項目，執行的績效又是如何，需要藉由稽核的手段，才能夠有效進行管控。有了稽核制度後，組織應該選擇一個公正客觀的第三者來執行此項任務，避免官官相護，形同虛設，徒勞無功，而失去原來設置的功能。

10-1 安全稽核的依據與意義

　　歷經多年來的經驗，當我們重視未進行的工程或任務，如果事前進行評估，透過嚴格的審查機制，可以找出許多可能的潛在問題，避免日後實施造成不必要的困擾及增加營運成本。

　　當我們有新的建設或新的設備，希望有一套完整的審查流程，透過專業的審查制度，以評估新設施是否符合法令或其他要求標準，提早發掘問題的所在，尋求解決的方案。目前發生許多的類似事故，都是未經過事前審查機制，才會引發重大的工安事故。而高階主管應該依照審查機制，召開審查會議，來預防或避免意外事故之發生。

一、安全稽核的依據

　　行政主管機關勞動部職業安全衛生署於2014年6月26日將「勞工安全衛生組織管理及自動檢查辦法」修正為「職業安全衛生管理辦法」，並依「職業安全衛生管理辦法」第五之一條第一項規定，職業安全衛生管理單位或職業安全衛生管理人員應擬訂、規劃、督導及推動安全衛生管理事項，並指導有關部門實施。因此，各級主管對於安全衛生管理工作實務中需將「安全稽核」納入，可以減少或避免意外事故之發生。

　　新修正的管理辦法雖未明確將安全稽核以條文式訂定之，但從自動檢查的成效管理及ISO（國際標準組織）管理系統之精神，均依照PDCA四大循環系統運作，管理者必須要求現場作業主管對於平日執行工作加以分析評估，並指派專業人員執行進度之查核工作。

二、安全稽核的意義

　　曼紐壘（Manuele）提出：「安全稽核是一種結構性的分析方法，能夠提供安全有效性的明確評鑑，診斷安衛問題，找出可能潛在的危害點，提出如何有效性改善安全的指引。」

　　安全稽核是改善工廠安全體質、提升安全績效、確保作業安全與規範的不二法門。公司的職業安全衛生工作推行成功與否，有賴於安全稽核來進行檢驗其成效性如何。在圖10-1中說明安全稽核與製程安全管理的關聯性，透過有效的安全稽核監控製程安全管理（原物料→生產製程→產品）。

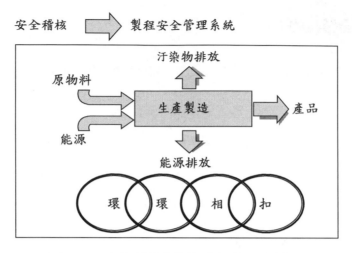

圖10-1　安全稽核與製程安全管理關係圖

🐞 10-2 安全稽核的分類與內容

　　事業單位實施安全稽核，可以評估安全衛生的執行績效，診斷安全衛生的問題所在，所以實施安全稽核有其必要性。一般稽核大致可以區分為兩類：一種屬於內部的查核制度，為了維持各部門的運作功能是否有效；另一種為外部稽核，是客戶或認證單位為查核該組織系統運作是否持續有效或其品質是否符合規範，所進行的功能性查核工作。

　　稽核工作的進行有一定的實施程序，可以分成下列步驟，其內容說明如下：

1. 開始稽核：(1)確定稽核的範圍；(2)初步文件審查。
2. 準備稽核：(1)擬訂稽核計畫；(2)稽核小組任務分配；(3)擬定工作文件。
3. 執行稽核：(1)稽核前之說明會議（open meeting）；(2)蒐集稽查的相關證據；(3)稽核觀察報告；(4)總結會議（closing meeting）。

4.稽核報告與文件保存：(1)稽核報告之準備；(2)缺失改善（開CAR）及建議事項；(3)被稽核部門主管簽認文件及報告分送；(4)文件保存與持續改善追蹤。

一、安全稽核的分類

從稽核的角度來加以分類，一般可區分為三大層級的稽核，說明如下（**表10-1**）：

(一)初期查核（Level 1）

針對部門內部實施查核，屬於一般性之作業查核，包括生產日報表、自動檢查紀錄、維修清單等，建議每三個月實施一次。

(二)公司內部組織查核（Level 2）

全公司跨越部門之混合編組形式實施，屬於內部單位系統查核，包括作業程序書、作業指導書、製程異動變更、紀錄表單、教育訓練等，建議每半年實施一次。

表10-1　安全衛生稽核分類層級表

層級 （Level）	稽核層次 （Audit）	稽核範圍 （Area）
初期查核 （Level 1）	一般作業性之查核 （Operational-Audit）	單位稽核 （1st party）
公司內部組織查核 （Level 2）	內部系統查核 （Organization-Audit）	各部門系統稽核 （2nd party）
外部單位查核 （Level 3）	管理系統查核 （Management-Audit）	組織系統稽核 （3rd party）

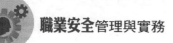
(三)外部單位查核（Level 3）

由認證單位或客戶要求實施查核，屬於公司職業安全衛生管理系統查核，包括公司政策、年度管理方案、稽核缺失、異常事件處理等全面性系統查驗，建議每年實施一次。

二、安全稽核的內容

根據國際勞工組織（ILO）公布之職業安全衛生管理系統標準，希望藉由發布國際勞工法案，要求相關會員國須立法保護勞工，擬定相關法規或政策，其系統架構如**圖10-2**所示。

安全稽核應該從公司管理審查開始稽核，涵蓋安全衛生政策→組織→規劃與執行→安全衛生績效→內部稽核等。而安全稽核實施之項目內容如下：

1.安全政策與管理。

2.管理人員安全訓練。

3.安全作業標準。

4.事故調查與災害分析。

5.緊急應變計畫。

6.安全觀察。

7.安全法規審查。

8.自動檢查。

9.工作人員安全訓練。

10.個人防護具。

11.健康檢查與管理。

12.方案評估系統。

13.工程控制。

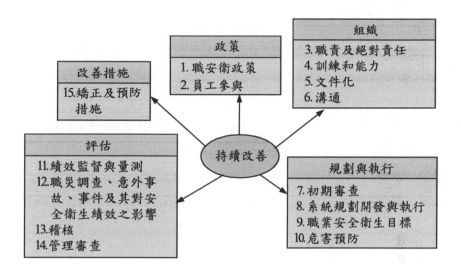

圖10-2　國際勞工組織職業安全衛生管理系統標準

14. 製程變更管理。

15. 安全溝通。

16. 安全會議。

17. 安全激勵。

18. 員工任用。

19. 採購控制。

20. 下班後安全。

10-3 安全稽核體系

　　事業單位實施安全稽核工作應具備多元化，依照任務需求實施不同的查核方式，從事業經營負責人、雇主、代理雇主、高階主管、部門主管應實施走動管理，瞭解公司職業安全衛生政策與目標是否落實於廠區

內。部門主管、中階主管、基層主管應實施安全觀察，瞭解工作場所內設施或環境是否存在不安全狀況、作業人員是否有不安全行為的發生。而基層主管與作業勞工應該實施預知危險活動，將作業中之危害因素加以消除。

這些稽查目的，能夠瞭解作業場所內是否存在危害因素，能夠主動清查，並立即加以消除，避免造成意外事故之發生。而安全衛生稽查體系架構如**圖10-3**所示。

公司規模達一百人以上之事業單位需依法召開職業安全衛生委員會，每三個月至少需開會一次，而公司人數較少者，建議至少每三個月召開安全會議一次，邀請生產、管理、儲運部門主管及工安人員召開檢討會議。

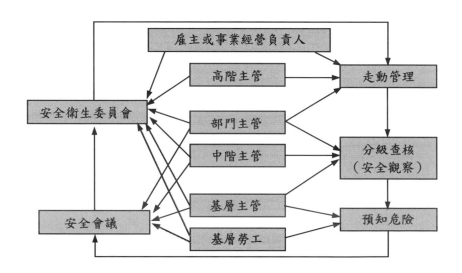

圖10-3　公司內部安全衛生稽查體系

10-4 績效評估

　　一般所謂的「績效評估」是針對公司內部員工的工作績效而言，對於人力資源管理功能是一項重大的挑戰，也是居於整合性地位與角色的相結合，而績效評估所得的結果，是許多人事決策的參考依據。

　　具體而言，績效評估是一種用來量測的標準，依照其標準來衡量每個人的工作成效。但是，有了量測的標準以後，管理者更應該用公平、公正的客觀角度來執行其任務，唯有如此，才能讓部屬心服口服的遵守遊戲規則，否則將會功敗垂成。

一、績效評估的依據

　　行政主管機關勞動部職業安全衛生署於2013年7月3日訂定「職業安全衛生法」中第二十三條第四項明文規定，依其事業單位之規模、性質、安全衛生組織、人員、管理、自動檢查、職業安全衛生管理系統建置、績效認可、表揚及其他應遵行事項之辦法，由中央主管機關定之。並於2014年6月26日修正「職業安全衛生管理辦法第十二之二條第二項」，經中央主管機關指定公告之事業單位的職業安全衛生管理系統應「規劃與實施、評估及改善措施」，作為事業單位職業安全衛生工作推展之成效與改善工程之依據。

　　安全績效考核若未加以評鑑，則安全工作永遠落空，要使安全工作落實生根成長，需經有安全績效評估考核，明定每個人的安全責任。而績效評估是在評定職業安全衛生計畫或任何推行的職業安全衛生活動，將整年度之推行結果加以評鑑，是否達到預定的安全目標。

二、績效評估的方法

安全績效評估是以評定實施計畫或任何促進安全活動的成效檢討，以期達成安全所設定之目標值。其目的在於：「防止意外事故的發生」。

現今評估安全成效的方法有很多種，各有利弊得失，但其目標一致，如何降低意外事故的發生，一般評估方式大致可區分成兩種：

1. 定性評估法：實施安全檢查、安全觀察等事後之資料統計彙整的結果。
2. 定量評估法：必須利用到事後之資料，如事故統計、失能傷害頻率、失能傷害嚴重率、綜合傷害指數、安全績效指標等數據。

績效評估的程序依學者拉燦與魏斯理（Latham & Wexley）的說法，可分成八大步驟如圖10-4所示。企業在進行績效評估時會先檢視政府法律的規定，在符合法令之規範下進行組織與工作場所的評估，瞭解各項工作必備的能力、知識和技術，以此對工作要求訂出合理績效標準，由各部門

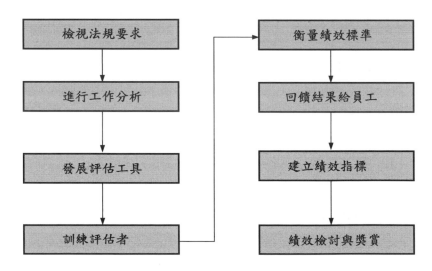

圖10-4 績效評估發展程序

提出達到績效目標的執行方案與對策，來努力完成該項使命。

而完成工作分析後，選擇評估工具，決定評估工具後，需選出評估者後加以訓練，避免進行評估時產生偏差。建立一套完整的績效評鑑計分標準，讓全體員工能夠瞭解評審績效之標準，達到公平、公正、公開的遊戲規則。接著進行各項文件資料與成效查核工作，並將本次之查核結果回饋公布給全體員工知道，對於表現績優單位或個人給予獎勵，可以採用升遷、加薪等鼓勵措施，讓公司充滿希望與活力。

在所有的統計分析資料中需要進行採樣，抽取的樣品數越多，檢驗結果的正確度越高。

在實施採樣之前，必須先規劃巡視的路線及採樣的時間，不可通知現場作業人員，觀察每個作業人員的行為及環境，並加以記錄，將所觀察到的安全與不安全行為和狀況，詳盡地加以記錄，所得到之數據作為安全觀察之統計分析參考用。

安全採樣是由主管在執行走動管理時之隨機採樣的統計方法，在事故未發生前，評估安全活動之成效。利用工作安全分析之安全觀察紀錄，將觀察到不安全的動作和狀況次數加以記錄，為達到±10%的精確度及95%的可信度，我們實施安全觀察應該需要多少次數，其計算公式如下：

$$N = \frac{4 \times (1 - P)}{S^2 \times P}$$

N：需要觀察的總次數

P：不安全的觀察次數百分比

S：希望達到的精確度

不安全的觀察次數百分比為在實施真正採樣以前，需作初步的安全觀察，至少要達一百次，統計不安全的觀察次數，即得到此數據，P＝不安全的觀察次數／觀察總次數。在安全觀察中若不安全觀察的次數百分比越高，安全觀察的次數就越少，相反亦之。詳細的資料參考**表10-2**所示。

表10-2 ±10%精確度所需的安全觀察總數

不安全觀察的百分比	10	15	20	25	30
需要實施安全觀察次數	3,600	2,270	1,600	1,200	935
不安全觀察的百分比	35	40	45	50	55
需要實施安全觀察次數	745	600	490	400	327

例題：假如希望達到精確度為10%，即S＝0.1，初步的安全觀察總次數為128次，其中所觀察到不安全的動作或狀況為32次，計算需要的安全觀察次數為多少？

$$P = \frac{32}{128} = 0.25$$

$$N = \frac{4 \times (1 - P)}{S^2 \times P} = \frac{4 \times (1 - 0.25)}{0.1^2 \times 0.25} = 1,200 \text{（次）}$$

三、風險評估

有系統的應用危害分析方法加以探討，以危害可能性與嚴重度對照，依照企業本身可以承受之範圍，提出防範對策加以控管，以達到保護廠內員工安全、避免營運停頓，並防止廠外社區民眾和環境的損傷，預防意外事故的發生。

風險接受與否並非法律上所能規範的，需依企業主對於生產事業上發生危害而提出安全上缺失改善的資金多寡，於是企業主就想瞭解知道風險有多大以便作出適當之回應。所以風險評估的技術就受到相當的重視。

而經常所使用的風險程度計算方法大致上可區分為兩種：一種屬於相對等級危害程度方法；另外一種屬於事件發生之機率方法。相對等級危害法常被選用於風險評估中的方法，因為較為容易且廣泛應用，有很多種方法可以選擇。而事件發生機率法對於未來事件很難預測發生的機率，通

常是從過去的經驗中加以估計得到，需要假設一些條件，若預測有所疏漏，計算之結果會發生偏差，故目前使用者不多。

風險（risk）計算＝事件發生之機率×事件發生可能後果

而發生之機率可區分為四至五級，可能後果也分為四至五級，風險等級在0～1屬於低危害或無危害，加強日常管理即可；風險等級在2～3屬於中度危害，有條件接受，必須提出改善對策與措施，在一定期限內完成；風險等級在4～5屬於高度危害，風險是不能接受，必須立即改善或停止使用，否則會發生重大危害事件（**表10-3**）。

表10-3　危害風險控管評估模式

事故發生可能後果			事故發生可能性				
嚴重性 （S）	人	財產	環境	A 同業間中從未發生過	B 同業間中曾經發生過	C 事故在本公司發生過	D 事故在本公司發生過多起	E 事故在您的工作場所發生過多起
0	無傷害	無損失	無影響	加強日常管理				
1	小傷害	小損失	很小影響					
2	輕傷	一些損失	有影響					
3	重傷	局部損失	相當影響			有條件接受		
4	一人死亡	很大損失	影響嚴重			風險不能接受		
5	多人死亡	極嚴重損失	極嚴重影響					

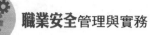
四、安全績效指標

安全管理體系中的某些變數，可以用來衡量安全目標表現達成的程度，必須有一個比較之基準，此比較基準稱為安全績效指標（safety performance index），可以作為有效安全管理的量測工具或依據。常見的安全績效指標大致可以區分為兩大類：第一類屬於領先指標——可以預測安全績效變動的變化，如安全訓練次數、稽查次數、提案改善的次數等；第二類屬於落後指標——事件發生後之改善成效的變化，如事故發生率、設備故障次數、檢查機構糾正次數、安全衛生或環保罰單件數等。

(一)共通性指標

◆安全管理

1.安全稽核建議改善事項完成率＝已改善完成項數／應改善項數
2.員工教育訓練／緊急應變演練達成率＝實際演練次數／計畫演練次數

◆安全責任

主管巡查建議改善事項完成率＝已改善完成項數／應改善項數

◆員工安全意識

安全提案率＝採行件數／提案件數

◆承攬商管理

查核違規改善事項完成率＝已改善完成件數／應改善件數

(二)同性質指標

◆關鍵性設備完整性

1.運轉異常事件調查完成率＝完成調查件數／異常事件件數

2.調查建議改善事項完成率＝如期改善件數／應改善件數

◆環境管理

廢棄物清理完成率＝實際清運數量／產生總量

(三)個別性指標

◆安全偵測系統

可燃性（毒性）氣體偵測系統正常率＝測試性能正常數量／計畫偵測數量

◆風險管理

1.評估件數達成率＝實際評估件數／計畫評估件數
2.安全提案率＝採行件數／提案件數

參考文獻

Shell Chemicals（2002）。HSE Seminar，安全衛生研討會。

楊致行，ISO 14000環境管理系統介紹，http：//portal.nccp.org.tw。

蔡永銘（2003）。《現代安全管理》，頁187-190；頁205-208。台北：揚智文化。

黃清賢（1991）。《工業安全與管理》，頁325-327。台北：三民書局。

Part 2

安全管理實務

Chapter 11

職業安全衛生自動檢查

凡是要執行或推展一件任務，必須有完善的規劃，並依照計畫的內容，按部就班地去執行，然後隨時針對不符合的事項加以檢討改進，唯有如此，工作才能夠順利地推動，完成所預設的目標。事業單位要推動職業安全衛生工作也是一樣，應該擬訂年度的職業安全衛生執行計畫，安排各項的工作進度、執行單位或人員、所需要的預算經費、可能的預期成效等。

　　有了執行計畫，雇主或管理者應該按照「職業安全衛生法」之規定，安排人員依規定週期實施定期檢查。而自動檢查的目的在於發現工作場所的環境、機械設備、原物料管理等工作是否有落實，或者存在哪些危害問題、可能會引起哪些意外的事故等，都應該透過自動檢查的機制，將問題反應給管理者，作為改善的參考，共同為職業安全衛生管理工作嚴謹的把關，達到預防災害的目的。

🛠️ 11-1 自動檢查的依據

　　依「職業安全衛生法」第二十三條第四項之規定，雇主對於第六條第一項之設備及其作業，應訂定自動檢查計畫實施自動檢查。而實施之方式、項目及檢查週期等規定於「職業安全衛生管理辦法」。

　　自動檢查的目的，主要是以經常性檢查方式，發現缺失，立即加以改善，有效的防止意外災害發生。因為災害發生的原因，通常不是純粹意外或不小心發生，而是經由一連串複雜事件所引發的，其中主要的原因就是對於平日所使用的機械、設備或環境，未做定期或不定期檢查，導致缺陷或發生故障而引起的災害事故。

11-2 自動檢查的意義與功能

　　根據檢查機構職業災害統計資料得知，工作場所會發生類似的職業災害案例中，歸納其原因，不外乎是不安全設備、環境與個人行為所導致的，尤其人為的疏忽或錯誤占80%，已經是一個不爭的事實。所以，事業單位嚴謹地實施自動檢查工作就格外的重要。

　　事業單位實施自動檢查除了法令的要求外，更深一層的意義，乃是企業為保護生產的事業，更應該做好災害預防的工作。而自動檢查的主要功能乃是防止職業災害的發生，保障工作者的安全與健康，甚至維護企業永續經營的本錢，雇主及管理者應該謹慎地面對它，更應該具體的落實自動檢查工作。

一、自動檢查的意義

(一)作為事業單位自行診斷安全衛生的檢查

　　事業單位工作場所內之機械、設備或環境，該場所的主管或作業人員最瞭解，檢查機構或外界均無法深入幫忙，唯有自我檢視各項設施或措施是否足夠，是否自保，萬一發生意外事件時可以自我救援，讓損失減至最低。所以自我診斷安全衛生工作最適切的方式，就是實施自動檢查並落實執行。

(二)作為事前防範為主的檢查

　　預防勝於治療，保養重於維修，災害的發生亦是一樣，唯有能事先檢查，預早發現潛在的危害因素加以消除，可以避免災害的事件發生而造成損傷，故自動檢查是以事前防範為主的檢查。

二、自動檢查的功能

實施自動檢查的目的在於防止職業災害的發生，保障工作者的安全與健康外，其亦具有以下幾種功能：

(一)顯示雇主關懷勞工的安全與健康

企業的經營不只是營利，它還是一種道德、良知及社會的責任，企業要能夠永續經營，要提供一個安全與幽雅的工作環境，員工才會努力工作，生產效率自然會提高，企業才會獲利生存。

(二)落實員工參與職業安全衛生工作

自動檢查工作有賴於員工的共同參與，職業安全衛生檢查工作才會落實，培養作業人員均有檢修或報修的能力，如此可以滿足員工知的需求，唯有透過檢點、檢查方式關心本身的安全與健康，才能使安全衛生現場化、生活化。

(三)建立良好定期保養制度

自動檢查之定期檢查相當於機械設備的二級或三級保養，透過其檢查可以瞭解設備或機械運轉狀況是否良好，若發現異常立即請修，也做好平日的保養工作，因此不斷地檢查、檢討，可以建立更完善的預防保養制度。

(四)建立職業安全衛生作業標準

自動檢查的辦法中僅要求檢查類別與項目，詳細內容可參照有關規章或標準，企業可以依照作業之需求不斷地改善勞工作業的方法及作業流程，建立完整且正確的工作標準，以供作業員工遵守。

(五)推動自主管理制度

自動檢查屬於自主管理的範疇，如果事業單位做好自動檢查的工作，才有能力擴大安全衛生的領域範圍，因此，如果能夠做好最基本的自動檢查工作，事業單位一定會正視安全衛生工作，才可以使安全衛生管理制度臻於完善。

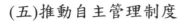11-3 自動檢查的範圍與內容

法令所規定之自動檢查事項是屬於較易發生危害者，但是無法涵蓋工廠的所有設施，因為法令是最基本的要求，事業單位若要提升企業的對外競爭力，應該將「職業安全衛生法」所要求的檢查項目作為實施安全衛生的基本工作，唯有提升企業的能力，才能夠爭取更多的獲利機會。

「職業安全衛生法」中的要求，幾乎針對生產機械、設備及雇主應採取的防護措施，實施自動檢查。企業應該整合ISO國際標準化的趨勢，從職業安全衛生管理系統全面性著手規劃，制定可長可久的管理系統。

一、自動檢查的範圍

事業單位在實施自動檢查時應包括工作場所的設備、運轉機械、作業環境及有關的作業活動等，其檢查的方式及時機可視危害之狀況而定。而檢查的範圍應涵蓋下列各項：

1.工作場所及通路：工作環境、通道、樓梯、採光等。
2.機械、設備：堆高機、轉動機械、衝剪機械等。
3.特殊危險機具：鍋爐、壓力容器等。
4.物料搬運儲存：注意危害物質之搬運及儲存。

5.電氣設備：配電盤、變壓器、接地線等。

6.衛生措施：有害氣體、噪音、振動、游離輻射等。

7.個人防護具：護目鏡、安全眼鏡、防毒口罩等。

二、自動檢查的內容

事業單位自動檢查工作，依「職業安全衛生管理辦法」第七十九條之規定，應訂定自動檢查計畫；另八十條之規定應實施定期檢查、重點檢查時，就下列事項作成紀錄並保存三年，詳細檢查表範例如**表11-1**所示。

1.檢查日期：○年○月○日。

2.檢查處所：檢查工作地點。

3.檢查方法：目視或儀器量測。

表11-1 職業安全衛生自動檢查表範例

<table>
<tr><td colspan="6">○○股份有限公司
轉動機械自動檢查表
 檢查日期：2014年9月10日 </td></tr>
<tr><td>檢查處所</td><td>設備名稱
及編號</td><td>檢查內容</td><td>判定基準</td><td>檢查方法</td><td>檢查結果</td></tr>
<tr><td>溶劑二場</td><td>原料泵浦
（P-401）</td><td>外觀、溫度
及振動</td><td>依據轉動設
備檢查標準</td><td>測溫計
振動計</td><td>不合格
振動過大</td></tr>
<tr><td colspan="2">危害因素</td><td colspan="2">危害風險評估</td><td colspan="2">改善措施建議</td></tr>
<tr><td colspan="2">原料外洩</td><td colspan="2">振動過大可能導致軸封磨
損、原料外洩引燃火災</td><td colspan="2">1.立即停止運轉
2.進行維修更換軸封</td></tr>
<tr><td colspan="3">改善措施辦理情形</td><td colspan="3">追蹤改善處理情形</td></tr>
<tr><td colspan="3">1.立即請購泵浦軸封（預計五日）
2.更換軸封並運轉測試安裝（預計一日）</td><td colspan="3">經過現場查核該設備已經維修完成，
留有完整紀錄，並於2014年9月25日追
蹤結案。</td></tr>
<tr><td colspan="2">部門主管：葉大雄</td><td colspan="2">單位主管：李四</td><td colspan="2">檢查人：張三</td></tr>
</table>

4.檢查設備名稱及編號：如反應器（R-401）。

5.檢查內容：如外觀或運轉的狀況。

6.判定基準：如法令規定、職業安全衛生設施標準、作業程序或作業標準。

7.檢查結果：如檢查是正常一切無問題，若是異常者，應說明原因並提出改善措施與防範對策（以下項目為異常者需填寫）：

(1)危害因素。

(2)危害風險評估。

(3)改善措施建議。

(4)改善措施辦理情形。

(5)追蹤改善處理情形。

(6)檢查人員簽名。

(7)主管簽核。

11-4 自動檢查的分類

實施自動檢查時，檢查人員應查閱有關的設置圖面、說明書、已往的檢查紀錄等，而自動檢查可分為適法性的檢查、安全巡視、定期檢查、重點檢查、作業檢點及作業環境監測等，分別說明如下：

一、適法性的檢查

工廠內設置的設備或機械及環境是否符合法令之規定。事業單位應事先作檢查評估改善後符合有關之規定，方可作業。不可因一時之失察或不瞭解法令而觸法，一但被檢查機構查獲可能面臨罰鍰或停工之處分，若發生重大職業災害，事業主或負責人可能會面臨三年或一年之刑期。

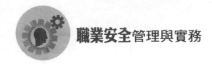
二、安全巡視

巡視可分為定期或不定期的方式，針對工作場所之部分或全部作一般性的目視檢查，察看工廠內的設備、機械、環境及作業人員是否符合法令規定或安全衛生之要求。事業單位應事先作檢查評估改善後符合有關之規定，方可作業。

安全巡視也算是「安全觀察」的一種，在巡視過程中若發現有不合乎規定者，應立即糾正。而安全巡視可由職業安全衛生管理人員或各級主管人員擔任每日巡查的工作，並將巡視結果記錄於安全衛生日誌中，而每日巡視應包含下列重點：

1.是否有作業人員未經訓練合格卻操作危險性機械或設備？
2.作業人員是否以不安全方法使用設備或工具？
3.作業人員是否依規定穿戴安全防護器具？
4.工作場所是否整理完善？堆積物品是否妨害作業安全？
5.是否有違反職業安全衛生工作守則規定之事項？

三、定期檢查

定期檢查係對工作場所的各種設備、機械、器具及車輛經過長時間的使用後，其品質或性能可能發生劣化而出現缺失，依「職業安全衛生管理辦法」第十三條至四十四之一條之頻率週期實施檢查工作。依目前法令之規定檢查週期可分為：每週、每月、每三月、半年度、每年、每兩年及每三年共七種。而定期檢查之項目及內容如下：

(一)車輛之定期檢查

1.一般車輛應每三個月檢查各項安全性能。
2.堆高機應每月、每年檢查規定項目。

3.營建用機械應每月、每年檢查規定項目。

(二)機械之定期檢查

1.捲揚裝置應每月、每年檢查規定項目。
2.固定式／移動式起重機、人字臂起重桿及升降機,應每月、每年檢查規定項目。
3.營建用提升機、吊籠,應每月、每年檢查規定項目。
4.電氣機車／電車、蓄電池機車／電車等,應每月、每年及每三年檢查規定項目。

(三)設備之定期檢查

1.高壓電氣設備應每年檢查規定項目。
2.鍋爐、第一種壓力容器應每月檢查規定項目。
3.化學設備或特定化學設備及其附屬設備應每兩年檢查規定項目。

四、重點檢查

針對特殊機械設備,於設置完成後或開始使用前,或拆卸、改裝修理後,就其重要的部分必須實施重點式檢查,檢查結果均需依規定記錄,留存備查。依「職業安全衛生管理辦法」規定應實施重點檢查之機械設備如下:

1.第二種壓力容器初次使用前,依規定項目實施重點檢查。
2.捲揚裝置於開始使用、拆卸、改裝或修理時,依規定項目實施重點檢查。
3.局部排氣裝置或除塵裝置於開始使用、拆卸、改裝或修理時,依規定項目實施重點檢查。

4.異常氣壓之輸氣設備初次使用、分解後加以改造、修理或停用一個月以上者,需再度使用時應實施重點檢查。

5.異常氣壓之輸氣設備故障或因出水或發生其他異常,有危險之虞時,應撤離勞工並立即實施重點檢查。

五、作業檢點

依「職業安全衛生管理辦法」第五十條至七十八條之規定,雇主或作業主管對機械、設備主要危害再確認的檢查,通常在每日作業前或作業中實施檢點,其須實施作業檢點如下:

1.車輛機械:每日作業前檢點制動器、連結裝置等。

2.固定式起重機:每日作業前檢點過捲預防裝置、制動器、離合器、鋼索、直行軌道等裝置。

3.移動式起重機:每日作業前檢點過捲預防裝置、制動器、離合器、控制裝置、警報裝置等性能。

4.人字臂起重桿:每日作業前檢點過捲預防裝置、制動器、離合器、控制裝置、鋼索通過部分狀況等。

5.吊籠:每日作業前檢點鋼索、制動器、扶手、控制裝置、過捲預防等裝置。

6.營建用提升機:每日作業前檢點制動性能。

7.起重機械使用之吊掛用鋼索、吊鏈、纖維索、吊鉤、吊索、鏈環等用具,每日作業前實施檢點。

8.衝剪機械:每日作業前檢點離合器、制動器、曲柄軸、飛輪、滑塊、連桿、連接螺栓、緊急制動及安全裝置等性能。

9.高壓氣體製造設備:使用前後檢點,並一日一次以上檢點動作狀況。

10.高壓氣體消費設備：使用前後檢點，並一日一次以上檢點動作狀況。

六、作業環境監測

依「職業安全衛生法」第十二條之規定：「雇主對於經中央主管機關指定的作業場所，應訂定作業環境監測計畫，依規定實施作業環境監測」，並依「勞工作業環境監測實施辦法」第二條之規定：為掌握勞工作業環境實態與評估勞工暴露狀況，所採取之規劃、採樣、測定及分析之行為。依第三條之規定作業環境監測種類分述如下：

(一)化學性因子作業環境監測

1.設有中央管理方式之空調設備之建築物室內作業場所，應每六個月監測二氧化碳濃度一次以上。

2.坑內作業場所，應每六個月監測粉塵、二氧化碳濃度一次以上。

3.粉塵危害預防標準所稱之特定粉塵作業場所，應每六個月監測粉塵濃度一次以上。

4.製造、處置或使用附表一所列有機溶劑之作業場所，應每六個月監測其濃度一次以上。

5.製造、處置或使用附表二所列特定化學物質之作業場所，應每六個月監測其濃度一次以上。

6.接近煉焦爐或於其上方從事煉焦作業之場所，應每六個月監測溶於苯之煉焦爐生成物之濃度一次以上。

7.鉛中毒預防規則所稱鉛作業之作業場所，應每年監測鉛濃度一次以上。

8.四烷基鉛中毒預防規則所稱四烷基鉛作業之作業場所，應每年監測四烷基鉛濃度一次以上。

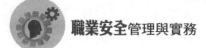
(二)物理性因子作業環境監測

1. 噪音之作業場所，其勞工工作日時量平均音壓階超過85分貝時，應每六個月監測一次以上。
2. 於鍋爐、壓軋、鍛造、熔融、加熱、熔煉、機房、蒸汽、燒窯及其他指定之作業場所，其勞工工作日時量平均綜合溫度熱指數超過中央主管機關規定值時，應每三個月監測綜合溫度熱指數一次以上。

11-5 自動檢查的管理

　　雖然「職業安全衛生管理辦法」有明文加以規範，並要求事業單位依法必須實施檢查，而事業單位是否切實實施，有賴於事業主或職業安全衛生管理單位之態度，畢竟自動檢查屬於自主性管理的範疇。

　　自動檢查之實施首先應訂定完善的自動檢查計畫，依「職業安全衛生管理辦法」第四章之規定，事業單位應實施自動檢查之管理。而自動檢查計畫由負責檢查之部門製作，報給職業安全衛生管理單位或人員彙整後陳報雇主核定後實施，其內容大致可分為下列幾項：

一、訂定自動檢查計畫

　　事業單位應訂定自動檢查計畫，並依計畫實施自動檢查工作，一般而言，事業單位應於每年十二月份年度結束前擬妥下年度之自動檢查計畫，並根據今年度之執行情形加以修正後，按月編排工作項目，據以實施，而自動檢查計畫之實施內容如下：

(一)檢查對象

　　災害發生之原因不外乎是不安全動作和行為，以及不安全衛生的設

備和環境，因此如何篩選必要的檢查對象，在製作自動檢查計畫上，就顯得非常重要。

◆不安全動作和行為

1.無經驗的人：由於缺乏知識或經驗，較易造成不安全的行為和動作。
2.屢遭意外的人：工作太快或漫不經心的人，易產生不安全行為。
3.喜歡冒險的人。
4.身體或心智上不安全的人。
5.生病後恢復工作的人。
6.經調職的人。

◆不安全衛生設備和環境

1.工作場所及通路。
2.機械設備。
3.特殊危險性機械設備。
4.物料搬運及儲存。
5.爆炸及火災的預防：如嚴禁煙火、消除靜電等。
6.墜落災害的預防：如高架作業、開口部防護等。
7.電氣設備：如馬達、變壓器等。
8.衛生設備：如通風、照明、輻射、有害氣體等。
9.防護具：如安全眼鏡、呼吸器、防毒面具等。

(二)檢查項目

設備名稱、編號及檢查內容。

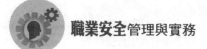

(三)檢查數量

各部門應針對轄區內機械、設備事前調查瞭解，以免遺漏。

(四)檢查處所

為便於日後追蹤管理。

(五)檢查週期

依法令之要求辦理（最低標準），詳細檢查週期參考如**表11-2**。

(六)實施單位／人員

實施自動檢查先要權責劃分，其成員包括各作業主管人員、職業安全衛生管理人員等。

(七)檢查方法

利用儀器、工具或目視判定檢查。

(八)檢查程序

運轉中或停止時檢查。

(九)預定工作進度

安排檢查日期以利相關單位或人員之配合。

(十)其他事宜

如需提醒或建議事項等加以註解。

表11-2　安全衛生自動檢查週期一覽表

項目＼法條	列管檢查 竣工（使用）檢查	列管檢查 定期檢查	整體檢查 每三年	整體檢查 每年	定期檢查 每二年	定期檢查 每年	定期檢查 每三月	定期檢查 每月	作業檢點 每日作業前	作業檢點 特殊狀況後	重點檢查 初使用或改裝修理後
電氣機車			13			13		13	50		
一般車輛								14	50		
車輛頂高機								15			
車輛系營建機械			16					16			
堆高機			17					17			
動力離心機械						18			59		
動力衝剪機械						26					
乾燥設備						27			71		
乙炔熔接裝置						28			71		
氣體集合熔接裝置						29					
高壓電氣設備						30					
低壓電氣設備						31					
工業用機器人									60/66		
固定式起重機	要	二年	19					19	52	52	
移動式起重機	要	二年	20					20	53	53	
人字臂起重桿	要	二年	21					21	54	54	
升降機	要	每年	22					22			
營建用提升機	要	二年						23	55		
吊籠	要	每年						24	56	56	
簡易提升機						25		25	57		
鍋爐	要	每年／內部依規定						32	64		
第一種壓力容器	要	每年／內部依規定						33	64		
第二種壓力容器						35					45
小型壓力容器						36					
高壓氣體特定設備（高壓氣體作業）	要	每年／內部依規定				37 沉陷		33	64/65		
高壓氣體容器	要	依規定						33	60		
特定化學設備及附屬設備 化學設備及附屬設備					38 39						49
局部排氣裝置						40					47
吹吸型換氣裝置						40					
空氣清淨裝置						40/41					
異常氣壓之再壓室								42			
異常氣壓之輸氣設備											48
捲揚裝置									51		46
營造工程施工架 模板支撐架								43/44 每週	63	43/44	
有機溶劑作業、鉛作業、四烷基鉛作業、特定化學物質作業、粉塵作業									69		

（續）表11-2　安全衛生自動檢查週期一覽表

項目＼週期　　法條	列管檢查		整體檢查		定期檢查				作業檢點		重點檢查
	竣工（使用）檢查	定期檢查	每三年	每年	每二年	每年	每三月	每月	每日作業前	特殊狀況後	初使用或改裝修理後
危害物製造處置作業									72		
高壓氣體之灌裝容器儲存運輸及廢棄作業									65		
露天開挖擋土支撐設備、隧道或坑道開挖支撐設備、沉箱、圍堰及壓氣施工設備、打樁設備									63		
打樁設備之組立及操作作業、擋土支撐之構築作業、露天開挖之作業、隧道、坑道開挖作業、混凝土作業、其他營建作業									67		
缺氧危險作業									68		
異常氣壓作業									65		
林場作業									73		
船舶清艙解體作業									74		
碼頭裝卸作業									75		
爆竹煙火製造作業									76		
纖維纜索、乾燥室、防護用具、電氣機械器具及自設道路									77		
高壓氣體製作設備	使用開始前及使用終了後及一日一次以上就該設備之動作狀況實施檢點										
高壓氣體消費設備	使用開始前及使用終了後及一日一次以上就該設備之動作狀況實施檢點										

二、檢查紀錄

檢查紀錄應陳報事業單位負責人或代理人，並說明需要改進事項，對於定期檢查及重點檢查均應保留紀錄，存廠備查，並保存三年。

三、呈報主管

檢查人員及職業安全衛生管理人員在實施檢查或檢點中，如發現對勞工有危害之虞時，應即報告上級主管。

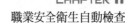
四、採取必要措施

　　雇主或工廠負責人在規定實施之自動檢查中，發現有異常時，應立即檢修或採取必要之措施，需經再檢查合格後方可再使用。

　　檢查結果若需調整有關之管理事項或安全措施者，應交付研議、修訂，以防止問題再次發生。

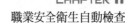 **參考文獻**

勞工安全衛生研究所，災害統計資料庫，http：//www.iosh.gov.tw。

Chapter 12

工廠作業規定與管理

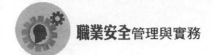
　　工廠為有效的管理，除了符合相關法令的要求外，會依照企業經營的性質、規模及營運項目，制定一些規定，並要求所屬員工或洽公人員必須遵守，以維持工廠正常營運與運作。

　　生產工廠之作業規定，一般可以區分成兩種：一種為一般性的作業規定，如門禁管制、車輛的停放位置、接洽處所、吸菸管制等；另一種為特定作業的許可規定，如承攬商所承攬的工程、設備的修復工程、原材料的裝卸作業等。都有明確的規定，以確保工廠的運作安全。

12-1 一般性作業之規定

　　一般工廠由於從事生產的性質不同，要求的規定亦有所差異性，大致上可以區分為兩大部分，一處為行政辦公大樓，作為行政辦公人員的處所；另一處為生產的工作場所，為企業生產運作的處所。

　　如果是業務需要或接洽工作，一般會要求在會客室等待，讓接洽人員來接待，若要進入生產作業場所需有現場人員的陪同，並遵守下列有關之規定，方可進入工作現場。

1.廠區內除指定之地點吸菸外，一概不准吸菸。
2.員工或來賓車輛，只許在廠內規定之停車場停放。
3.凡進入現場、高處作業場所、槽區及灌裝區之所有人員，皆應戴安全帽。
4.進入工作場所一律將手機關機。
5.現場作業人員不得打赤腳或穿拖鞋。
6.工作現場人員或作業中可能導致足部受傷之虞者，應著安全鞋。
7.在執行酸、鹼、有機溶劑、特定化學等任何作業，有滲出、洩漏之可能時，應依規定配戴安全防護具（如護目鏡、耐酸鹼手套、防護衣等）。

8.其他有關之規定，依照公司相關規定辦理。

12-2 特定許可之作業規定

　　工廠因為生產的性質要求，會作出一些特別的規定，尤其是從事石油加工生產的化學工業，大致屬於危險性物品，對於煙火的管制特別嚴格，萬一發生意外事件，其後果不堪設想。

　　關於作業場所的規定，因為所從事的作業行為，萬一疏忽，重者可能造成人員的傷亡，輕者可能會為企業帶來災難，所以必須嚴格來管制其作業，尤其是承攬商施工安全，更應該小心的面對。哪些作業需要經過許可方可進行施工，如動火作業（hot work）、局限空間作業、用電作業等，都應該嚴格加以控管，避免造成災害。

一、動火作業許可

　　一般石化工廠內均儲存大量化學原料及成品，其化學成分含有可燃性或易燃性，故工廠內均明定嚴禁煙火，除特定之場所可以從事明火作業外，煙火是被禁止的。

　　但工廠內可能需從事一些機械或設備的維護保養工作，有些工作必須以明火來加以完成，因為這些工作是屬於危險性的作業，一定要嚴格把關，避免發生意外事件。而動火作業是指在含有可燃性或易燃性的作業現場進行明火工作，故在進行動火作業之前，應向管理單位提出動火許可申請（**表12-1**），經過層層檢查與量測後，確定該項作業是安全的環境下，並獲得管理單位簽准後，作業方可以進行。而動火作業許可之作業流程中各部門之權責如下：

表12-1　動火作業許可安全同意申請單

○○化工股份有限公司

申請人：

施工有效期間：起　年 月 日 時 分

　　　　　　　訖　年 月 日 時 分

施工單位：□廠方　□承攬商

施工事由：＿＿＿＿＿＿＿＿＿＿＿＿＿＿＿

施工地點：＿＿＿＿＿　施工設備：＿＿＿＿＿

工作性質：□焊接□切割□運用氣電熱源□其他

［張貼施工地點相片］

許可證簽發前檢點事項（由安全警戒員親自檢點確認安全者在方格內打√）

一、轄區單位：

　　□附近 12 公尺內之水溝均無漏油或可燃性物質。

　　　　曾作何種處置：□以大量水沖洗。

　　　　　　　　　　　□以氣體測爆器測試在 20% 以下其濃度測定

　　　　　　　　　　　　　上午為＿＿＿%　　　下午為＿＿＿%

　　□工作環境通風良好。

　　□工作場所二公尺內雜草、雜物已處理。

　　□施工範圍 12 公尺內無 53 加侖桶。

　　□已備有消防器材：□ 手提式滅火器材：乾粉 ＿＿＿ 只，CO_2 ＿＿＿ 只。

　　□輪架式滅火器材：＿＿＿ 台。施工範圍內設備之動力源確已切斷，並由使用單位上
　　　鎖加貼標籤。

　　　　　　　　　　　　　　　　　　　　　會簽人員：＿＿＿＿＿

　　經（副）理：＿＿＿＿＿　課（副）長：＿＿＿＿＿　警戒人員：＿＿＿＿＿

二、施工單位：＿＿＿＿＿＿＿＿＿＿＿＿＿＿＿＿＿

　　□ 施工前請檢附施工地點位置圖。　　□ 電器接地確實良好。

　　□ 施工材料器具安全置於適當位置。　□ 危險場所內施工係採用防爆電器設備。

　　□ 二公尺以上高度無欄杆圍護設備者，已備有安全防護器具使用。

　　□ 設有指標或警戒標誌，夜間已有警告燈。

　　經（副）理：＿＿＿＿＿　課（副）長：＿＿＿＿＿　監工人員：＿＿＿＿＿

三、監督單位：工安部門　　　　　　　　　　施工人員：＿＿＿＿＿

　　備註或簡圖：　　　　　　　　　　　　　安全管理員：＿＿＿＿＿

四、附記：

　　1.本單流程：轄區單位 → 施工單位 → 監督單位 → 管理單位。

　　2.安全警戒人員於施工時間內，未經書面核准不得更換或擅離責任區。

　　3.本單限適用有焊接及切割工作之動火工程、高壓電作業、吊車作業，施工地點10
　　　公尺內有高壓電源時及其他可能涉及人員設備危害之工程須依相關規定辦理。

　　4.轄區主管應督導安全警戒人員確實執行任務。

　　5.假日施工：施工單位及轄區單位需由二級主管以上現場確認安全無慮後，方可同
　　　意施工。

　　6.施工人員若為承攬商負責應由駐廠之安全管理員或工地主任確認設備器具無安全
　　　之慮後，於施工人員上簽名方同意施工。

　　7.本表單保存一年。

1. 轄區單位：負責檢查作業環境是否安全及安全防護具器是否齊備。
2. 施工單位：負責檢查施工之設備或器具是否符合規定，施工前必須實施作業檢點，及個人安全防護是否齊備。
3. 監督單位：負責監督及巡視施工場所是否依規定作業，是否有違規之行為發生。
4. 管理單位：負責承攬商施工事項協調及違規事項之處理。

二、危險區可能產生火花作業許可

雖然該項作業沒有像明火作業有立即性之危險發生，但該作業仍然在工廠的管制區範圍內（如製程區、儲存區及罐裝作業區），因為該區域內均有危險物品存在，因此從事該項作業時依然需要經過申請許可，確保工廠之安全，其申請表如**表12-2**所示。

三、局限空間作業申請許可

對於局限空間作業採取有效之管制，在工廠安全作業管理中是一項非常重要的工作，因為從事局限空間作業有潛在之立即危險性，故需嚴謹控管。下列之作業屬於局限空間作業管制範圍：

1. 槽儲、地下槽內部作業。
2. 塔槽、設備內部作業。
3. 隧道、涵洞、閥箱內部作業。
4. 地下道內部作業。
5. 含有害或有毒之作業場所。
6. 其他氧氣濃度小於18%以下之作業場所。

對於從事局限空間作業時，可能會帶來一些傷害，如對人體健康或

表12-2 危險區可能產生火花作業許可申請單

○○化工股份有限公司 危險區可能產生火花施工同意書								
施工區域		施工時間	起	年		月	日	時
施工單位			訖	年		月	日	時
施工廠商	□ 廠　方　　□ 承攬廠商		承攬廠商					

一、轄區單位：＿＿＿＿＿＿＿＿
　　1.施工地點之產品（原料）名稱：(1)＿＿＿　(2)＿＿＿　(3)＿＿＿
　　2.危害告知：
　　3.轄區單位擬安全監督（監工）之派遣方式：□常設　□不常設
　　經（副）理：＿＿＿＿　課（副）長：＿＿＿＿　安全監督員：＿＿＿＿

二、施工單位：（請詳加說明）
　　1.施工使用之工具（設備）：＿＿＿＿＿＿＿＿
　　2.施工方式：＿＿＿＿＿＿＿＿＿＿＿＿＿＿＿＿
　　　　　　　　　　□施工人員：＿＿＿＿＿＿
　　　　　　　　　　□承攬商安衛管理人員：＿＿＿＿＿
　　　　　　　　　　　（或工地負責人）

　　經（副）理：＿＿＿＿＿＿＿＿　　　　課（副）長：＿＿＿＿＿＿＿＿

三、其他

四、監督單位
　（工安部門）

附註：一、本單流程：施工單位→ 轄區單位→ 工安部門。
　　　二、本單一式三份，分由施工廠商、施工單位及工安部門存查。
　　　三、本表單保存一年。

環境將會造成下列危害：

　　1.缺氧、窒息。

　　2.硫化氫、一氧化碳等中毒。

　　3.火災、爆炸之危險。

　　4.感電。

　　5.墜落、滑落。

6.熱或冷之危害。

7.其他可能之危害。

「職業安全衛生設施規則」第二章第二節（第二十九之一條至
二十九之七條）規範從事局限空間之作業規定，規範要求事業單位應先確
認該空間內有無可能引起勞工缺氧、中毒、感電、塌陷、被夾、被捲及火
災、爆炸等危害，有危害之虞者，應訂定「危害防止計畫」預防意外事件
的發生，其主要之內容應涵蓋下列事項：

1.局限空間內危害之確認。

2.訂定有關作業程序，供現場人員、救援人員、作業勞工及承攬商遵
循。

3.作業勞工及承攬商給予必要的安全衛生教育訓練。

4.對於從事作業勞工監督人員或救援人員應每年定期實施現場模擬演
練一次以上。

5.作業場所入口明顯易見處要公告有關的注意事項。

6.檢查作業場所處之各項閥門、管件、電源等，有可能造成勞工危害
之虞者，是否已經關閉及掛牌並上鎖。

7.設置通風排氣設施。

8.要從事局限空間作業前，應該詳細瞭解該項作業之危害性，其作業
須知如**表12-3**之內容。

9.從事局限空間作業前，應指派專人先實施作業環境的檢查與偵測，
依**表12-4**逐項檢核，並簽發局限空間作業申請許可證，方可進行作
業。

10.使勞工從事局限空間作業時，作業主管、現場主管及工安人員應
不定期實施巡查，以確保作業之安全，如**表12-5**。

11.從事局限空間作業時，應該設置安全監督人員隨時監控作業之安
全，而作業之人員應該配備適當安全防護裝備（如警報器、安全

表12-3　局限空間作業場所須知

○○化工股份有限公司
缺氧（局限空間）作業場所安全須知

一、有罹患缺氧症之虞之事項：
　　1. 氧氣量不足。
　　2. 含有危害物：＿＿＿＿＿＿＿＿＿＿＿＿＿＿＿。

二、進入該場所應採取之措施：
　　1. 槽內確實清洗乾淨。
　　2. 實施場內氣體測定。
　　3. 打開人孔用鼓風機強制通風。
　　4. 使用適當防護用具。
　　5. 使用爬梯。
　　6. 依本廠入槽工作許可程序執行。

三、事故發生時之緊急措施及緊急聯絡方式：
　　1. 吹哨及大聲呼叫通知附近人員。
　　2. 患者搬離汙染區，脫去患者汙染衣服以大量清水沖洗。
　　3. 患者如呼吸停止時施以人工呼吸，送醫急救。
　　4. 禁止非指定人員進入（未確認危險已解除前）。
　　5. 吹哨及大聲呼叫附近人員或以對講機通知控制室人員。

四、安全器具保管場所：
　　1. 控制室：防毒面具、供氣式呼吸器、自給式呼吸器、安全索、對
　　　　講機、防護衣鞋。
　　2. 資材課：防毒面具、供氣式呼吸器、空氣呼吸器、安全索、對講
　　　　機、防護衣鞋。
　　3. 工環室：防毒面具、氧氣偵測器、可燃性測爆器、FID測定儀。
　　禁止非從事缺氧危險作業人員，擅自進入缺氧危險場所

　　缺氧作業主管姓名：＿＿＿＿＿＿＿

表12-4　局限空間作業許可申請單

○○化工股份有限公司
局限空間作業許可／特許證申請單

★申請單位：＿＿＿　轄區單位：＿＿＿　施工單位：□廠方□承攬廠商
★施工設備編號（或地點）：＿＿＿
★工作性質：□儲槽內部作業 □坑洞、水池等內部作業　□入槽人員：＿＿名
　有效期限:自 年 月 日 時 分至 年 月 日 時 分（限當班 8 小時）

進入局限空間作業前需確實完成本表之各項檢核確認其安全性後方可進入工作。簽發前檢點事項：
與工作內容有關者，由槽口安全人員親自檢點確認安全無虞者在□打∨，完成後簽名以示負責。

☆現場設備環境檢點（轄區單位及入槽作業勞工共同執行）☆
□塔槽內部已水洗、冷卻，人孔是打開通風。
□塔槽內已用送風機送入新鮮空氣半小時以上，送風機及風管運作良好，並置於無汙染區。
□塔槽進出口所有管線，皆已以盲板封閉或拆離，並加標籤。
□塔槽（局限空間）作業場所須知公告現場。
□填具塔槽（局限空間）作業場所巡視表。
□塔槽內動力源已切斷、上鎖，並加標籤（無動力源，則免簽認）　□有動力□無動力
　　　　　　　　　　　　　　　　　　電氣會簽人員：＿＿＿
□塔槽內氣體檢測：　　　　　　　　　槽口安全警戒人員：＿＿＿

項目	時　分			時　分			時　分			時　分		
濃度	O₂%	可燃性%	ppm	O₂%	可燃性%	ppm	O₂%	可燃性%	ppm	O₂%	可燃性%	ppm

★塔槽內環境：1.塔槽內為缺氧作業（氧氣含量 18.5% 以下）。
　　　　　　　2.塔槽內有害物濃度超過作業容許濃度標準。
　　　　　　　3.塔槽內可燃性氣體濃度達到爆炸下限值（LEL）30% 以上。
　　　　　　　4.塔槽內存有汙泥，聚合物或其他潛在危險積垢。

□入槽許可(未符合上列其中任一項目)	□入槽特許(符合上列其中任一項目)
★規定事項： □入塔槽人員應穿著安全防護器具。 □簡易式口罩。 □防毒面罩（須選擇適當之吸收罐）。 □空氣呼吸器。 □二公尺以上高處作業須備有安全帶（索）。 □如塔槽內人員發生意外，外面須有人配合救援搶救才可進入。 □使用 24 伏特以下電源之防爆工作燈，且電線無中間接頭，無裸線。 □有異味或狀況時，應即刻停止作業，人員撤出，待確認安全無虞後，才可繼續進行作業。 □中途休息後再入塔槽作業前，須再做乙次氣體檢測、記錄，確認在安全值內才可再入塔槽內作業。	★在特許入槽作業時除須遵守左列規定事項外，須再嚴加遵守下列規定事項： □入塔槽人員必須穿著自給式空氣呼吸氣，腰繫安全帶（索）。 □塔槽外須以防爆送風機強制持續送風。 □作業工具，設備須防爆具漏電斷路功能。 □塔槽口外必須設置安全警戒，救援人員，配合緊急應變措施（安全警戒員不得離開槽口警戒崗位）。 □入塔槽人員作時間每次不得超過五十分鐘，連續作業時，須兩人輪替作業。 □轄區負責人須嚴密巡視作業區，並記錄於巡視表上。

★會監督單位：工環室
　　　　　　　　　　　　　　　　　　承攬商安衛管理人員
　　　安全管理員：＿＿＿　　　　　　（或工地負責人）：＿＿＿

★許可簽發：
　轄區　　　　　　　轄區　　　　　　　轄區
　經（副）理：＿＿　課（副）長：＿＿　缺氧作業主管：＿＿

備註：本許可證應影印兩份，分別送轄區部門及工安部門，本表單保存三年。

表12-5　局限空間作業安全巡查表

○○化工股份有限公司 局限空間作業場所安全巡查表							
_____場區　現場負責人：_____　　安全監督員：_____　　年　月　日							
時間			巡視結果 （摘要）	異常狀況		覆查	巡視人員 （簽名）
月	日	時		原因	對策		
備註			巡視人員：1.現場主管（工程師或副組長以上之幹部）。 　　　　　　2.工安人員。 巡視要點：在缺氧（局限空間）作業期間，應密集巡視作業現場是否 　　　　　　維持安全狀況。				

繩索、安全防護具等）。而監督人員其主要工作內容如下：

(1)瞭解該場所作業之危害狀況。

(2)隨時掌握許可進入作業的人數及姓名。

(3)在作業期間現場監督人員應堅守崗位，除非有人接替外，否則不得任意離開作業現場。

(4)警告非經許可人員不得進入作業場所。

(5)隨時監視作業狀況，並與作業人員保持適當之聯繫。

(6)若發覺作業現場有異狀時，立即採取救援與緊急應變措施。

12.從事局限空間作業時，若為連續作業，每次不得超過一個小時，其作業方式應該採用輪流作業，以確保作業人員之安全與健康。

13.公司應該備有緊急搶救之醫療設施，以備不時之需。

14.建立緊急應變程序，萬一發生意外事件時，作為緊急搶救之依

據，並應每年定期實施演練。

15.對上述從事局限空間作業之簽署表單紀錄保存三年。

四、停電／送電作業申請許可

對於工廠臨時用電必須嚴格加以管制，因為在工廠內儲存許多危險物品，況且在從事機械或設備之保養時更應加以控管，避免造成意外事件之發生。而停電、送電應該由電氣合格人員為之，以確保使用電氣作業安全。其作業申請單內容如**表12-6**所示。

五、吊掛／挖掘作業申請許可

對於工廠從事吊掛作業時，會使用到危險性之機械（如起重機或吊籠等），除了內部作業場所需經過申請外，工廠所僱用之承攬商從事吊掛作業之人員及機械，必須經過吊掛訓練合格人員為之，而其危險性機械也需經過檢查合格在有效期限者為之，並要求承攬商提供相關證照之影本，存廠備查。

而工廠內從事挖掘作業時必須提出申請，其目的在於防止施工前須經過相關單位之確認，避免挖掘時發生意外事件，其作業申請單內容如**表12-7**所示。

六、消防水他用申請許可

消防水之用途乃是作為工廠安全保命用的，雖然水不是非常值錢的物質，但它的確是不可或缺的物質，因為工廠的消防系統與受信總機相連結，避免造成廠區騷動，引起恐慌，以及為了防止工廠萬一發生意外事件會使用到消防水，所以消防用水不可任意移作他用。

表12-6　停電／送電作業申請單

○○化工股份有限公司 停電／送電申請單								
停／送電區域		停、送電時間		起 年 月 日 時				
使用單位				訖 年 月 日 時				
停／送電單位	□廠方 □承攬廠商			承攬廠商				
一、停／送電設備規格： 　1.設備 □馬達 □電焊機 □電熱 □其他 　2.電壓　　相　　伏特 　3.容量　　KW（HP）						工務部門簽署	停電申請	
							送電申請	
二、原因：								
三、應注意事項：（轄區單位） 　　　　　　　　　　單位主管：＿＿＿＿＿＿＿＿＿＿								
經（副）理		課（副）長					申請人	
附註：一、本單流程：申請人→單位主管→經（副）理→轄區單位→工務部門。 　　　二、本單一式二份，分送工務部門及工安部門。 　　　三、本表單保存一年。								

　　而消防水平時之水位至少需保持在80%以上的液位，並且列入自動檢查項目，以確保工廠之作業安全。若在緊急狀況下需使用到消防水時必須提出申請，其作業申請單內容如**表12-8**所示。

表12-7　吊掛／挖掘作業施工申請單

○○化工股份有限公司 吊掛／挖掘作業施工申請單								
區域			施工時間	起	年	月	日	時
				訖	年	月	日	時
單位	□廠方		□承攬廠商	承攬廠商				

一、施工單位：_____

　　1.申請項目：□吊掛作業　□挖掘作業

　　2.用途：

　　3.工具：□起重機械 □手工 □機械 □其他

　　　　經（副）理：_____ 課（副）長：_____ 申請人：_____

二、轄區單位：_____

　　1.鄰近之產品（原料）名稱：

　　2.應注意事項：

　　　　經（副）理：_____ 課（副）長：_____

三、工務部門會簽意見：

　　吊掛作業

　　　1.起重機械是否檢驗合格：□是 □否

　　　2.操作人員是否訓練合格：□是 □否

　　　3.須同時符合1、2兩項合格者（附影本），方可提出申請。

　　　　（影本請承攬商於工作前一日，傳真至本公司）

　　挖掘作業

　　　1.挖掘區域是否有地下管：□是 □否

　　　2.挖掘區域地下管種類：□電纜管線□消防管線□其他管線

　　　3.挖掘區域地下管線之工程說明：

　　　　課（副）長：_____

附註：一、本單流程：施工單位 → 轄區單位 → 工務部門。

　　　二、本單一式四份，分由施工廠商、工務部門、轄區單位及工安部門存
　　　　　查。

　　　三、本表單保存一年。

表12-8 消防水他用申請單

○○化工股份有限公司 消防水他用申請表								
申請單位								
使用時間	起	年	月	日	時	分	使用地點	
	訖	年	月	日	時	分	消防栓編號	
使用原因								
經（副）理		課（副）長				申請人		
會簽單位		公用部門						
		管理部門						
		工安部門						
備註	一、本單流程：申請人→單位主管→公用部門→管理部門→工安部門。 二、本單一式四份：使用單位、公用部門、管理部門及工安部門，本表單保存一年。							
工廠內消防栓之配置圖								

12-3 局限空間作業之災害案例

　　氧氣為人們維續生命不可或缺的要素之一，而空氣是取得氧氣最便利的方法。地球上空氣的組成主要由氮氣（78.09%）、氧氣（20.95%）、氬氣（0.93%）、二氧化碳（0.03%）及其他微量氣體所組成，對於吸取含氧量過多或不足的空氣皆會造成身體有不適的現象發生。暴露於含氧量80%以上之環境中數小時或50%以上二十四小時，將會影響呼吸系統及中樞神經系統，且長期暴露於高濃度或高壓的氧氣下，會造成嚴重的肺部組織腫大及結疤。依勞動部職業安全衛生署訂定之缺氧症預防規則，當空氣中氧氣含量未滿18%稱為缺氧空氣，而雇主使勞工從事

缺氧危險作業時，應予適當換氣，以保持該作業場所空氣中氧氣濃度在18%以上。但為防止爆炸、氧化或作業上有顯著困難致不能實施換氣者，不在此限。隨著缺氧程度的不同也會有相異的生理症狀產生，詳如**表12-9**所示。

表12-9　空氣中氧氣濃度變化與出現症狀對照表

空氣中之含氧量	出現症狀
12~16%	呼吸和心跳加速，肌肉不協調
10~14%	情緒低落、疲勞、呼吸不順
6~10%	噁心、嘔吐、虛脫或喪失意識
<6%	痙攣、窒息和死亡

【案例一】於某垃圾場之汙水池作業時發生缺氧造成二死三傷職災案

　　1996年8月27日，勞工李員進入施工中之垃圾場汙水池（**圖12-1**）準備進行測量工作，進入池內便暈倒在池底，工地主任見狀便與其他三員下去搶救但亦皆暈倒在池底（**圖12-2**），經工地安衛人員將水噴入池內，其中三人清醒並協助地面救難人員將李員與工地主任吊至地面，但兩人不治死亡。

　　經測定此汙水池內空氣品質，發現坑內無可燃性氣體及一氧化碳；二氧化碳瞬間濃度超過檢知管可測範圍（0.3%）；而氧氣濃度隨著坑內深度呈現梯度下降，離坑內底部約1公尺處空氣含氧量僅5.0%，1.8公尺處

圖12-1　施工中之垃圾場汙水池

圖12-2　汙水池內部情形

含氧量也僅12%。此意外發生原因判斷係由汙水池附近之垃圾堆行好氧性發酵所生成二氧化碳經由礫石之間的空隙通過汙水匯集道之管線進入池內,且因二氧化碳較空氣重故沉積於池底;另外,因汙水池深度達8.5公尺,而外界風力可行強制通風深度僅達約6公尺左右,因此池底2.5公尺以下部分僅能藉由自然擴散的方式進行對流,無法與外界新鮮空氣達充分進行換氣,致使二氧化碳容易累積於底部不易排出,而池底氧氣含量因二氧化碳的累積而有所減少。

【案例二】清洗化學槽車內部時疑因缺氧造成二死職災案

1999年5月10日,雲林縣某交通公司宋姓負責人與徐員進行化學槽車清洗作業(**圖12-3**及**圖12-4**),相繼昏迷於槽車內部,後經消防隊隊員利用空氣鋼瓶將槽車內具刺激性之不明氣體沖淡及補充槽車內空氣含氧量後,再配戴自攜式呼吸防護具及利用繩索將兩員救出,並立即送醫治療,但仍不治。

此槽車於事故當天曾運載硫氫化鈉及硫化鈉溶液,此兩種化合物均容易於空氣中潮解而釋放出硫化氫氣體。災害發生原因可能為進入槽車前未施予適當之通風及對槽內氣體組成進行量測,因此對槽內空氣含氧量及有害氣體濃度皆無法確實掌握,而造成缺氧或硫化氫中毒死亡。5月12日對槽內空氣進行量測,氧氣濃度為20.9%,硫化氫濃度為2ppm,皆符合標準,這可能是因消防隊員於搶救時利用空氣鋼瓶將槽內空氣沖淡之緣

 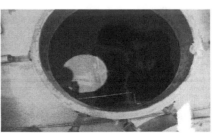

圖12-3 發生事故之化學槽車　　圖12-4 事故化學槽車之人孔

故，故無法明確判定事故時槽內之空氣組成。

【案例三】進入塔槽內部量取基座支撐架尺寸因缺氧造成一死一傷職災案

　　2001年10月18日，某鋼鐵公司勞工王員協同承攬商勞工李員至轉爐工場精煉課真空吹氧脫碳槽量取基座支撐架尺寸，經該設備負責人張員將槽頂蓋台車駛離槽頂後（**圖12-5**），承攬商勞工李員利用蛇籠式直梯進入槽坑內，不久，王員發現李員倒臥於槽底便大聲呼救，張員立即由控制室內攜帶空氣呼吸器並進行測試準備入槽救人，但呼吸器測試漏氣且為了爭取時間救人，便脫掉空氣呼吸器直接入槽，入槽後不久亦昏迷，待救援人員抵達現場後才將兩人救出，經緊急送醫後張員已逐漸復原，但李員不幸罹災。

　　該設備內徑5.5公尺，深4.4公尺，主要為進行鋼液處理作業，其利用真空脫氣泵進行吹氣脫碳，並通入氬氣進行攪拌。該槽於9月20日便停止作業，且槽頂蓋台車駛離槽頂，直到10月12日才再度駛入，並以人工操作固定離槽頂緣約40公分處，未完全蓋上（**圖12-6**）。此次事故原因研判可能為槽內殘留有氬氣而導致空氣中含氧量不足所致，因事後槽內已經抽風處理，該槽內所測出氧氣20.8%。

圖12-5　真空吹氣脫碳槽頂

圖12-6　事故之真空吹氣脫碳槽

【案例四】進入廢水處理場調整池鑽孔施工缺氧中毒造成五死職災案

　　2010年5月29日7時40分許，某工程行勞工吳員等人在未實施作業環境測定下即進入某公司調整池內從事鑽孔作業，於鑽孔完成後，鄰近之廢水收集池內廢水逐漸由新鑽設流水孔流入調整池中致硫化氫釋出，造成仍在調整池內之吳員昏迷倒下吸入池內廢水，某公司在其他處所作業人員聞聲趕來救援的吳員、黃員、陳員及殷等四人，先後進入調整池中搶救，也都因硫化氫中毒昏迷倒下吸入池內廢水，造成五人送醫急救相繼不治死亡（圖12-7）。

　　作業勞工於調整池內從事鑽孔工程及搶救時，因廢水中之硫化氫釋出造成吸入硫化氫中毒相繼送醫不治死亡。其致命原因說明如下：

1.從事局限空間（缺氧危險）作業時，未置備必要測定儀器，未採取隨時可確認空氣中硫化氫等有害氣體濃度之措施。

2.從事局限空間（缺氧危險）作業時，未置備空氣呼吸器等呼吸防護

圖12-7　事故現場之廢水調整池相關位置

具，供勞工緊急避難或救援人員使用。

3.作業現場未設置排氣設備強制抽氣，未指派缺氧作業主管從事規定監督事項。

4.公司員工未實施勞工安全衛生教育訓練。

5.未將危害因素及有關安全衛生規定應採取之措施具體告知承攬人。

6.未設置職業安全衛生管理人員。

【案例五】進入儲酒桶進行清洗作業發生缺氧窒息造成一死職災案

2013年12月13日約9時30分許，清洗工李員進入儲酒桶清洗作業，據該廠勞工吳員發現時，清洗工李員頭部朝人孔，躺在大樓一期1樓○○工場4號○○室94號儲酒桶內，接近人孔30公分處（**圖12-8**），立即通知公司當班領班林員等多人幫助，將李員從儲酒桶搶救出來時，立即送至中山醫學大學附設醫院前不治死亡。

清洗工人李員於儲酒桶槽內，從事儲酒桶清洗作業，因氧氣不足，致缺氧窒息死亡。其致命原因說明如下：

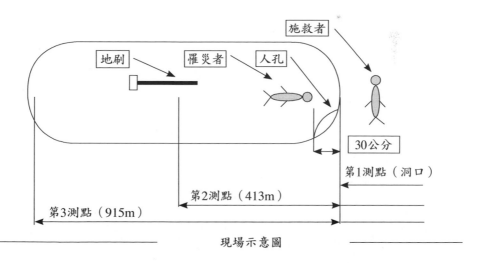

圖12-8 儲酒桶槽災害事故現場之示意圖

1. 儲酒桶局限空間內進行清洗作業前，未進行氧氣測定，且未進行通風換氣。

2. 缺氧作業主管未實施監督及檢點工作。

3. 未依儲酒桶清洗之安全作業標準作業。

4. 未指派監視人員。

5. 未將危害因素及有關安全衛生規定應採取之措施具體告知承攬人。

6. 未向承攬商實施職業安全衛生教育訓練。

參考文獻

永安工業區，某化工廠安全衛生管理資料。

勞工安全衛生研究所，勞工教育，http：//www.iosh.gov.tw。

Chapter 13 危害通識規則之應用

13-1　危害通識的理念

13-2　危害通識規則

隨著科技的發展，化學物質的製造、處置與使用愈為複雜，危險性愈為增加，缺乏充分的認知，可能因操作不當而導致火災、爆炸或毒性化學物質漏洩，危害人體健康等之化學災害。職業災害預防之首要工作為「認知危害」，危害通識制度之建立，依「職業安全衛生法」第十條第三項之規定，訂定「危害性化學品標示及通識規則」，以加強事業單位對化學物質危害的認知，建立化學物質管理系統，達到預防化學災害之目的。

13-1 危害通識的理念

每位工作者都有機會認識工作場所中所存在的危害物質，除了可提高安全操作的意願外，亦可達到降低風險的目標，站在勞工有知的權利（right to know）觀念上，勞工對於其工作場所中所存在的物質，均有權知道它的危害性。

根據上述的理念，如在勞工與危害物質之間，建立一套完善的制度，使物質之危害資訊有被勞工認識的機會，而這個認識與溝通的制度，即為物質危害資訊通識制度，簡稱為「危害通識制度」。

一、危害物質的定義

(一)危險物質

符合國家標準CNS15030分類，具有物理性危害者，包括火災、爆炸危險的化學物質稱為危險物，如爆炸性物質、著火性物質、氧化性物質、易燃性液體、可燃性氣體及爆炸性物品。

1.爆炸性物質：如硝化甘油、三硝基苯、過氧化丁酮。

2.著火性物質：如易燃固體、自燃物質、禁水性物質。

3.氧化性物質：如氯酸鹽類、過氯酸鹽類、硝酸鹽類等。

4.易燃性液體：閃火點在攝氏六十五度以下之物質，如乙醚、丙酮、汽油、甲醇、苯等。

5.可燃性氣體：如氫、乙炔、乙烯，其他於一大氣壓下、攝氏十五度時，具有可燃性之氣體。

6.爆炸性物品：如火藥、炸藥、爆劑、引炸物等。

(二)有害物質

符合國家標準CNS15030分類，具有健康危害者，對人體健康有害的化學物質稱為有害物，如致癌物、毒性物質、腐蝕性物質、刺激性物質、致敏感物等危害人體健康之物質。

1.第一種有機溶劑：如1,2二氯乙烯、1,2二氯乙烷、二硫化碳、三氯甲烷、三氯乙烯、1,1,2,2四氯乙烷、四氯化碳。

2.第二種有機溶劑：如醇類、醚類、酯類、酮類等。

3.第三種有機溶劑：如汽油、煤焦油精、石油精、石油醚、輕油精、松節油、礦油精。

4.特定化學物質危害預防標準：如甲醛、苯、氨、硫酸、一氧化碳等。

5.其他指定之化學物質：如乙醛、醋酸、環己烷等。

二、危害通識的依據

依據「職業安全衛生法」第十條之規定，雇主對於具有危害性之化學品，應予標示、製備清單及揭示安全資料表，並採取必要之通識措施。勞動部職業安全衛生署依據「職業安全衛生法」第十條授權，於2014年6月27日修正「危險物與有害物標示及通識規則」，名稱修正為「危害

性化學品標示及通識規則」，以利事業單位遵循。如有違反規定，依違反
「職業安全衛生法」第十條規定處罰。

🏭 13-2 危害通識規則

危害通識規則的兩個基本工作為標示及安全資料表，要做好這兩個
基本工作，並達到使勞工認知，從而遵守安全衛生操作程序，預防職業災
害發生，應有配合措施，包括危害通識計畫、危害性化學品清單及勞工安
全衛生教育訓練。其主要之架構如圖13-1所示。

一、危害通識計畫

危害通識計畫的撰寫並非應付檢查機構之檢查用的，而是作為事業
單位建立及執行實施之依據，計畫書之內容旨在詳細規劃危害資訊傳輸管

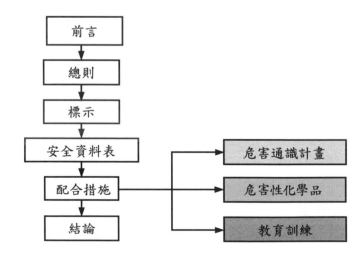

圖13-1　危害通識規則架構圖

道之各項工作內容及權責之分配，以確保計畫書之可行及完備，其主要之架構如**圖13-2**所示。

(一)危害通識計畫組織與權責

1. 本計畫書為事業單位執行危害通識制度的政策依據。
2. 指定代表為本計畫執行負責人，全權處理執行危害通識制度有關工作之決策與推展。
3. 作為各部門或人員推動危害通識制度之遵循依據。
4. 執行本計畫書的目的。

(二)危害性化學品清單

1. 職業安全衛生管理單位或人員應該規範及擁有事業單位所使用之危害性化學品全部的清單。
2. 規範場內所使用危害性化學品清單種類及放置地點。
3. 危害性化學品清單必要時隨時更新，並於每季至少更新一次，確保廠內危害物質之動態。

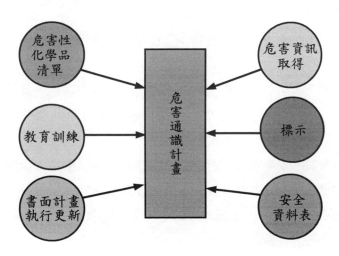

圖13-2 危害通識計畫書架構圖

4.憑藉危害性化學品之收據,更新危害性化學品清單。

(三)安全資料表(SDS)

1.職業安全衛生管理單位或人員應該規範及擁有事業單位所使用化學品之安全資料表。

2.安全資料表之原稿存放於管理單位內,其他製造、使用及儲存場所放置常用化學品之影本即可。

3.安全資料表應放置於明顯易見處,讓使用者隨手可以查閱。

4.安全資料表之原稿若有異動時應隨時更新,並每三年至少檢討一次,確保廠內危害物質資訊之動態。

5.採購或出售危害物質時,應該要求或主動提供安全資料表。

6.若對於供應商之危害物質有任何之疑問時,可以查閱安全資料表詢問單位或人員。

(四)標示

1.危害性化學品之標示內容參考「危害標示」單元,有詳細之說明與規範。

2.各使用部門應依照安全資料表之資訊製作標示,並執行張貼於作業現場。

3.職業安全衛生管理單位或人員應定期監督作業現場,其標示內容是否符合規定,而轄區主管應隨時檢視作業現場標示是否為最新標示,以確保作業現場之安全。

4.廠區若有不安全環境或行為時,應在明顯易見處進行圍籬或危害警告標示,並應立即進行改善,避免發生意外事故。

5.有關廠區之標示,工廠應該設計一套完整標示規範(如管線、設備、儲槽等設備)。

(五)教育訓練

1.明確規範有關危害性化學品之教育訓練部門，由管理部門或職業安全衛生管理單位負責，以利本制度之教育訓練的實施落實。

2.教育訓練主要內容應該涵蓋下列事項：

(1)危害通識計畫書及相關之內容。

(2)危害性化學品的性質，包括外觀、氣味及檢驗其存在方法及釋放計算。

(3)潛在暴露的物理性及化學性。

(4)預防危害的步驟，如個人防護裝備、工作方法及緊急應變措施。

(5)危害性化學品之外濺及外洩處理步驟。

(6)安全資料表存放地點，其內容之瞭解、取得及使用正確危害資訊之方式。

3.除了廠內員工外，應涵蓋承攬商之教育訓練。

4.教育訓練的紀錄及成效評估。

(六)其他

1.承包商工作時之照會及處理程序。

2.非例行性工作（如維修、停車保養、修繕工作等），依照公司規定辦理外，並確認員工瞭解工作中有關的化學危害。

3.外賓訪問之管制與說明。

二、危害標示

依照「危害性化學品標示及通識規則」之規定，其容器之標示應涵蓋圖示及內容，其內容說明如下，可參考範例如**表13-1**。

1.名稱。

表13-1　甲醇物質危害標示範例

名稱	甲醇
危害成分	甲醇
警示語	危險
危害警告訊息	1.高度易燃。 2.對眼睛具刺激性。 3.長期暴露對身體產生傷害。
危害防範措施	1.置於陰涼處,緊蓋容器。 2.遠離引燃物,禁止煙火。 3.儲存場所應保持通風。 4.作業時戴面罩、護目鏡。
製造者、輸入者或供應者	1.名稱:○○化工股份有限公司 2.地址:台南市○○區○○路○號 3.電話:(06)871-××××
**** 更詳細的資料,請參考安全資料表****	

2.危害成分。

3.警示語。

4.危害警告訊息。

5.危害防範措施。

6.製造者、輸入者或供應者之名稱、地址及電話。

　　標示是提供簡明易懂的危害資訊,於危險物或有害物的容器上,告訴勞工容器內的化學品名稱、危險或有害的訊息、危害預防措施等。根據「危害性化學品標示及通識規則」之規定,其分類、標示可分為兩大類,一類為物理性危害,另一類為健康危害,其分類、標示要項如**表13-2**。

表13-2　危害性化學品之分類及標示要領

危害性化學品分類			標示要領	
危害性	危害分類	組別	危害警告訊息	危害圖示
物理性危害	爆炸物 1.1組	有整體爆炸危險之物質或物品	整體爆炸危害	
	1.2組	有拋射危險，但無整體爆炸危險之物質或物品	嚴重拋射危害	
	1.3組	會引起火災，並有輕微爆炸或拋射危險但無整體爆炸危險之物質或物品	引火、爆炸或拋射危害	
	1.4組	無重大危險之物質或物品	引火或拋射危害	
	1.5組	很不敏感，但有整體爆炸危險之物質或物品	可能在火中整體爆炸	
	1.6組	極不敏感，且無整體爆炸危險之物質或物品	無	
	易燃氣體	第一級	極度易燃氣體	
	氧化性氣體	第一級	可能導致或加劇燃燒（氧化劑）	
	加壓氣體	壓縮氣體	遇熱可能爆炸	
		液化氣體	遇熱可能爆炸	
		冷凍液化氣體	可能造成低溫灼傷或損害	
		溶解氣體	遇熱可能爆炸	

（續）表13-2　危害性化學品之分類及標示要領

危害性化學品分類			標示要領	
危害性	危害分類	組別	危害警告訊息	危害圖示
物理性危害	易燃液體	第一級	極度易燃液體和蒸氣	
		第二級	高度易燃液體和蒸氣	
		第三級	易燃液體和蒸氣	
	易燃固體	第一級　　　　第二級	易燃固體	
	自反應物質	A型	遇熱可能爆炸	
		B型	遇熱可能起火或爆炸	 
		C型或D型	遇熱可能起火	
		E型或F型	遇熱可能起火	

（續）表13-2　危害性化學品之分類及標示要領

危害性化學品分類			標示要領	
危害性	危害分類	組別	危害警告訊息	危害圖示
物理性危害	發火性液體	第一級	暴露在空氣中會自燃	（火焰圖示）
	發火性固體	第一級	暴露在空氣中會自燃	（火焰圖示）
	自熱物質	第一級	自熱；可能燃燒	（火焰圖示）
		第二級	量大時可自熱；可能燃燒	
	禁水性物質	第一級	遇水放出可能自燃的易燃氣體	（火焰圖示）
		第二級	遇水放出易燃氣體	
		第三級	遇水放出易燃氣體	
	氧化性液體	第一級	可能引起燃燒或爆炸（強氧化劑）	（圓圈上火焰圖示）
		第二級	可能加劇燃燒（氧化劑）	
		第三級		
	氧化性固體	第一級	可能引起燃燒或爆炸（強氧化劑）	（圓圈上火焰圖示）
		第二級	可能加劇燃燒（氧化劑）	
		第三級	可能加劇燃燒（氧化劑）	

（續）表13-2　危害性化學品之分類及標示要領

危害性化學品分類			標示要領	
危害性	危害分類	組別	危害警告訊息	危害圖示
物理性危害	有機過氧化物	A型	遇熱可能爆炸	
		B型	遇熱可能起火或爆炸	
		C型或D型	遇熱可能起火	
		E型或F型	遇熱可能起火	
	金屬腐蝕物	第一級	可能腐蝕金屬	
健康危害	急毒性物質：吞食	第一級	吞食致命	
		第二級	吞食致命	
		第三級	吞食有毒	

（續）表13-2　危害性化學品之分類及標示要領

危害性化學品分類			標示要領	
危害性	危害分類	組別	危害警告訊息	危害圖示
健康危害	急毒性物質：吞食	第四級	吞食有害	
	急毒性物質：皮膚	第一級	皮膚接觸致命	
		第二級	皮膚接觸致命	
		第三級	皮膚接觸有毒	
		第四級	皮膚接觸有害	
	急毒性物質：吸入	第一級	吸入致命	
		第二級	吸入致命	
		第三級	吸入有毒	
		第四級	吸入有害	
	腐蝕／刺激皮膚物質	第1A級　　第1B級 第1C級	造成嚴重皮膚灼傷和眼睛損傷	

（續）表13-2　危害性化學品之分類及標示要領

危害性化學品分類			標示要領	
危害性	危害分類	組別	危害警告訊息	危害圖示
健康危害	腐蝕／刺激皮膚物質	第二級	造成皮膚刺激	
	嚴重損傷／刺激眼睛物質	第一級	造成嚴重眼睛損傷	
		第2A級	造成眼睛刺激	
	呼吸道過敏物質	第一級	吸入可能導致過敏或哮喘病症狀或呼吸困難	
	皮膚過敏物質	第一級	可能造成皮膚過敏	
	生殖細胞致突變性物質	第1A級　　第1B級	可能造成遺傳性缺陷	
		第二級	懷疑造成遺傳性缺陷	

（續）表13-2　危害性化學品之分類及標示要領

危害性化學品分類			標示要領	
危害性	危害分類	組別	危害警告訊息	危害圖示
健康危害	致癌物質	第1A級　　第1B級	可能致癌	
		第二級	懷疑致癌	
	生殖毒性物質	第1A級　　第1B級	可能對生育能力或對胎兒造成傷害	
		第二級	懷疑對生育能力或對胎兒造成傷害	
	特定標的器官系統毒性物質——單一暴露	第一級	會對器官造成傷害	
		第二級	可能會對器官造成傷害	
		第三級	可能造成呼吸道刺激或者可能造成困倦或暈眩	
	特定標的器官系統毒性物質——重複暴露	第一級	長期或重複暴露會對器官造成傷害	
		第二級	長期或重複暴露可能對器官造成傷害	
	吸入性危害物質	第一級	如果吞食並進入呼吸道可能致命	
		第二級	如果吞食並進入呼吸道可能有害	

三、危害性化學品清單

　　危害性化學品清單能夠提供事業單位瞭解及掌控廠區內所製造、使用及儲存之危害物質的種類、數量，透過清單管理將危害物質之保管權責加以明示，由管轄單位加以嚴格控管，並針對廠區內所有危害物質明確標示，以確保廠區的安全。而每一個化學物質應該製作一份清單，其清單之詳細內容如**表13-3**所示。

表13-3　危害性化學品清單範例

危害性化學品清單			
化學名稱：$C_4H_{10}OH$ 同義名稱：n-butyl alcohol，1-butanol，1-Hydroxybutane 物品名稱：正丁醇n-butanol NBA 安全資料表索引碼：05			
製造商或供應商：○○化工股份有限公司 地址：○○縣市○○路○○號 電話：(06) 583-XXXX			
使用資料			
地點	使用頻率	月平均用量	使用者
甲醛醇場	5	375 公噸	生產課
溶劑場	24	680 公噸	生產課
罐裝場	10	150 公噸	倉儲課
儲存資料			
地點	數量		負責人員
PA_8	294 KL		倉儲課
PA_{18}	1,949 KL		倉儲課
PA_{19}	1,855 KL		倉儲課
PA_{24}	736 KL		倉儲課
DF_2	251 KL		倉儲課
製單日期：2013.07.01 修訂日期：2014.10.01			

四、安全資料表

安全資料表（Safety Data Sheet, SDS）為每一個化學品之身分證，除了提供化學品的物理、化學特性外，還提供非常完整的基本參考資訊，從洩漏處理至火災爆炸及毒性危害訊息都有詳盡之記載，其主要內容架構如下，更詳細內容參考**表13-4**所示。

1.化學品與廠商資料。

2.成分辨識資料。

3.危害辨識資料。

4.急救措施。

5.滅火措施。

6.洩漏處理方法。

7.安全處置與儲存方法。

8.暴露預防措施。

9.物理及化學性質。

10.安定性及反應性。

11.毒性資料。

12.生態資料。

13.廢棄處置方法。

14.運送資料。

15.法規資料，

16.其他資料

表13-4　安全資料表範例

安全資料表

一、化學品與廠商資料

1.物品名稱：甲醇（Methyl Alcohol）
2.物品編號：-
3.製造者或供應者名稱、地址及電話：
　　○○化工股份有限公司／○○縣市○○鄉○○路○號／07-621-xxxx
4.緊急聯絡電話／傳真電話：07-62-xxxx轉　／07-622-xxxx

二、成分辨識資料

純物質：
1.中英文名稱：甲醇（Methyl Alcohol）
2.同義名稱：木精（WOOD SPIRIT、WOOD ALCOHOL、CARBINOL、
　　　　　　METHYLOL、METHYL ALCOHOL、METHYL HYDRATE、
　　　　　　METHYL HYDROXIDE、MONOHYDROXYMETHANE）
3.化學文摘社登記號碼（CAS No.）：00067-56-1
4.危害物質成分（成分百分比）：100

三、危害辨識資料

最重要危害與效應	健康危害效應：會造成視覺損害，甚至失明。會由皮膚吸收達中毒量。大量暴露會致死。
	環境影響：對水中生物具高毒性。
	物理性及化學性危害：輕微酒精味。液體或蒸氣易燃。蒸氣可能造成致死。
	特殊危害：白天甲醇起火看不見火焰。

1.主要症狀：咳嗽、頭痛、暈眩、虛弱、困倦、頭昏眼花、噁心、嘔吐、酒醉、
　　　　　　視力模糊、喪失意識、失明、過度欣快感、口語不清、呼吸急促、
　　　　　　嚴重的上腹疼痛、昏迷、皮膚炎、紅斑。
2.物品危害分類：（易燃液體），（急毒性物質）

四、急救措施

1.不同暴露途徑之急救方法：
吸入：(1)移除汙染源或將患者移到空氣新鮮處。
　　　(2)若呼吸停止立即由受過訓的人施於人工呼吸，若心跳停止則施行心肺復
　　　　甦術。
　　　(3)立即就醫。

（續）表13-4　安全資料表範例

皮膚接觸：(1)儘速用緩和流動的溫水沖洗患部20分鐘以上。
　　　　　(2)沖洗時並脫掉汙染的衣物、鞋子以及皮飾品（如表帶、皮帶）。
　　　　　(3)須將汙染的衣物、鞋子以及皮飾品，完全除汙後再使用或丟棄。
眼睛接觸：(1)立即撐開眼皮，以緩和流動的溫水沖洗汙染的眼睛20分鐘。
　　　　　(2)立即就醫。
食入：(1)若患者即將喪失意識、已失去意識或痙攣，勿經口餵食任何東西。
　　　(2)催吐。
　　　(3)加兩匙蘇打於一杯水中給患者喝。
　　　(4)若患者自發性嘔吐，讓患者身體向前傾，以減少吸入嘔吐物之危險。
　　　(5)反覆給予喝水。不可催吐。給患者喝下240～300毫升的水。
　　　(6)立即就醫。
2.最重要症狀及危害效應：類似酒精中毒，造成失明，甚至致死。
3.對急救人員之防護：未著全身式化學防護衣及空氣呼吸器之人員不得進入災區
　搬運傷患，應穿著C級防護裝備在安全區實施急救。
4.對醫師之提示：症狀可能延遲發生，乙醇可能會抑制甲醇的新陳代謝。

五、滅火措施

1.適用滅火劑：化學乾粉、二氧化碳、水霧、泡沫。
2.滅火時可能遭遇之特殊危害：在白天，甲醇起火看不見火焰。
3.特殊滅火程序：
　(1)除非能阻止其外洩否則不要滅火。
　(2)噴水霧驅散蒸氣並稀釋外洩物成不燃物。
　(3)使用大量水霧或滅火，水柱無效。
　(4)用大量水霧冷卻容器直至火災結束。
　(5)配戴自攜式呼吸防護具及保護衣服。
4.消防人員之特殊防護裝備：消防人員必須配戴全身式化學消防衣及空氣呼吸器
　（必要時外加抗閃火鋁質被覆外套）。

六、洩漏處理方法

1.個人應注意事項：限制人員進入洩漏區域。
2.環境注意事項：
　(1)供應適當的防護裝備及通風設備。
　(2)移除熱源及火焰。
3.清理方法：
　(1)勿碰觸洩漏物。
　(2)在安全許可狀況下，設法阻止或減少溢漏。
　(3)避免洩漏物流入下水道或其他密閉空間。

（續）表13-4　安全資料表範例

(4)用砂、泥土或其他惰性吸收劑圍堵洩漏物。 (5)盡可能將液體回收，置於合適且標示的有蓋容器內。 (6)殘於外洩物用惰性吸收劑吸收並置於至有蓋之容器內。 (7)用水沖洗洩漏區。 (8)注意事項：已汙染之吸收劑，與外洩物具有同等的危害性。

七、安全處置與儲存方法

1.處置：

(1)在指定之通風處所良好，以最小量處置。

(2)遠離熱源及明火。

(3)使用耐火容器。

(4)當搬運或混合時皆應將容器接地。

(5)作業時避免產生霧滴。

(6)穿戴適當防護的裝備以防濺眼睛和皮膚。

2.儲存：

(1)儲存於密閉容器內置於陰涼、乾燥處並遠離一般作業場所及不相容物。

(2)儲存區應有獨立通風系統，但無熱源、明火及火花。

(3)最好儲存於合格之安全溶劑容器內。

(4)容器不使用時應加蓋，置於接地的防火櫃內。

(5)儲存區及作業區內皆應使用耐溶劑的材料構築。

八、暴露預防措施

1.工程控制：

(1)分開使用不會產生火花且接地之通風系統。

(2)排氣口直接通到戶外。

(3)供給充分新鮮空氣以補充排氣系統抽出的空氣。

(4)可採局部排氣裝置或整體換氣裝置。

2.控制參數

八小時日時量 平均容許濃度	短時間時量 平均容許濃度	最高 容許濃度	生物指標 BEI
200ppm （皮）	250ppm （皮）	─	15mg/L （尿中甲醇）

3.個人防護設備：

(1)呼吸防護：

　• 2,000ppm以下：供氣式或自攜式呼吸防護具。

　• 5,000ppm以下：一定流量型供氣式呼吸防護具。

（續）表13-4　安全資料表範例

・10,000ppm以下：全面型供氣式或全面型自攜式或含緊密貼合面罩的一定流量型供氣式呼吸防護具。 ・25,000ppm以下：正壓式全面型供氣式呼吸防護具。 (2)手部防護：氯丁橡膠、丁基橡膠、天然橡膠、聚乙烯、氯化聚乙烯、晴類、氟化彈性體、苯乙烯-丁二烯橡膠、聚聚乙烯、聚氨基甲酸乙酯等防護手套。 (3)眼睛防護：化學安全防濺護目鏡、全面式護面罩。 (4)皮膚及身體防護：上述橡膠材質連身式防護衣、工作靴。 4.衛生措施： (1)工作後儘速脫掉汙染之衣物，洗淨後才可再穿戴或丟棄，且告知洗衣人員汙染物之危害性。 (2)工作場所嚴禁抽菸或飲食。 (3)處理此物後，須澈底洗手。 (4)維持作業場所清潔。	

九、物理及化學性質

物質狀態：液體	形狀：透明無色流動液體
顏色：無色	氣味：輕微酒精味
pH值：-	沸點／沸點範圍：< 64.7 ℃
分解溫度：-	閃火點：　°F　12 ℃ 測試方法：（　）開杯　（√）閉杯
自燃溫度：385 ℃	爆炸界限：6.0%～36.5%
蒸氣壓：160mmHg@ 30℃	蒸氣密度：1.1
密度：0.79（水=1）	溶解度：全溶（水）

十、安定性及反應性

1.安定性：正常狀況下安定 2.特殊狀況下可能之危害反應： 　(1)鋁、鉛：甲醇腐蝕鋁及鉛。 　(2)鹼金屬。 　(3)酸。 　(4)醛類。 　(5)氯化醯。 3.應避免之狀況：高溫、引火源。

（續）表13-4　安全資料表範例

4.應避免之物質：
　(1)強氧化劑。
　(2)鋁、鉛。
　(3)鹼金屬。
　(4)酸。
　(5)醛類。
　(6)氯化醯。
5.危害分解物：二氧化碳、一氧化碳（燃燒）。

十一、毒性資料

1.急毒性：
　(1)吸入：
　　•會造成咳嗽、頭痛、暈眩、虛弱、困倦、頭昏眼花、噁心、嘔吐、酒醉、視力模糊等症狀。
　　•大量暴露會喪失意識、失明，甚至死亡。
　(2)皮膚：可能由皮膚吸收達中毒量。
　(3)眼睛：
　　•其蒸氣刺激眼睛。
　　•其液體會損害角膜表面組織，但通常可復原。
　(4)食入：
　　•初期症狀類似酒精中毒（如過度欣快感、判斷力喪失、口語不清、具攻擊性）。
　　•可能會伴隨呼吸急促、嚴重的上腹疼痛、視力模糊、甚至永久性失明。
　　•嚴重可能造成長期昏迷。
　　•症狀將會遲延1~30小時後出現（通常為12~18小時）。
　　　LD_{50}（測試動物、吸收途徑）：5,628mg/kg（大鼠，吞食）
　　　LC_{50}（測試動物、吸收途徑）：64,000ppm/4H（大鼠，吸入）
　　　LD_{L0}：482mg/kg（人類，吞食）
　　　LC_{L0}：50g/m^3/2H（小鼠，吸入）
2.局部效應：
　(1)20mg/24H（兔子，皮膚）造成中度刺激。
　(2)40mg（兔子，眼睛）造成中度刺激。
3.致敏感性：-
4.慢毒性或長期毒性：
　(1)會造成皮膚炎、紅斑及剝落。
　(2)長期暴露於1,200～8,300ppm會造成視覺損害，有時會完成失明。
　(3)可能損害腎、心臟及其他器官。
　(4)60~250ml之劑量可致命。
5.特殊效應：750mg/kg（懷孕17～19天雌鼠，吞食）造成新生鼠中毒。

（續）表13-4　安全資料表範例

十二、生態資料
可能之環境影響／環境流布： 1.當釋放至土壤中，可能會生物分解、滲入地下、揮發。 2.當適放至水中，可能會生物分解及揮發。 3.當釋放至大氣中，可能與光化學反應產生之氫氧自由基作用，其半衰期約17.8天。

十三、廢棄處置方法
廢棄處置方法： 1.可於核准地點焚化。 2.量小時可用大量的水沖入排水溝。 3.依照環保法規處理。

十四、運送資料
1.國際運送規定： 　(1)DOT 49 CFR將之列為第三類易燃液體，包裝等級二。（美國交通部） 　(2)IATA/ICAO分級：3。（國際航運組織） 　(3)IMDG分級：3。（國際海運組織） 2.聯合國編號：1230 3.國內運送規定： 　(1)道路交通安全規則第84條。 　(2)船舶危險品裝載規則。 　(3)台灣鐵路局危險品裝卸運輸實施細則。 4.特殊運送方法及注意事項：物質劃入此類所依據的是人類經驗而不是依據分類標準的應用。

十五、法規資料
適用法規： 1.職業安全衛生設施規則。　　4.危險性化學品標示及通識規則。 2.有機溶劑中毒預防標準。　　5.勞工作業場所容許暴露標準。 3.道路交通安全規則。　　　　6.事業廢棄物儲存清除處理方法及設施標準。

十六、其他資料	
參考資料	1.CHEMINFO資料庫，CCINFO光碟，98-2 2.MSDS資料庫，CCINFO光碟，98-2 3.RTECS資料庫，TOMES PLUS光碟，Vol.41，1999 4.HSDB資料庫，TOMES PLUS光碟，Vol.41，1999

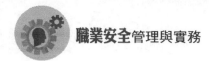

（續）表13-4　安全資料表範例

製表者單位	名稱：○○化工股份有限公司 工安部門	
	地址／電話：○○縣市○○鄉○○路○號 ／ 07-621-xxxx	
製表人	職稱：xxx	姓名（簽章）：xxxx
製表日期	2014.11.20	

備註：上述資料中符號「-」代表目前查無相關資料，而符號「／」代表此欄位對
　　　該物質並不適用。

參考文獻

張國信，安全衛生教育訓練教材。

勞動部，法規查詢（職業安全衛生目），「危害性化學品標示及通識規則」，
　　　http：//www.laws.mol.gov.tw。

Chapter 14

承攬商作業與運輸作業安全管理

　　隨著社會型態改變與經濟發展的演進，專業技術的提升，促使專業分工愈趨精細，事業經營體制不斷地轉型，委外施工業務隨之興起（**圖14-1**）。致使承攬人與原事業單位間的關係日趨複雜，其承攬契約內容的訂定，對安全衛生工作、關係雙方權益影響甚鉅。承攬作業需求主要原因如下：

1. 事業單位人員不足：多屬於事業之非核心工作或臨時性需求等之勞力性工作。
2. 事業單位之專業技術能力不足：多屬於工程規劃、機器安裝或維修等技術性工作。

14-1 承攬的意義與區分

　　「職業安全衛生法」與「勞動基準法」中並無承攬之定義，僅「民法」四百九十條有其規定，即：「稱承攬者，謂當事人約定，一方為他方完成一定之工作，他方俟工作完成後，給付報酬之契約。」完成工作之一方為承攬人，給付報酬之一方為定作人（原事業單位）。通常承攬可區分為工程承攬與勞務承攬兩種；工程承攬為典型之承攬型態，承攬者必須完

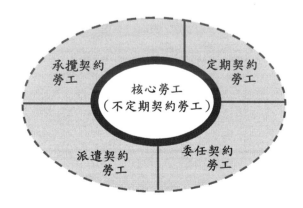

圖14-1　勞務型態種類

成工作物，定作人始支付報酬行為，若未完成工作物，即不支付報酬；但勞務承攬是服勞務以完成一定工作，定作人應即支付報酬行為，其勞務地點及勞務過程通常受到一定的限制，此為非典型之承攬制度，雖然勞務承攬亦為承攬契約之一種。而此種勞務的提供與「勞雇關係」體制下之「計件工資」很類似，當一件爭議事件發生後，提供勞務者認為是「勞雇關係」，但受領勞務者則認為是「承攬關係」而導致糾紛，必須特別留意。

依「勞動基準法」第二條第一款規定：「勞工，謂受雇主僱用從事工作獲致工資者。」同法第二條第三款規定：「工資，謂勞工因工作而獲得之報酬；包括工資、薪金及按計時、計日、計月、計件以現金或實物等方式給付之獎金、津貼及其他任何名義之經常性給與均屬之。」而「職業安全衛生法」第二條第二款之規定：「勞工，指受僱從事工作獲致工資者。」

基本上承攬者具有下列特性：

1.承攬者具有獨立經營之自主權，自負虧盈責任，如以總價計算報酬者。
2.未具指揮監督者，屬於承攬行為；若有指揮監督行為者，具有勞雇關係，如營造業之點工制度之人力派遣，雖訂有承攬契約，因具有監督指揮行為，非屬承攬關係。
3.計件報酬制度雖係完成工作給付報酬行為，因工作者如未具獨立自主之權利，亦未負虧盈責任者，則不屬承攬行為（多屬基層勞動者）。

14-2 承攬商的責任

承攬商除了遵守「職業安全衛生法」有關的規定外，針對本身施工用的器具應該定期實施檢查，以確保施工的作業安全，對於所僱用勞工除了基本的勞保、健保外，更應該為勞工投保責任意外險，這是作為一個雇主最基本的責任要求。

事業單位要將工程交付承攬時，應該慎選承攬廠商，除了對於施工品質的要求外，更應該針對施工中的職業安全衛生管理工作，制定一套完整的管理辦法。根據檢查機構職業災害的統計資料顯示，大部分的工程意外事故占90%，是因為承攬商的施工不慎所造成的，但是原事業單位也無法完全擺脫最後的責任，因此，嚴格審核與選擇承攬商是事業單位管理者的責任。

一、承攬者負雇主的責任

依據「職業安全衛生法」第二十五條之規定，事業單位以其事業招人承攬時，其承攬人就承攬部分負本法所定雇主之責任；原事業單位就職業災害補償仍應與承攬人負連帶責任。再承攬者亦同。

「職業安全衛生法」之雇主責任，是指防止職業災害，保障工作者安全與健康。主要工作內容有：

1.提供勞工必要之安全衛生設施。
2.勞工作業之職業安全衛生管理，這些都是各級承攬人必須遵守事項。

二、事業單位有告知的義務

依據「職業安全衛生法」第二十六條之規定，事業單位以其事業之全部或一部分交付承攬時，應於事前告知該承攬人有關其事業工作環境、危害因素暨本法及有關安全衛生規定應採取之措施。承攬人就其承攬之全部或一部分交付再承攬時，承攬人亦應依前項規定告知再承攬人。需告知承攬商之義務，通常告知方式有下列三種：

1.危害內容及防範措施列入承攬契約中告知。
2.工作現場用標示、圍柵方式告知現場作業勞工。
3.化學物料、容器依「危害性化學品標示及通識規則」之標示規定告

知使用者。

三、承攬共同作業的責任

依據「職業安全衛生法」第二十七條之規定，事業單位與承攬人、再承攬人分別僱用勞工共同作業時，為防止職業災害，原事業單位應採取下列必要措施：

1. 設置協議組織，並指定工作場所負責人，擔任指揮、監督及協調之工作。
2. 工作之聯繫與調整。
3. 工作場所之巡視。
4. 相關承攬事業間之安全衛生教育之指導及協助。
5. 其他為防止職業災害之必要事項。

四、共同承攬負雇主的責任

依據「職業安全衛生法」第二十八條之規定，二個以上之事業單位分別出資共同承攬工程時，應互推一人為代表人（通常為主工程者）；該代表人視為該工程之事業雇主，負本法雇主防止職業災害之責任。

五、結語

一個事業單位之經營種類或內容較為複雜時，除了本事業單位經營部分外，尚需多項交付承攬，此多項工程有時亦非單一事業單位所能承受，則需逐次交付承攬共同完成工作，惟當有各級承攬作業在同一工作場所作業，其協調聯繫作業更顯重要，因此，原事業單位就經營範圍內，應統籌規劃及指揮各級承攬者之安全衛生工作。

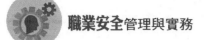
14-3 承攬工程之災害統計

由職業災害死亡千人率之統計,可以瞭解到我國職業安全衛生工作之績效如何。對於目前台灣所有的事業單位而言,承攬商長期以來都是揮之不去的夢魘,而承攬管理是事業單位永遠需要努力以赴的課題。

依據勞動部職業安全衛生署勞動檢查年報得知,我國近年來災害變化趨勢,全產業之職業災害死亡千人率由1988年的0.152到2002年的0.065至2013年的0.030,經過近二十五年來政府和企業間共同的努力,才將職災死亡千人率降低80%,其統計如圖14-2所示。

一、營造業的安全績效

我國在1975年頒訂「營造業安全衛生設施標準」,加強營造業的安全衛生檢查,使得營造業職災死亡千人率由1987年的0.265到2002年的

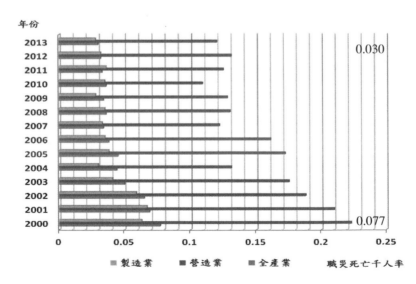

圖14-2　全產業職災死亡千人率統計圖

0.188至2013年的0.120，其績效確實有進步，但是比較全產業之職災死亡千人率高出近四倍，讓人覺得毛骨悚然，擔心憂慮。由此可知，從這項指標告訴我們，營造業的安全績效非常不佳，需要政府和營造業者更努力去改善它。

營造業經過近四十年之努力，不知犧牲多少人寶貴的生命，才喚起政府部門的重視，但是其成效仍然不彰，從1988年至2013年間發生之職災千人率統計圖表即可得知（**表14-1**及**圖14-3**）。

表14-1 我國營造業職業傷害趨勢統計表

年度	營造業死亡	營造業失能	營造業傷病	營造業災害
1988	0.280	0.673	6.533	7.486
1989	0.306	0.623	6.045	6.974
1990	0.286	0.508	6.018	6.812
1991	0.255	0.558	6.451	7.264
1992	0.217	0.529	6.031	6.777
1993	0.183	0.429	5.715	6.391
1994	0.231	0.538	5.180	5.840
1995	0.208	0.599	4.853	5.599
↓				
2000	0.223	1.034	12.144	13.402
2001	0.210	1.069	12.303	13.582
2002	0.188	1.016	11.793	12.997
2003	0.175	0.838	12.131	13.144
2004	0.131	0.808	12.572	13.511
2005	0.172	0.769	12.027	12.968
2006	0.161	0.715	12.511	13.388
2007	0.122	0.765	12.633	13.519
2008	0.130	0.655	13.279	14.063
2009	0.128	0.630	12.866	13.625
2010	0.097	0.600	12.862	13.559
2011	0.125	0.620	12.730	13.475
2012	0.131	0.668	12.564	13.363
2013	0.120	0.569	11.884	12.573

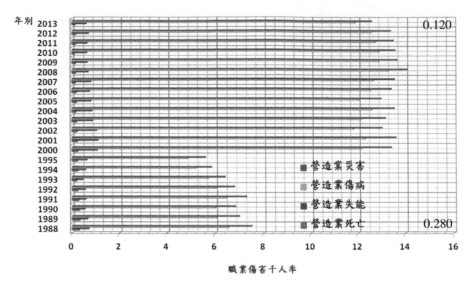

圖14-3　我國營造業職業傷害千人率統計

二、營造業災害發生的類型

　　根據營造業職災統計中（**圖14-4**），依照災害發生之類型可區分為下列幾種：第一位者為墜落與滾落占62%，其次為倒塌占9%，感電占8%，物體飛落占6%，被夾、被捲占6%，被撞占5%，跌倒占3%，其他災害占1%。不論災害之類型排列均以墜落與滾落占第一位，也是營造業之職災死亡千人率一直無法降低之主要因素，唯有嚴格加重法令，和事業單位應該負擔安全衛生監督及承包商施工安全之責任，才能夠有效降低職業災害的發生率。

14-4 承攬商之安全管理

　　事業單位必須將承攬商之管理列為工廠安全衛生管理中最重要之環

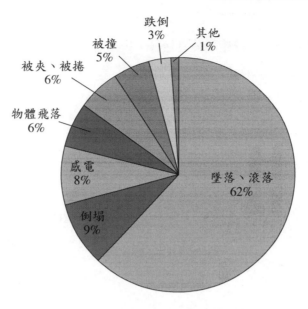

圖14-4　我國營造業災害的主要類型統計

節裡，應該制定一套完整的管理制度，而安全是被要求出來的，唯有事業單位重視它，才有可能將職災事故率降低。

　　在此筆者願將個人所學及多年來從事工安工作的經驗，藉由本書籍之發行，提出一些有關承攬商安全衛生管理的想法供業界參考，針對國內、外有關之資訊加以彙編成下列要項：

一、安全衛生政策

　　一個組織建全的工廠，重視工廠安全衛生的企業，一定對落實安全衛生工作有所承諾，代表企業主對社會的責任與員工的保障，建立在企業經營的政策上，給予合理的地位。

　　而一般安全衛生政策應以員工的生命與健康排在首位，追求一個安全舒適的工作環境，創造企業的經營績效，朝向企業、社會及員工三贏的目標而努力，其政策內容應涵蓋下列要項：

1.追求無人傷亡的健康環境為目標。

2.尊重人性化管理為宗旨。

3.將承攬商視為工廠安全管理的首要任務。

4.創造安全、衛生、環保的企業使命。

二、承攬商施工安全作業程序

任何的工作要推展，首先要有一套完善的承攬商安全管理計畫書，根據工廠的性質和規模制定符合的計畫內容綱要，作為承攬商管理之依據，其計畫書中應該涵蓋下列功能：

1.作業的目的。

2.適用的範圍。

3.要求事項：如設職業安全衛生管理人員，遵守法令之要求及工廠作業有關之規定等。

4.安全作業承諾書（要求承攬主簽訂，作為工程合約之部分內容）。

5.承攬主及人員之教育訓練。

6.意外事件之調查與處理。

7.緊急應變及災害之搶救。

8.管理與監督：如安全巡查、違規事項之處理等。

9.承攬商安全衛生管理之績效評比。

10.其他有關安全衛生事宜。

三、召開工程安全會議

依據「職業安全衛生法」第二十六條之規定，事業單位以其事業之全部或一部分交付承攬時，應將有關事業之環境、危害因素及相關法令與有關安全衛生規定應採取之措施，事前告知承攬商。

事業單位可以藉由召開工程安全會議時（**表14-2**），事前告知承攬商有關作業規定，作為安全會議有關特別告知之注意事項，其內容可參考下列要項：

表14-2　工程安全會議紀錄表

工程安全會議			
申請單位		申請日期	年　　月　　日
工程名稱			
預定施工日期	自　　年　　月　　日至　　年　　月　　日		
承攬廠商		安全管理人員 （承攬商）	
申請單位 安全監工人員		現場工地主任 （承攬商）	
開會日期		開會地點	記錄人員
參加人員	生產部門：　　　　　　　管理部門： 維修部門：　　　　　　　承攬商： 工安部門：		

會議紀錄：（申請單位填寫）
□工程施工期間，如有共同作業者，須設立、簽署協議組織文件，並按照安全衛生決議事項辦理。
□無共同作業者得免設立協議組織，但仍須遵守職業安全衛生決議事項。
□特別告知事項：參考注意事項。

備註	一、工程會議執行要點： 　　1.每項承攬工程施工前由管理部門召集上列單位人員參加會議並作成紀錄。 　　2.各項承攬工程未召開工程安全會議前，不可施工。 　　3.緊急搶修工程尚未訂定合約前，得先召開工程安全會議再開工。 　　4.承攬工程全部在承攬商所屬之廠房施工或檢修時得免開工程安全會議。 　　5.續包工程，經第一次工程安全會議參加人員全部同意簽字後得按原紀錄內容辦理，免再召開工程安全會議。 二、工作流程（參考相關程序書）。 三、本表單保存一年。
審核	經（副）理：　　　　　課長：　　　　　　工安人員：

1.設置職業安全衛生管理人員。

2.有關承攬工程保險與作業勞工健康管理規範（如勞保、健保、責任意外保險等）。

3.安全衛生自主管理之實施及配合事項。

4.從事動火、高架、開挖、爆破、高壓電活線等危險作業之管制。

5.對進入局限空間、有害物質作業等作業環境之作業管制。

6.電氣、機具入廠管制。

7.作業人員進場管制。

8.劃一危險性機械之操作信號、工作場所標識（示）、有害物空容器放置、警報、緊急避難方法及訓練等事項。

9.有關違規行為之糾正及相關之處罰規定。

10.其他有關作業安全衛生之規定。

四、承攬商安全績效評比

事業單位可以將承攬商的安全衛生績效作為工廠篩選廠商的重要參考依據，並根據其執行成效，將承攬商加以區分等級，作為工廠進行施工發包之依據。

整體而言，一般事業單位要對承攬商安全衛生管理進行績效評比，作為評比成效的內容，可以參考下列要項：

(一)一般資料審查

包括承攬商的組織、財務、服務績效、再承攬的關係，以及有關作業之程序、政策等紀錄是否完備。

(二)承攬商之安全衛生紀錄

1.是否設置職業安全衛生管理人員，從事各項安全衛生管理工作之計

　　畫擬訂、工作推展之督導。

2.所屬勞工之各項保險紀錄是否完善。

3.是否對於所屬勞工實施必要之安全衛生教育訓練。

4.各項使用機械、設備、器具是否有自動檢查及維護保養之紀錄。

5.工安意外事件之統計與分析相關資料。

6.安全衛生相關必要之防護器具是否完整。

7.其他有關安全衛生管理之事項。

(三)工廠安全衛生紀錄

1.由工廠內或相關工廠所建立之安全衛生工作成效的各項紀錄，列為
　重要評比之數據。

2.是否在承攬期間發生意外事件或有任何之違規事件。

3.在施工期間承攬商之各項工作配合意願如何。

4.其他有關安全衛生管理事項之統計資料。

五、施工安全與品質考核

(一)施工安全

　　事業單位應建立一套嚴謹的工程驗收之標準程序，作為工程驗收之
參考依據。而一般工廠進行工程驗收時，由工務部門發出工程驗收單，會
審各單位依施工期間安全衛生及品質加以驗收考核，各部門無任何異議時
才可將工程驗收完成。

(二)品質考核

　　年終由採購部門會同相關部門（如工安、生產、資材部門）針對承
攬商內部實施評鑑工作，依據「承攬商安全績效評比」之參考內容，對工

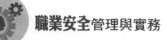
廠所有的承攬商進行年度的評鑑工作，建立優良的承攬商名冊，淘汰不合格之廠商，作為工廠未來工程發包的參考依據。

六、紀錄

事業單位無論從事任何的工作，依管理的角度而言，都必須依照工廠的標準作業程序來執行工作，而各項的執行工作，必須保留完整的紀錄，作為未來追蹤或參考重要的依據。而紀錄之保存與銷毀需注意下列事項：

1.所有紀錄於工程驗收合格後，依保存年限屆滿時，才可以進行資料銷毀，而銷毀之資料應加以記錄控管。
2.工程（承攬作業）結束後，併同全案作業資料（含電腦磁碟片、施工圖面、文件資料等）存檔備查。

14-5 油品運輸之安全管理

油品運輸為一項危險物品作業，人員需要嚴格訓練和管理考核，設備需符合工安之最高標準，作業要有嚴格周全之規範，如此才能確保運送油品作業的安全與順暢。

而道路交通事故中90%以上是因為駕駛人的不安全行為所造成的。故對於運輸承攬商應有一套完善的管理制度，方可有效防止運輸作業發生意外事故，而導致公司之損傷。

一、運輸意外事件統計

根據國內交通部及各項之統計資料顯示，由以往的交通意外事件

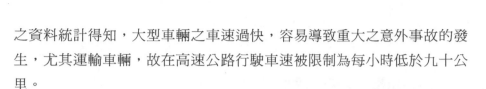

之資料統計得知，大型車輛之車速過快，容易導致重大之意外事故的發生，尤其運輸車輛，故在高速公路行駛車速被限制為每小時低於九十公里。

而發生交通意外事故的死亡災害原因中，可以歸納發生的前三名，如車速過快、未保持適當的安全距離及不當的超車等原因，其統計資料請參考**圖14-5**所示。

為確保車輛之行駛安全，唯有依賴公司有一套完善的管理制度，嚴謹控管駕駛人的行為外，車輛駕駛人也應該培養有一個良好的駕駛習慣，要達到這樣的要求，安全駕駛的五大要訣如下：

1.抬頭遠看，增大安全距離。

2.放寬視野，掌握兩側動態。

3.雙眼游動，熟識四周環境。

4.衡量路況，預留安全出路。

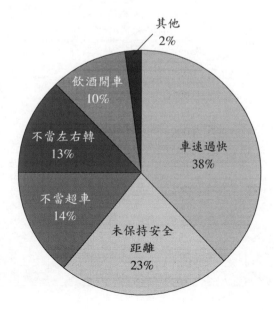

圖14-5　運輸事故死亡災害發生原因統計圖

5.適時示警，預告行車方向。

二、運輸承攬商之安全評估

由於國內運輸承攬商之規模與水準不一，唯有透過對運輸公司的安全管理進行評鑑，篩選優良廠商，才可以確保運輸油品安全與財物獲得保障。

然而，因為國內企業之規模大致屬於中、小型企業，為節省一些運輸成本，對於運輸承攬商之要求並不高，又因為運輸承攬商的規模參差不齊，往往是無法提升運輸安全水準的主要原因。針對運輸承攬商安全管理之評鑑內容可以參考下列要項（檢核表可以參考**表14-3**）：

表14-3　運輸承攬商安全評鑑檢核表

序號	評估標準	標準一（3分）	標準二（2分）	標準三（1分）	得分
1	公司概況	認可的管理組織	重要位置由合格人員擔任	新且弱的管理	
2	安全衛生政策與會議	有安全政策，定期召開會議	沒有安全政策，有定期召開會議	沒有，無安全會議	
3	操作產品經驗	>10年	>5年	很少經驗	
4	安全操作與緊急處理程序	有SOP，列入司機手冊	有SOP，部分或沒有列入司機手冊	沒有書面規範	
5	安全設備	提供完善PPE並嚴格實施	提供完善PPE，但沒有要求穿戴	很少或沒有提供PPE給司機	
6	司機培訓與管理政策	完整駕駛、培訓、醫療紀錄	有部分駕駛、培訓、醫療紀錄	缺乏書面紀錄或沒有實施	
7	車輛購置與維修標準	有完善替換及維修制度紀錄	不完整替換及維修制度紀錄	缺乏書面紀錄或沒有替換	
8	提案改善制度	完整獎勵措施	部分獎勵措施	沒有獎勵措施	

1.公司概況：如組織、財務、服務績效等有關作業之程序、政策等紀錄是否完備。

2.安全衛生政策與會議：是否制定對於運輸安全有關之政策，是否定期召開運輸安全有關之會議。

3.操作產品經驗：針對運輸車輛之駕駛人員經驗之查核，人員之流動率是否偏高或有關之作業流程是否完全瞭解。

4.安全操作與緊急處理程序：是否制定各項運輸油品之安全標準操作手冊與意外處理之應變手冊，由駕駛人隨車攜帶。

5.安全設備：運輸車輛是否安裝有關安全設備（如緊急遮斷閥、滅火器、個人防護具等）。

6.司機培訓與管理政策：是否對駕駛人員實施必要之安全衛生教育訓練，是否擬訂有關司機人員的培訓計畫。

7.車輛購置與維護標準：是否制定購置車輛之要求規範與驗收程序，在車輛之維護保養中是否制定有關維護計畫與注意要求事項（如機油、車輛輪胎、來令片等耗材）的更換時機。

8.提案改善制度：針對運輸車輛或行為有關之提案給予適當之獎勵，可以提升駕駛人員行車安全與行車效率。

三、裝卸油品可能發生之危險

由於化學品之種類可能有數萬種之多，若要完全瞭解不是一件容易的事，唯有針對本身所運送之化學品完全瞭解其可能的危害性，掌握其資訊，透過專業之訓練後，相信災害是可以預防的。

一般從事化學品之裝卸作業，一定要瞭解可能帶來之危害性如何，從硬體設備加以改善，並制定有關之裝卸作業流程，要求從業人員遵守相關之規定，可以避免意外災害之發生。而在裝卸油品時可能產生之危險因子如下：

1.因靜電或其他外來火源而引燃火災／爆炸。

2.因處理程序和人員防護設備不當,使得操作人員與易燃品接觸,可能導致人員受傷。

3.裝卸不慎可能導致油品外溢,而汙染到土壤／地下水。

四、裝卸油品應注意事項

從事油品之裝卸作業時,操作人員應該嚴格遵守有關之標準作業程序,千萬不可以掉以輕心,避免因小失大,而工作場所對於各項作業應該設置標示牌,隨時提醒作業人員,其作業注意事項說明如下(圖14-6):

1.操作場所應無任何障礙物阻擋出口通道。

2.作業場所應有良好之通風。

3.車體本身和裝卸桶應接地。

4.作業場所應配置適當之滅火設備。

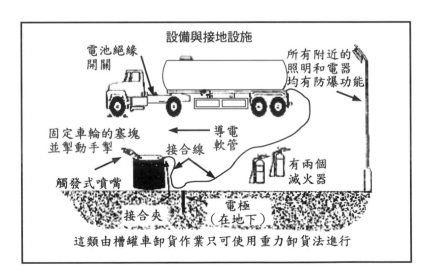

圖14-6　裝卸油品注意事項示意圖

5.車輛停妥應將手剎車拉起，把鑰匙取出放置於固定箱中，前輪以輪擋固定避免車輛滑行。

6.裝卸／儲存區所使用之設備、照明應屬防爆功能。

7.不應在雨天或雷擊時從事裝卸作業。

8.穿戴個人防護設備。

參考文獻

Shell Chemicals（2002）。HSE Seminar，安全衛生研討會。

勞動部，安全衛生業務（2013年度勞動檢查年報），http：//www.mol.gov.tw。

行政院勞工委員會／私立高苑技術學院化工系（1998）。化學物質輸送與儲存安全研討會，頁77。

Chapter

15

製程安全防護與
消防工程

　　世界各地陸續發生了多件因毒性或爆炸性物質外洩而引起的重大工業災害，引起各國政府嚴重的關切，而美國職業安全衛生署（OSHA）在1992年亦頒布了「高危險性化學物質製程安全管理標準」，用以監督管理此等處置大量有害化學物質之事業單位。由於此等洩漏爆炸災害的發生，根本的問題在於製程安全管理的缺失，因此製程安全管理的目的在於預防或減低因毒性、反應性、易燃性或爆炸性化學物質外洩而引起的火災爆炸或有毒性物質漏洩的危害。唯有確實實施製程安全管理，才能夠降低可能的危害，因此製程安全管理的實行已成為世界的潮流。

　　製程安全管理首先應該針對「本質安全」的設計理念著手，在無法達到本質安全時，才考慮相關的安全防護，如互鎖裝置、釋壓閥、緊急供電系統、冷卻裝置等，並藉由安全控制或管理的手段，防止意外事故的發生。

　　消防工程屬於災害發生後之防護設施，當製程安全防護網失效後，造成意外災害時，必須啟動消防工程的防護網，包括火警授信總機、化學泡沫系統、灑水系統及緊急應變程序的啟動，將災害事故加以控制及消滅。所以工廠無論製程安全防護或消防工程必須定期測試，確保系統的有效性，能夠將意外災害加以控制或消除。

15-1 製程安全理念

　　隨著經濟快速的成長，有關於產業發展方面開始著重在安全衛生的環境中從事生產工作，對於目前開發中國家為追求經濟的發展，因而犧牲了勞工的安全與健康，達到降低生產成本之行為，已經受到先進國家（如歐洲、美國、英國及日本等）的重視，並提出非關稅貿易制裁方案，要求重視職業安全衛生與環保的認證制度（如OHSAS 18000、ISO 14000），在此趨勢下，世界各國政府與企業間開始重視安全衛生方面的

活動與形象，並提出有關國際化制度的認證，以滿足外在環境要求與自身的期許，讓企業能夠永續經營與發展。

　　而製程設計的目的是要建立一個能夠安全、衛生、經濟、獲利、對環境無害及使用方便的製程，而本質安全化之設計概念是從最根本設計為基礎，其目的是設法移除或降低製程的危害，而不是想要加以控制，若製程中沒有（或很少）危害因素，就無需額外的設備來加以防護。

　　根據災害發生之原因中，可能的危害因素依序為人為疏失、操作不當、設備疲乏或腐蝕等，才會造成重大的災害發生，如洩漏所引起之火災、爆炸或中毒造成後果，輕者財務損失，重者人員傷亡，其關係如**圖15-1**所示。

15-2 製程安全防護

　　依目前國內外文獻在製程安全方面，可能之安全防護層面來考量，可提出下列幾種安全防護設備與保護措施：

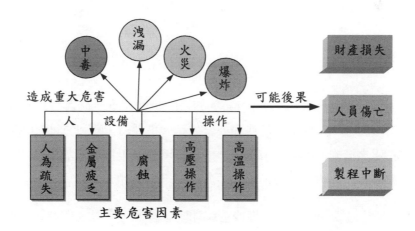

圖15-1　製程可能發生的危害因素／造成後果

一、製程控制

利用一些安全防護設備或安全防護措施,來幫助提高製程操作的安全性,達到降低危害之風險,讓生產製程處於低危害的環境中,這就是製程控制(process control)的設計目的。而其主要的內容說明如下:

1. 緊急供電系統:廠內設置緊急發電機,以備停電時維持操作之安全性。
2. 冷卻系統:當異常事件發生時,可維持製程系統正常運作,以防止發生類似失控反應事件,確保製程操作安全。
3. 爆炸控制:裝設自動異常偵測預警系統,當操作條件發生偏離時(如高溫或高壓),可以提醒操作人員加以應變處置。
4. 緊急停車系統:異常狀況發生時,造成製程嚴重偏離,可立即自動按序緊急停車,關閉危害源。
5. 電腦化控制系統:採用DCS系統(電腦化作業系統)生產,降低人員之操作失誤,需定期實施系統校正。
6. 惰性氣體:可自動供應惰性氣體,抑制製程氧化反應,降低爆炸危害之可能性。

二、物料隔離

物料隔離(material isolation)的目的是利用安全防護設備或阻絕設施,萬一製程單元發生異常洩漏或緊急意外事件時,可以立即加以防範並採取必要之措施,避免災情擴大造成更嚴重的後果損失,故其功能乃於事後災害發生時之防護設施。而其主要的內容說明如下:

1. 緊急遮斷閥:重要設備或管線加裝該裝置,可以立即遮斷洩漏源,避免發生意外或繼續洩漏。

2.聯鎖裝置：裝設自動聯鎖裝置，當異常事件發生時，可以產生互鎖降低危害。

3.阻絕設施：設置防溢堤以免物料洩漏時產生危害，可以將洩漏之物質加以回收處理，避免對環境造成危害。

三、防火保護

防火保護（fire protection）的目的是如何將危害程度降低到可以接受的範圍內，藉由防火的設施來對製程設備進行保護，萬一發生火災時，立即發出警報通知廠內人員利用消防設備進行災害之搶救，避免災情擴大造成更嚴重的後果損失，故其功能乃於事後災害發生時之預警與保護措施。而其主要的內容說明如下：

1.偵測系統：設置氣體自動偵測系統來監控廠區（如製程區或槽區）是否發生洩漏或異常事件。

2.結構防護：設備鋼架以RC混凝土或防火塗料來強化其安全性，於意外災害發生時，可以降低製程設備受到危害。

3.灑水／泡沫系統：預防災害發生時，可以立即撲滅火源，降低危害程度，讓災害損失降至最低。

4.滅火器：當災害發生時，可以用滅火器立即撲滅火源，避免災情擴大，造成更大災害。

5.電路防護設施：避免發生漏電或感電危險。

四、維修保養

維修保養（maintenance）的目的是針對製程機械或設備進行維護與保養的工作，讓它能夠充分維持在良好的狀況下運作，並確保製程之順暢。而其主要的內容說明如下：

1. 維護保養：有一套良好的維護管理計畫，可以延長機械、設備的壽命，並可預防因機械、設備異常所造成之損害或可能引發之災害，故其功能為預防重於保養，保養重於維修。
2. 校正檢查：可以維持設備儀錶準確性，減少誤差所造成之危害，所以儀錶需定期實施校正。
3. 設備可靠度：隨時控管將不適用之設備淘汰，避免故障或老化而發生意外。

五、作業程序

作業程序（work procedure）的目的是為防止災害之發生，因為作業中可能隱藏潛在的危害，而所存在之危害源包含人員、方法、機械設備、材料及環境，為有效防範意外事故之發生，需建立一套良好的作業管理制度，才能夠維持作業的安全，故其功能在確保作業的安全性。而其主要的內容說明如下：

1. 操作程序：建立完整標準作業流程，如ISO 9000/14000或OHSAS 18000管理系統，以確保作業標準化，減少人為的疏忽或錯誤。
2. 人員訓練：唯有建立專業／技能／安全意識，培育優秀人才，才能夠讓企業永續經營與發展。
3. 化學品管理：將危險物及有害物列冊控管，有效落實通識規則計畫，才可免於化學品之危害。
4. 緊急應變計畫：建立一套緊急應變計畫，並且需定期實施實際演練，萬一發生意外事故時，可以立即應變救災，減少損失。
5. 作業管制：對於特殊危害作業嚴加控管，依規定實施許可證申請，可以避免意外事件之發生。
6. 稽核制度：由客觀第三者之查核制度，可以落實各項規範，避免管理流於形式。

六、結語

　　從製程安全的角度來回顧，若作業場所能夠依照前述五大項安全防護設備與保護措施內容一一按部就班嚴謹來實施，相信會發生意外事故的機會應該降至可以接受的風險值範圍以下。

　　嚴格來說，製程安全管理是一種利用科學方法，找出製程中不安全的危害因子，除了利用現有科技技術嚴格控管生產流程外，還需依賴管理的手段，對「安全」的領域作有系統的整合，藉由安全管理系統（如OHSAS 18000），除了改善安全外，將可提升工廠的生產力和競爭力，所以，落實製程安全管理系統是未來走向國際化腳步必經之路。

15-3 消防工程

　　消防與防災，於傳統中屬於較封閉的領域，一項重要而被輕忽的使命，此刻，這個領域將被揭開神祕的面紗，這個使命正迎向國際風潮的洗禮，也將展開一段嶄新的淬鍊。

　　遠觀國際，反恐怖主義興起了強烈的安全意識，正驅動著安全科技的全面進階，也提振起全球安全市場的繁榮；反觀國內，數起大火的震撼、風災與地震的重創、工安意外事故頻傳，都意味著「安全」不再是個虛應故事的檢查而已。

　　倡導正確安全管理觀念，政府應該從最根本的法規加以檢討，而企業家也應該擔負起社會的責任，共同為我們這一塊家園盡一點心力，保留給我們後代子孫一塊最後的綠地淨土吧！

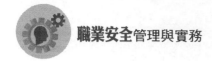
一、災害應變的省思

近年來，我國產業界將面臨著強大的國際競爭壓力，從企業型態和架構不斷蛻變，讓許多新興行業如雨後春筍般的設立，如半導體、網路寬頻、光電、生物科技與奈米技術等產業。由於製程型態和建築構造將趨向於複雜化、多元化及大型化，對於當今國內安全的運作模式，需要面臨重大災害事故的掌握、預防、控制與應變等將是難上加難。

從1991年至2014年間台灣發生多起重大火災、爆炸事故，可以發現火災次數在近年來有大幅度攀升的現象，而且損失財產金額也屢創新高，不但突顯我國相關產業對於災害的預防與控制能力的不足外，更透露出政府的無能，百姓的無奈。

以最近幾個讓國人記憶深刻的重大災害為例，如東科大火、福國化工爆炸及高雄氣爆案等，當災害發生時，各項防災、救災系統通報網路問題層出不窮，讓平日賴以控制災害發生的各項機制（如防護系統、災害應變體系等）逐一失效，不僅令人擔憂，不知還有多少潛伏在作業場所隨時可能引爆的地雷，萬一發生意外時，其後果真令人難以想像。

工廠應該全面導入建立風險管理機制，並非以災害應變作為主要的手段，期望能夠發揮預防重於治療的理念。而災害的防制，基本上應該從製程災害預防為首，其次是災害防護，最後才是災害應變，由此三大方向展開，才能將災害消滅於無形。

二、製程災害預防

「製程災害預防」首要的工作在於導入本質安全的概念，通常災害的發生，對人員、設備、環境，甚至於社會，均會造成重大的損失。因此，工廠的風險管理在於危害發生頻率的降低與事故後果嚴重度的縮小，然而，災害事故之預防應從危害的本質安全上著手，而非消極的增

加防護設備和災害應變,故製程安全的首務為本質安全,對於殘餘的風險,則藉由防護系統的增設與透過行政管理的方式,逐步降低危害的風險。

要施行「本質安全」,首先必須從安全方面(如洩漏、火災、爆炸、反應、分解等)、衛生方面(如刺激、慢毒、急毒等)與環境方面(如衰減性、不易分解性、蓄積性等)三大指標著手,利用風險評估方法來檢核工廠的安全指數是否在可接受的範圍內,若經過評鑑結果是符合接受的條件時,代表工廠在危害預防上,已經符合本質安全之要求,而危害預防工作除了本質安全外,人為因素更是不可忽略,因人為可靠度低,所以必須有良好的安全衛生教育訓練加以孕成,因此在人員的教育訓練方面(新進、在職與變換工作)的落實,必須有詳盡而縝密的規劃。

三、災害防護

「災害防護」的工作,主要在建立安全防護層的概念,一般而言,產業界普遍性的災害防護大多直接聯想到消防系統,如火災偵測系統與火災抑制系統等,而抑制系統可分為固定式系統,如灑水、泡沫、水霧等,移動式系統如手提滅火器、泡塔等。

而安全防護層則包括製程安全設計、製程警報、人員監控、緊急警報、手動調整、緊急停車、安全互鎖系統、廠內緊急應變及廠外緊急應變等。以下介紹火災發生之原理與滅火之原理。

(一)火災發生之原理

火災的四面體原理說明燃燒過程中的四個要素:

◆燃料(fuel)

提供燃燒主要的可燃物質,如固體燃料、液體燃料、氣體燃料等。

◆空氣（氧化劑）

　　物質燃燒因為空氣中含有足夠的氧氣，才能夠讓物質燃燒，除了空氣含有約21%的氧氣外，在化合物中如本身含有多量氧氣時，高溫燃燒時亦可供應氧氣維持燃燒，例如氯酸鹽、過氯酸鹽、硝酸鹽類、無機過氧化物等。

◆溫度

　　物質要到達燃燒的條件需有一定的能量始能點火，即為最小發火能，而外界環境必須能夠到達物質燃點以上之溫度，才可以讓物質燃燒，供應熱能或最小發火能的火源有各種形態，除了明火外，包括電氣火花、摩擦、過熱物料、高溫表面、靜電、衝擊及自然發熱等。

◆連鎖反應

　　燃料分子與氧氣化合一直到完成最終的燃燒，其中有一系列的中間階段，稱為連鎖反應。當物質燃燒時，因連鎖反應將分子打碎，產生不穩定的中間生成物，稱為游離基，這游離基的濃度是影響火焰速度的主因，其存在的時間非常短暫，但在燃料氣體燃燒過程中已成為不可或缺的因素（**圖15-2**）。

(二)滅火之原理

　　要能夠使物質燃燒必須達到上述的四個要素，缺一不可，因此，消

圖15-2　火災的燃燒四面體原理

表15-1　火災發生的類型與滅火之原理

火災分類	內容陳述	滅火方法
A類火災	指一般固體可燃物，如木材、紙張、棉塑膠、橡膠及其他紡織品之火災，固體火災。	冷卻法 水
B類火災	指可燃性液體、氣體及油脂類所發生之火災，油類火災。	隔離法 化學泡沫
C類火災	為電器火災，指通電中之電氣設備所發生之火災。	窒息法 CO_2
D類火災	指可燃性金屬及禁水性物質之火災，如鎂、鈉、鉀、鋁等，金屬火災。	破壞鏈反應 特殊乾粉

滅火災的方法，只要去除其中的一個或一個以上的要素，即可達到滅火的目的（**表15-1**），而一般火災消滅的方法說明如下：

◆ 冷卻法

　　滅火劑幾乎都具有冷卻的作用，現今所使用之滅火劑包括水、泡沫、二氧化碳，其中以水的冷卻作用最顯著，因為水的吸收熱量最大，一加侖的水完全變成水蒸汽，需吸收9,330BTU的熱能。

◆ 隔離法

　　以物理或化學的方法將燃料、氧化劑及高溫隔絕，以達到滅火的功效。

　　1.物理方法：
　　　　(1)將氣體燃料稀釋、乳化。
　　　　(2)減少激烈的震動。
　　　　(3)減少燃料儲存量，分開儲存。
　　　　(4)覆蓋。
　　2.化學方法：例如在燃料上面利用泡沫滅火劑產生一層泡沫，隔絕氧與燃料之間的化學反應，具冷卻與破壞其反應的雙層效果。

◆窒息法

降低空氣中氧氣濃度的百分比，即可阻止氧氣與燃料間的燃燒，可以降低空氣中之氧氣，而窒息可採取下列方式：

1.以不燃性氣體覆蓋燃燒物：從燃燒物上方灌注比重大的不燃性氣體，如二氧化碳或四氯化碳等滅火劑。

2.以不燃泡沫覆蓋燃燒物：適用於可燃性液體，如油類、酒精、溶劑等火災。

3.以固體覆蓋燃燒物：燃燒面積不大時，以溼棉被或麻袋等物覆蓋，或用泥土覆蓋等亦可。

4.密閉燃燒空間：可以完全密閉空間適用之，待室內氧氣消耗殆盡時，火自然熄滅。

◆破壞鏈反應

多數以化學方法吸收燃燒中的H^+和OH^-，而達到破壞氧化劑與還原劑之間的化學反應，如含鹼金屬的乾粉滅火器。

$K + OH^- \rightarrow KOH$ （鹼金屬）

$Br^- + H^+ \rightarrow HBr$ （鹵素氣體和液體）

$NH_3 + H^+ \rightarrow NH_4^+$ （氨族）

(三)滅火劑的種類及用途

根據火災的特性，依目前最常用的消防滅火劑大致上可區分為消防水、乾粉、泡沫、二氧化碳以及海龍等，分別敘述如下：

◆消防水

因為水源之取得容易，最為普遍且經濟的滅火劑，但水資源可貴，平時應該節約用水，以備不急之需。其滅火之功能說明如下：

1.冷卻作用：因為1克的水可吸收100卡的熱量，在大氣壓下每克水蒸

發可吸收539卡的熱量，因此配合火場的狀況調整水壓速度，以冷卻方式可以將火災熄滅，而滅火方法可用水霧或水柱。

2.隔離作用：水由液態轉變為氣態蒸氣時，其體積膨脹為一千七百倍，所產生的蒸氣可置換火場範圍內同體積的空氣量，達到阻斷空氣來源，可將火災加以悶熄。

3.稀釋作用：對於固體類或水溶性易燃物質之火災，可藉由稀釋或溶解的方式達到滅火的效果，但不可用於電氣類或禁水性物質的火災。

◆乾粉滅火劑

以微細之粉狀碳酸氫鈉、碳酸氫鉀、磷酸二氫銨、尿素與碳酸氫鉀、磷酸胺為主要成分，並添加1%～2%金屬硬脂酸鹽、磷酸三鈣等抗結塊與增加其流動性添加劑所混合而成之藥劑。主要分為普通乾粉、紫焰乾粉、多效乾粉及特殊乾粉，而乾粉需在低溫或常溫時相當穩定，故其儲存溫度以不超過攝氏四十度為原則。其種類說明如下：

1.普通乾粉（第一種乾粉：碳酸氫鈉）：將200mesh以上碳酸氫鈉粒狀物表面覆蓋一層金屬類硬脂酸鹽或矽脂混合而成的藥劑，使用時即可分解成二氧化碳、水蒸氣，具有窒息及冷卻作用。因其吸濕性高，儲存時應注意防潮濕。

2.紫焰乾粉（第二種乾粉：碳酸氫鉀）：將200mesh以上碳酸氫鉀粒狀物表面覆蓋一層矽脂混合而成的藥劑，當噴入時火焰時會產生淡紫火焰，可分解成二氧化碳、水蒸氣，其滅火作用與普通乾粉相同。但紫焰乾粉可產生自由基，具有破壞油料蒸氣或油氣燃燒連鎖反應之功能，可迅速達到滅火效能。

3.多效乾粉（第三種乾粉：磷酸二氫銨；又稱ABC乾粉）：用70mesh以下之磷酸二氫銨粒狀物表面覆蓋一層矽脂混合而成的藥劑，當其噴入火焰時，即可產生氮氣與大量的水蒸氣，具有阻隔氧氣及冷卻

火場溫度之作用。本類乾粉對固體火災滅火效果最佳，對油類火災
滅火效果比普通乾粉來得強，價格比較貴。

4.特殊乾粉（第四種乾粉：尿素與碳酸氫鉀化合物）：主要以供應D
類火災（金屬類火災）撲滅用，主要成分為$KHCO_3$及$CO(NH_2)_2$之
生成物。而乾粉滅火劑目前可以區分為三種，說明如下：

(1)手提式：含加壓式和蓄壓式兩種（5Lb、10Lb、20Lb）。

(2)輪架式：含加壓式和蓄壓式兩種（100Lb、150Lb）。

(3)系統式：自動噴灑方式。

◆泡沫滅火劑

主要是利用碳酸氫鈉A劑（$NaHCO_3$）與硫酸鋁B劑（$Al_2(SO_4)_2$）兩種
起泡藥劑所構成之化學泡沫，另一種為機械泡沫又稱為空氣泡沫，是以動
植物蛋白質或合成化學品之泡沫濃縮液，再充填空氣所形成。其分類如**表
15-2**，特性優缺點如**表15-3**所示。

表15-2　泡沫滅火劑的種類

泡沫滅火劑	機械泡沫滅火劑	蛋白質系列	蛋白泡沫滅火劑
			氟蛋白泡沫滅火劑
		界面活性劑	水成膜泡沫滅火劑
			合成界面活性劑滅火劑
			水溶性液體用界面活性劑
	化學泡沫滅火劑		

表15-3　泡沫滅火劑的特性比較表

項目	普通泡沫濃液	氟蛋白泡沫濃液	水成膜泡沫濃液	酒精型泡沫濃液	高膨脹泡沫濃液
流動性	差	好	極佳	好	極佳
耐熱及抗回火性	極差	極佳	差	極佳	極佳
耐油性	差	極佳	好	極佳	極佳

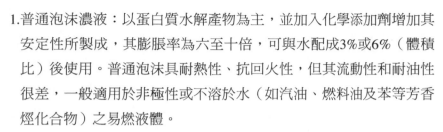

1. 普通泡沫濃液：以蛋白質水解產物為主，並加入化學添加劑增加其安定性所製成，其膨脹率為六至十倍，可與水配成3%或6%（體積比）後使用。普通泡沫具耐熱性、抗回火性，但其流動性和耐油性很差，一般適用於非極性或不溶於水（如汽油、燃料油及苯等芳香烴化合物）之易燃液體。

2. 氟蛋白泡沫濃液：含氟界面活性劑之蛋白基泡沫液，除了具普通泡沫之優點外，可配合乾粉滅火劑特性使用，其本身具較佳滅火性能與流動性。一般使用可與水配成3%或6%（體積比）後使用，可由油槽底部注入滅火之最佳泡沫液。

3. 水成膜泡沫濃液：含氟、碳界面活性劑，並加入化學添加劑所製成者，產生泡沫具低黏度、高散布能力可阻隔空氣，抑制燃料蒸發之特性，比重比水大。

4. 酒精型泡沫濃液（輕水型泡沫）：適用於水溶性之易燃性液體火災，分子量較低之極溶性溶劑，如甲烷基、乙烷基、丙烷基類物質，包括丙酮、乙酸甲酯、乙酸乙酯、乙酸丁酯等。

5. 高膨脹泡沫濃液：以烴類界面活性劑為主要成分，其膨脹率為一百至一千倍，使用時均以送風機經網篩等多孔狀而產生大量的泡沫，適用於密閉空間火災與可燃性液體洩漏時覆蓋悶熄之用。

◆二氧化碳滅火劑

二氧化碳滅火設備可區分為兩種，一種為輕便手提式滅火器，另一種為固定式滅火器。二氧化碳本身不會燃燒，與大多數物質不會起化學反應，且比重大於空氣比重，可經由滅火器的壓力釋出，易穿透和遍布火場的每個角落，達到滅火的功能。

一般二氧化碳滅火器用於B、C類火災，因本身價格較為昂貴，最好用於撲滅C類火災（電氣設備火災）為主，在撲滅電氣設備時不會沾汙設備。

◆ 海龍滅火劑

含有鹵素之碳氫化合物，遇到火焰即行氣化，具有冷卻、抑制及窒息三種滅火作用，使用後不會沾汙設備，可區分為手提式和固定式兩種。因海龍滅火器不具離子化且不易導電性，特別適用於電氣類火災。

因為海龍滅火劑為鹵素之碳氫化合物製成，其排放物質會造成地球臭氧層遭受到破壞，目前已經被限制生產，故取得該藥劑相當困難且昂貴，大致已被二氧化碳滅火器所替代。

四、災害應變

災害應變可謂是災害控制的最後手段與防線，亦是產業界最不願遇見到的結果，一旦災害應變系統的起動，即代表可預期的損失（如人員傷亡、財務的損失或生產製程中斷等），因此，建立有效的災害應變體系是產業界努力追求的方向，亦為保險業者之核保重點。

從過去的幾場重大災害中，如華邦電子、聯瑞電子及天下電子公司所發生的火災事件經驗顯示，過去傳統的緊急應變系統，因為缺乏工程工具的協助，只能憑著經驗來臆測其結果，以致於對災害發生的過程與結果均無法有效的掌握。但現今的科技發達，使用工程工具來模擬災害的預測是足以作為參考，而先進國家開始普遍利用災害風險控制與緊急應變系統，來預測可能存在之風險值，並在建廠時加以規劃及設置，增加工廠的防護功能。

此外，未來產業應可朝向整合防災資訊系統，如不同的危害偵測系統、災害控制／消減系統、各種危害物質資訊、災害後果分析及緊急應變計畫（含應變程序、組織、應變器材資源及通報等）之趨勢發展，讓災害應變透明化，使應變指揮官可於第一時間下達有效決策，以便及時且有效控制與消除災害。在美國EPA（環保署）所訂定之風險管理架構（risk management program）中包括三大要項：危害評估

（hazard assessment）、預防計畫（prevention program）以及緊急應變程序（emergency response program），是一種整合性的風險管理，其架構如圖15-3。

五、重視危害根源，全面降低風險

災害的發生不會是個偶發的事件，一定有潛在危害源之存在，希望產業界能夠重視危害發生的根源，從根源將危害消除或最小化，其餘的殘留風險則由被動的防護系統進行控制，最後再啟動緊急應變運作體系。

另一方面，綜觀災害發生的經過，通常將其歸咎於因為不小心而發生的，但是導致不小心的主要原因，常來自於對災害特性及其潛在的危害性不瞭解，另外則是使用單位對自我檢點、自動檢查的工作不詳實，以及無法落實員工安全衛生教育訓練。因此，解決問題的根本之道在於「預防

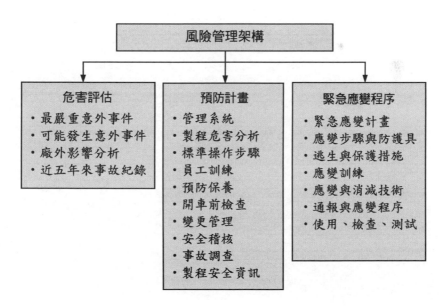

圖15-3　美國環保署風險管理架構圖

重於治療」的心理建設上，唯有事先瞭解災害的潛在原因，進而加以適當
的預防，才是防制災害的最高境界，只要在此原則下，並有效的對工作場
所進行安全評估與強化工作，才足以化解災害發生的危機。

參考文獻

中國生產力中心（2003）。〈管理員訓練〉。《勞工安全衛生教材》，頁672-
676。

林木榮（2002）。〈產業災害應變之迷思〉。《消防與防災科技雜誌》，頁26-
28。

張國信（2002）。《多變數危害排序系統之研究與化學製程危害評估之應用》。
國立高雄第一科技大學環境與安全衛生研究所碩士論文。

Chapter 16

危害風險控制與管理

曾經有人提出一個我們每天都必須面對的問題，請大家加以思考，就是我們所搭乘或使用的交通工具，包括空中交通運輸飛機、海上交通運輸輪船，以及陸上交通運輸如火車、汽車、機車、公共汽車等，到底哪一種交通工具的風險值最高、最為危險呢？大部分的人們都一致認為飛機的風險性最高與最危險。因為其嚴重性最高，萬一不幸發生空難事件，死亡人數可能高達數百人，生存的機率幾乎為零，無人可生還。換個角度思考，以陸上交通而言，每天不知有多少人死於交通意外事故，為什麼不會感覺到其風險性高呢？因為每天都在發生，而且個案人數較少，不足為奇吧！

　　根據風險的概念而言，風險值是發生頻率和嚴重性的相乘積，但是從風險的角度來說，不論其風險值多大或多小，萬一不幸發生在你的身上時，其風險值為100%，相信沒有一個人可以接受這樣的風險。因此，無論風險的大小，我們每個人都應該加以防範，唯有做好安全防護及隨時關注自己的安全，相信危險會與你保持適當的距離，反之亦然。

16-1 危害風險控制的意義

　　危害風險控制是降低生產程序及操作危害程度的管理工具，利用危害分析方法進行風險評估，找出工作場所的重大潛在危害點，訂定改善短、中、長期管理目標，落實風險控管查核，逐年降低程序與操作之危害。其風險值的計算方式如下：

$R = F \times C$

R：Risk（風險）

F：Frequency（危害頻率）

C：Consequence（嚴重後果）

從上式看來，風險等於事故的預期頻率或機率（F）與事故的可能後果（C）的乘積。談到「風險」這個問題，並非三言兩語所能夠道盡。什麼是風險？簡易的說應該是造成傷害、損毀或損失的機會，或是損失的可能程度。以生產製程而言，可能的風險就是能夠造成人員的傷亡、財產的損失及生產製程的中斷等。

欲解決風險的問題，得先瞭解人們對於風險的感受，而風險的感受值會因為個人或社會團體所能接受的程度不一，其產生結果就會有所不同。因此，應不應該接受，有沒有必要接受，其產生的效應如**表16-1**所示。

人生何處無風險，只有進入墳墓中的人除外。因此，企業主或高階管理者的心中，應該隨時注重工廠的風險控管。

由於台灣民眾在享受經濟繁榮的甜美之際，開始要求提升生活品質，避免疾病或其他外來不安全環境所造成之災禍。數十年來，經濟發達，工廠林立，與社區相毗鄰，甚至存在社區中，讓民眾開始對身心健康、安全及環境的危害感到不安，而這些危害隨著新聞媒體快速傳播，影響民眾的認知，又加上主觀意識的價值判斷，不同個人、團體、社會階層或地域，對同一種活動的風險，其行為反應殊異。因此，面對複雜的問題，雇主不得不對工廠安全問題加以深思熟慮。

表16-1　影響風險被接受的因素

產生的效應	相反的效應
1.自願承接的風險	1.不自願承接的風險
2.立即產生效應	2.隔一段時間後才產生效應
3.沒有可以替代的方法	3.有許多可替代的方法
4.確知的風險	4.不明確的風險
5.必要的暴露	5.不一定要的暴露
6.職業上的接觸	6.非職務上的接觸
7.造成的後果可恢復原狀	7.造成的後果不可能恢復原狀

16-2 風險管理

風險要如何來管理是一個非常複雜的工程技術與管理藝術,利用有系統的管理政策、程序與實務,進行危害鑑定、風險分析、風險評估及風險控制四大手法,以達到保護廠內員工的生命健康,避免工廠生產中斷、營運停頓,防止廠外社區民眾和環境的傷亡損毀。其流程與步驟內容參考**圖16-1**所示。

一、危害鑑定

要進行風險管理步驟之首要任務,必須對工廠實施危害的鑑定,找出工廠內可能的潛在危害源,而想要選擇適當的危害鑑定方法往往不是一件容易的任務,雖然每一種方法都有其特點及適用範圍,但是有些方法在某種狀況下相類似,而在其他情況下,又完全不同。所以需依照工廠的性

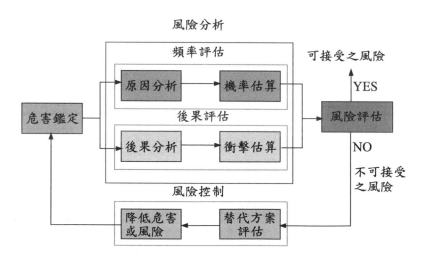

圖16-1　風險管理流程與步驟

質或規模來選擇可行的方法進行即可。首先對其名詞給予合理的定義,涵義如下:

1. 危害(hazard):是一種潛在的情況,可能會導致人員傷亡、財產損失和造成環境的汙染。
2. 重大危害(major hazard):是存有大量的危害物質在工廠內,對工廠內外的人員、社區環境可能造成極具傷害力,如火災、爆炸和毒性物質之洩漏。而目前應用於石化工業或其他產業之製程危害鑑定與分析方法很多,主要方法可歸納成十大類,其分類如**表16-2**,而優缺點比較如**表16-3**所示。

(一)相對等級危害評估方法

本方法以比較廠區內各種不同的設備或操作點之危害,加以估計其所得的風險值,逐一排序,以供安全投資策略之參考,其常見之方法如下列三種:

1. 道氏火災爆炸指數(Dow FEDI)。
2. 蒙氏火災爆炸及毒性指數(Mond FETI)。

表16-2 危害分析方法之分類表

項目	危害分析方法	
	定性分析法	定性及定量分析法
1	1.製程╱系統危害檢核表(Check List) 2.初步危害分析法(PHA) 3.危害與可操作性分析法(HazOp) 4.假設狀況分析法(What If) 5.道氏火災爆炸指數(Dow FEDI) 6.蒙氏火災爆炸及毒性指數(Mond FETI)	1.失誤模式及影響分析法(FMEA) 2.事件樹分析法(ETA) 3.故障樹分析法(FTA) 4.因果分析法(CCA) 5.人可靠度分析法(HRA)
2	多變數危害排序系統危害分析法(MuHRS)──個人創作	

表16-3 危害分析方法之優缺點比較表

項目	分析方法	優點	缺點
1	多變數危害排序系統（MuHRS）	1.快速、簡單的危害分析法。 2.具半量化功能。 3.同時分析火災爆炸與毒性危害。 4.可以將製程單元危害分級排序。 5.結合電腦軟體輔助運算，節省人力、時間及成本。 6.考量安全與環保防護設施列入風險評估範圍。 7.可以作為初步危害分析方法。 8.發展出一套新的危害分析模式。	1.無法估算產業動力設備、元件及辦公大樓等設備。
	道氏火災爆炸指數（Dow FEDI）	1.分析火災爆炸危害。 2.分級危害排序。 3.有現成參考資料與模式可用。	1.無法全面及系統化分析。 2.未能完全評估毒性危害。
	蒙氏火災爆炸及毒性指數（Mond FETI）	1.分析火災爆炸及毒性危害。 2.分級危害排序。 3.有現成參考資料與模式可用。 4.考慮到廠房、設備安全距離。	1.無法全面及系統化分析。 2.目前應用於工廠者不多。 3.費時、費力成本較高。
2	製程／系統危害檢核表	1.核對法規面之符合性。 2.簡明扼要易懂、易作。 3.檢核表取得容易。	1.未能量化及分級危害。 2.思考周密性較不足。 3.主要應用於一般安全管理。
3	初步危害分析法（PHA）	1.使用方法不難。 2.系統性觀察分析。 3.可作為FMEA之基礎。	1.未能量化。 2.無法分級危害排序。
4	危害與可操作性分析法（HazOp）	1.具系統化、全面化分析。 2.腦力激盪集體智慧。 3.強有力定性分析法。 4.紀錄完整，易於瞭解。	1.未能量化及分級危害。 2.費時、費力成本高。 3.需具經驗或專人輔導為之。
5	失誤模式及影響分析法（FMEA）	1.全面化分析硬體設備。 2.方法不難易於使用。 3.具半量化及定性分析。 4.複雜系統的分析利器。	1.僅限於單元設備忽略設備或系統間之危害。 2.費時、費力成本較高。 3.很少分析人為失誤。

（續）表16-3　危害分析方法之優缺點比較表

項目	分析方法	優點	缺點
6	失誤樹分析法（FTA）	1.可處理複雜的定性及定量分析 2.系統性觀察分析。 3.易知事件順序間的邏輯關係。	1.分析者需具分析技術與能力。 2.費時、費力成本較高。 3.故障率或人為失誤率不易取得。
7	事件樹分析法（ETA）	1.可處理複雜的定性及定量分析。 2.易知事件順序排序。 3.系統性觀察分析。	1.無法深度且詳細分析。 2.不易處理延時事件。 3.可能忽略一些事件。 4.費時、費力成本較高。
8	假設狀況分析法（What If）	1.作業程序簡單。 2.費用成本低。 3.表列危害影響及改善措施，易於瞭解。	1.未能量化。 2.無法分級危害排序。 3.缺乏客觀及系統化分析。
9	因果分析法（CCA）	1.綜合FTA與ETA之優點。 2.可定量與定性分析。	1.圖形龐大不易繪製。 2.具有FTA與ETA之各別缺點。 3.費時、費力成本高。
10	人可靠度分析法（HRA）	1.可分析人為失誤率。 2.可作為人因工程之改善。 3.可定量與定性分析。	1.人為失誤率可信度仍有待建立。 2.可靠度分析對象僅限於人所作的工作，應用範圍受限制。

3.多變數危害排序系統（Multivariable Hazard Ranking System, MuHRS）。

(二)製程／系統危害檢核表

本方法以製程／系統危害檢核表（Process/System Check List）來進行校對及驗證系統設計、程序或操作方法是否合乎法規要求或標準程序步驟的清單，通常以一連串對不同項目的安全措施以是非問答進行，屬於非計量性之鑑定方法。

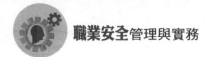

(三)初步危害分析法

初步危害分析法（Preliminary Hazard Analysis, PHA）以PHA表格進行分析，利用系統或程序中所使用的危害物質、基本流程及設備功能，檢討其反應失常或失控時之危害性，並提出防範措施與改善建議，而分析者應具備對系統與操作環境安全、專業知識及經驗豐富者為之，屬於非系統化之定性鑑定分析法。

(四)危害與可操作性分析法

危害與可操作性分析法（Hazard and Operability Analysis, HazOp）由對系統與操作環境安全、專業知識及經驗豐富者擔任小組長，帶領各相關技術人員（包括方法系統、操作、儀控及安全工程師），利用引導詞與製程參數對系統設計、程序或操作方法發生偏離（deviation）時，可能引起後果，加以排序，並提出防範措施與改善建議，屬於系統化與全面化之腦力激盪定性鑑定分析法。

(五)失誤模式及影響分析法

失誤模式及影響分析法（Failure Mode and Effect Analysis, FMEA）是以系統或子系統硬體設備中的零組件發生失誤或失效（故障或損壞），可能造成最嚴重的後果（傷亡程度、財產損失或系統損毀），屬於定性化且具部分定量化之分析法。

(六)失誤樹分析法

失誤樹分析法（Fault Tree Analysis, FTA）首先選擇可能發生意外事故嚴重性較高者或已發生職業災害者，作為頂上事件，便由上而下開始分析事故的成因，而促成因素由兩個或兩個以上者以gate（閥）分開，所有因素同時存在時上述事件才會發生，就使用AND gate；若只有一個因素

即可促成其上的事件時，則使用OR gate，以追溯系統中所有可能導致不幸結果的失誤發生，分析出來之圖形如樹枝狀，具有可處理複雜的定性與定量分析。

(七)事件樹分析法

事件樹分析法（Event Tree Analysis, ETA）是一種由事故原因推向可能發生之後果的前推邏輯，利用歸納方式的系統安全分析法，事件樹可應用於事故前後之分析，事故前分析為在災變發生之前，逐一檢討可能發生的危險情況；另一個事故後分析為預測事故發生時可能造成哪些不良影響或嚴重後果，它亦具有可處理複雜的定性與定量分析。

(八)假設狀況分析法

假設狀況分析法（What If Analysis）是利用一連串的假設狀況問題表，逐一將具危害的狀況及項目一一列出，其目的在於確認硬體系統、作業方式、物質危害、設計缺失、操作失誤或潛在危害等，參考相關法規、標準、規章及基準，並藉由腦力激盪分析法，提出防範措施與改善建議，屬於定性式分析法。

(九)因果分析法

因果分析法（Cause Consequence Analysis, CCA）是融合失誤樹和事件樹分析技術而成，利用失誤樹分析向後的時間點追溯事故原因，以及事件樹分析向前推至事故的後果，使系統變得更複雜，求出因果關係的最小切集合。

(十)人可靠度分析法

人可靠度分析法（Human Reliability Analysis, HRA）是指在一個系統運作的任何階段，人所執行的一項工作能在規定的期限內圓滿達成的機

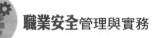

率，藉由操作行為及其順序而繪出HRA的事件樹，由事件樹中求出人為失誤率，進而計算整個作業系統的可靠度。

二、風險分析

系統安全分析（風險分析）其技術的發展和應用將是未來的一項較艱辛重大工程。現今各種的危害分析技術的電腦軟體已被開發出來，如HazOp、FMEA、FTA、ETA等，不僅如此，風險分析之危害後果和損失模式，亦可以PC處理模擬，而專家系統科技將大量引入製程安全管理的領域，因此結合電腦資訊，將是扮演風險分析主要的輔助工具。

而風險分析是組合意外發生的機率及其可能造成的後果影響，分析過程可能必須整理及計算大量的數據與資訊，但是分析的結果往往僅是一個簡單的風險指數值，或是一個標示不同風險程度的地形圖，其目的在於提供一個明確的風險程度的指標，以作為決策的依據。

由於每個意外所造成的財產損失與周圍設備的價值及種類有關，無法以標準的指數或指標表示，因此，藉由相關之電腦程式模擬，估計萬一發生重大之災害時，會有哪些不良的影響或效應產生，其造成之嚴重後果又有哪些？如人員傷亡、環境汙染、生產製程中斷等。而風險分析大致可區分為個人風險與社區風險兩種，更詳盡的內容可參考《危害分析與風險評估》（黃清賢，2003）或《化工製程安全管理》（張一岑，1995）等著作。

三、風險評估

風險評估（risk assessment）涵蓋危害鑑定、機率分析、影響分析及風險分析。其範圍依所面臨的危害而定，其主要內容如下：

1.對危害的認知分析。

2.分析意外事故發生的因果關係。

3.評估危害的不良影響大小程度。

4.估算事故及不良後果的可能性（頻率）。

5.對以上各項分析結果作判決。

6.採取改善措施與對策，未來之預防措施。

而風險評估比較強調事故風險的大小或後果嚴重性的判斷，根據上述之分析結果，採取適當的改善措施及防範對策，其主要的工作項目如下：

(一)危害鑑定

發現使用物質、作業程序或處理方式是否具有任何的危害特性存在（包括能量、危害物質、不安全的環境和不安全的行為與態度）。

(二)機率分析

分析可能發生意外事故的機率有多高？

(三)影響分析

當發生意外事故可能造成的後果有多大？造成的影響程度又是如何的嚴重？

(四)風險分析

組合機率分析和影響分析，加以估算發生意外事故的風險值如何？該風險值是否可以接受？

(五)風險評估

根據風險分析的結果，若無法接受該風險值，應該立即進行程序改

善、採取因應措施，以降低風險值，甚至停止運轉生產或建廠計畫。

四、風險控制

在決定採取必要的控制措施之前，對各種作業的風險已經完全進行評估，或許採取哪一種控制措施已有較適當的方案，但是最基本的考量方式至少需符合法令的要求標準，並依照風險評估的結果將採取先後緩急策略：

1.哪些作業的危害風險最大？
2.哪些作業的危害是發生頻率最高？
3.哪些作業的危害是發生後果最為嚴重？
4.哪些作業的危害是最近發生過的？

根據上述的評估結果將它列為最緊迫需要改善的優先問題，在決策中常會考慮控制措施的成本效益，若能將其危害風險的等級降低至可以接受的範圍內時，相信其本益比將不會太高。而經營管理者應該將風險控管列為生產成本之一，以免將來發生重大的意外事件所造成的傷亡損失，是無法預期的可怕。

在選擇實施風險控制的方式時，除了成本考量外，尚有許多項因素需要加以思索的，而如何利用風險控制管理降低危害的程度，其方式可參考下列做法：

(一)定期安全查核

針對運轉中的生產場所，主要在於檢視操作條件與操作步驟是否合乎安全規定，操作及維護紀錄是否齊全。查核人員為工安人員、現場主管。

(二)新廠或製程變更之危害鑑定

針對新設工廠或現有製程變更管理，主要在於設計階段中發現危害因素或由於生產場所不同規模的改善案，為了避免疏忽，必須進行危害之鑑定工作。危害鑑定人員為專業訓練合格人員、現場主管。

(三)局部或全面性之風險評估

由於工廠設置年限已久，當時設計標準及安全考量可能已不符合目前法令要求或安全規範，最理想的方式應實施全面性之風險評估，但是一次修正所有危害點，不僅耗時而且費用龐大，企業可能一時無法承受，因此設定改善計畫分成短、中、長期目標，逐年改善，一定能消除潛在危害點，讓企業能夠永續發展經營。風險評估人員為小組主持人、專業訓練合格人員、工安人員、製程工程師、儀電工程師、領班及相關人員。

英國程序安全專家克萊茲博士（Dr. Kletz），以一個傳聞已久的「美女與野獸」的寓言故事，來比較目前一些管理者的心態。

古代有一個國王，膝下僅有一個女兒（公主），公主不但具有沉魚落雁的美貌及才學，並且端莊賢淑，因此各國王子及賢士前往求婚者絡繹不絕，經過半年的挑選及考核，僅三人合格中選，於是國王親自出題考選。題目是：一間房子有兩扇門，三人必須在一定時間內打開一扇門，一扇門內為公主，另一扇門內為凶殘餓獅。

第一位候選人考慮一陣子，決定放棄，他認為駙馬的尊榮及榮華富貴皆為身外之物，不足以冒著生命危險，他寧可安貧樂道平凡度過一生。

第二位候選人聘請許多風險評估專家，採用精密儀器測試門後公主及獅子的反應、氣味及其他特徵，經過一連串推算與測試，最後專家群建議打開第一扇門，結果跳出來者不是公主，而是凶殘餓獅。臨死前，他仍不明白，為什麼花費了大量金錢與精力，仍不免遭受到失敗之命運。

　　第三位候選人馬上聘請馴獸師，學習馴獅技巧，最後他成為駙馬娶了公主為妻。

　　這個寓言故事在於讓我們瞭解學習及發展控制危害，降低危險機率的技術，努力改善工作環境，選擇最佳設計方法及遵循安全法則，自然可以將危害控制於最低。

參考文獻

AIChE (1994). *Dow's Fire & Explosion Index Hazard Classification Guide*, seventh edition, An AIChE technical manual published by the American Institute of Chemical Engineers, New York, pp. 39-45.

張一岑（1995）。《化工製程安全管理》，頁27-29。台北：揚智文化。

張國信（2002）。《多變數危害排序系統之研究與化學製程危害評估之應用》。國立高雄第一科技大學環境與安全衛生研究所碩士論文。

黃清賢（2003）。《危害分析與風險評估》，頁35-38。台北：三民書局。

Chapter

17

職業災害案例分析與
因應對策

　　意外事故發生的因素很多，儘管經過近五、六十年來之研究，未必能夠證明有80%是由人為的疏忽或錯誤動作所造成的結果，但是因為人為的不安全動作導致意外事故的發生成為主要原因的結論，已是一個不爭的事實。

　　職業安全管理人員或有關的管理階層人員，必須研究且隨時注意人的能力和其限制，以及人類行為的種種變化，對於如何防範意外事故的發生，應有一套完整的管理方案與計畫，並加以落實與執行，才可以極力防止意外事件發生而帶來嚴重之損失和災難。

　　為何會有不安全的動作？其原因為何？不安全的動作是因為人的因素所產生，其內容歸納為以下幾點因素所引起：

1.專業知識和技能的不足。
2.不適當的觀念和態度。
3.身體不能適應。
4.不適當的設備、機器和環境。
5.不恰當的激勵措施。

　　而意外事故的發生並非單一因素所造成的，要避免不安全的動作發生，首先需瞭解其可能發生意外事故之存在因素，如態度不正確、缺乏警覺性等。

　　除了個人行為因素外，為什麼在工作場所內可以允許不安全的動作和行為狀況存在呢？為什麼領班或管理階層人員不加以糾正或改善呢？這顯然是管理失策，督導不周，檢查疏忽，這才是導致意外事故真正的根本原因，也是本書出版提出研究探討之目的，希望藉由學術研討與實務之結合，提供企業界作為職業安全衛生管理上之參考，可以減少或降低意外事故發生之頻率與造成之嚴重性。

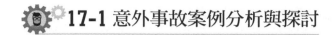

17-1 意外事故案例分析與探討

為什麼相同的意外事故會重複不斷地發生，是管理者的心態吧！或許是操作人員一時的不注意、疏忽，甚至於出自無知所造成的，但是所造成的嚴重後果由誰來承擔其責任呢？是雇主嗎？是政府嗎？還是勞工本人呢？沒有人可以告訴你真正的答案是什麼，讓大家自己去體會與省思吧！

在平時正常的狀況下，沒有任何的意外事件發生時，管理者會把它當作太平盛世般地悠哉過日子，當發生意外事故時，才來感嘆或後悔，已經為時已晚。所以要讓這些無動於衷的管理者感受到壓力及良心之譴責，唯有以血淋淋的災害案例事件來作為警惕，藉由災害發生之案例來探討其原因，並提出改善之措施與對策供管理者作參考，相信有助於降低或避免意外事故的發生。

【案例一】壓力設備操作意外事故

1994年12月在北部某化工廠使用的第一種壓力容器（砂鍋），雖已完成熔接及構造檢查，但未申請竣工檢查即使用，以致造成壓力容器爆炸的重大職業災害（**表17-1**）。

【案例二】生產反應失控爆炸事故

桃園縣蘆竹鄉某化工公司爆炸案，造成十死四十九傷，其中罹難的六人為現場救災的消防隊員，引起政府及全國民眾的震撼（**表17-2**、**圖17-1**）。

表17-1　某化工廠使用第一種壓力容器爆炸案資料分析表

發生時間	傷亡人數	事件原由說明與原因檢討
1994/12/08 （星期四）	八傷	1.災害發生時，有三位砂鍋操作人員，於早上五點開始下原料至砂鍋中，約經八十分鐘後完成全部砂鍋的下料工作，隨後在砂鍋傳動輪上完潤滑油，並運轉了其中五部。待砂鍋正常運轉後噴出重油並點火燃燒，再由溫度表讀得其中兩部砂鍋溫度約達攝氏一百五十度時，即熄火並關閉重油，隨後操作人員依慣例到處巡視。但在八點三十分時，聽到一聲巨大爆炸聲後，造成兩座砂鍋及重油槽全毀，部分屋頂鋼構炸毀，並且波及隔壁另外一家公司的五名員工和部分廠房被震破及燒毀，總共有八人受輕重傷並送醫治療。 2.壓力容器（砂鍋）超壓使用。 3.重油管路未能完全關閉，導致漏油繼續燃燒。 4.壓力計及安全閥未正確安裝。 5.容器未依規定裝設安全裝置及申請檢查合格。 6.未實施自動檢查。 7.未依規定安排接受訓練合格或取得執照人員來進行操作。
防範對策與措施		1.第一種壓力容器須經熔接、構造及竣工檢查合格，再由事業單位申請核發使用之合格證後，方得使用，否則不得進行操作或使用。 2.定期實施偵測砂鍋之板厚。 3.壓力計及安全閥應正確安裝及保持正常功能，並定期實施檢查。 4.應加裝超溫或超壓預警及自動斷路熄火裝置。 5.操作人員應指派經訓練合格人員來擔任。 6.工廠內應設置安全防護設置及消防滅火設備。

表17-2　某化工爆炸案資料分析表

發生時間	傷亡人數	事件原由說明與原因檢討
1996/10/08 （星期二）	十死 四十九傷	1.該公司生產以過氧化丁酮（MEKPO）用於製造聚酯及丙烯系類樹脂之觸媒，或玻璃纖維強化塑膠之硬化劑。 2.因鍋爐操作不當引燃火災，並波及過氧化丁酮儲槽而引起爆炸事件。 3.該工廠屬於家庭式或小型加工廠，缺乏專業知識及技能管理。 4.沒有安全防護設備及消防滅火設施。
防範對策與措施		1.政府機構應將相關從事運作危險性化學品之工廠，尤其是規模較小者，列冊控管加強查核取締，不符合規定者不得生產。 2.要求從事危害性作業之工廠，應設職業安全管理人員負責管理。 3.工廠內應設置適當之安全防護設施及消防滅火設備。 4.建立國內危害性化學品之諮詢管理中心。 5.政府部門應成立專責化學災害搶救小組和救災用之緊急應變器材。

圖17-1　某化工爆炸案現場照片

【案例三】液化管線汰換工程施工事故

　　高雄市前鎮區鎮興橋某石油公司進行液化石油氣管線抽換工程所引發之氣爆案，造成九死二十四傷（**表17-3**、**圖17-2**）。

表17-3　某石油公司液化石油氣爆炸案資料分析表

發生時間	傷亡人數	事件原由說明與原因檢討
1997/09/13（星期六）	九死二十四傷	1.該公司進行液化石油氣管線汰舊換新工程，因為施工不慎造成液化石油氣外洩，引燃強烈氣爆案。 2.管線內液化石油氣未能排除乾淨。 3.作業施工現場之安全檢核程序不當。 4.動火許可證之簽核程序不夠嚴謹，且未依標準作業程序嚴格控管。 5.作業現場未嚴格管制車輛及人員進出。 6.安全警戒未保持適當距離。
防範對策與措施		1.有關重大工程或危險性施工應向當地主管機關申請核准，並加以圍籬標示。 2.確實執行有關作業許可簽核與確認工作。 3.職業安全管理人員及相關主管人員應確實監督施工作業安全及現場查核工作。 4.嚴格管制施工現場車輛及人員進出。 5.做好施工現場之安全防護與警戒工作。

圖17-2　鎮興橋火災爆炸現場照片

【案例四】液化槽車裝卸作業事故

　　高雄縣林園鄉林園工業區某公司液化石油氣槽車灌裝作業時發生爆炸案，造成四死四十四傷，並導致工廠停工生產（**表17-4**、**圖17-3**）。

表17-4　某公司液化石油氣槽車爆炸案資料分析表

發生時間	傷亡人數	事件原由說明與原因檢討
1998/02/28 （星期六）	四死 四十四傷	1.該公司進行液化石油氣裝卸作業時，因未拆卸灌裝管線，車輛拖行拉斷管線造成石油氣外洩，引燃大火及爆炸。 2.裝卸料品現場人員未在作業現場實際監控灌裝作業。 3.未訂定裝卸標準作業程序或未依標準作業程序嚴格控管。 4.車輛前後未放置輪擋，防止車輛滑動。 5.車輛鑰匙未加以管制或取出保管。 6.未裝設可燃性氣體偵測。
防範對策與措施		1.政府機構應將相關從事運作危險性化學品之工廠，列冊控管加強查核取締，不符合規定者不得生產運作。 2.訂定有關作業安全之標準程序並嚴格落實執行。 3.職業安全管理人員及相關主管人員應確實監督裝卸作業安全及現場查核工作。 4.檢討廠內管理系統和人員教育訓練工作是否落實執行。 5.加強承攬商及司機人員教育訓練與管理工作。 6.檢討廠內各項安全防護與消防設施配置是否足夠。 7.從事危險性作業之工廠應該設有洩漏之警報裝置及防溢設施。 8.強化車輛本身安全裝置，如未關閉電源時，無法從事裝卸作業。

圖17-3　加氣站／運輸車輛全毀現場照片

【案例五】苯乙烯槽車高速公路交通意外事故

　　中山高速公路岡山收費站附近發生運送苯乙烯槽車交通意外事故引燃大火爆炸案，造成南北雙向交通中斷四小時，付出龐大的社會成本（表17-5）。

表17-5　高速公路槽車意外事故爆炸案資料分析表

發生時間	傷亡人數	事件原由說明與原因檢討
1998/04/27 （星期一）	四傷	1.載運苯乙烯油罐車被後方大貨櫃車追撞，導致油罐車起火燃燒，引燃強烈爆炸。 2.油罐車因未保持安全距離。 3.安全警戒未保持適當距離。 4.車輛行駛路肩，影響救援工作。
防範對策與措施		1.運送危險物品車輛應裝置反光標示，明顯提示後方車輛。 2.車輛應裝置車速紀錄器，嚴格管制行車速度。 3.加強司機人員教育訓練及違規者再教育制度。 4.嚴格落實定期檢查車輛制度。 5.嚴格取締超載車輛以確保行車安全。 6.選擇適當地點成立災害應變指揮所，以利災害指揮與搶救作業。

【案例六】建教學生校外實習意外事故

　　某塑膠工廠發生職業災害案,該災害造成廠內員工二死四傷,在傷亡人數中包含了三名建教合作學生。該工廠係以生產電腦塑膠外殼為主要產品,使用一種高揮發性的去漬油作為清潔塑膠外殼表面用(表17-6、圖17-4)。

圖17-4　去漬油儲存桶現場照片

表17-6　建教學生校外實習意外事故資料分析表

發生時間	傷亡人數	事件原由說明與原因檢討
1998/08/04 (星期二)	二死四傷	1.因工廠對於易燃性化學品未加以妥善管理,造成建教學生不慎使用打火機,引起火災,才會釀成人員重大傷亡。 2.建教學生缺乏安全衛生知識、觀念不足及好奇心驅使下,導致去漬油被引燃。 3.未對於建教學生實施必要的職業安全衛生教育訓練。 4.未實施危害性化學品管理,未將易燃物質依規定儲存與標示。
防範對策與措施		1.政府機構應將相關從事運作危險性化學品之工廠,尤其是規模較小者,列冊控管加強查核取締,不符合規定者不得生產。 2.要求從事危害性作業之工廠,應設職業安全管理人員負責管理。 3.工廠內應設置適當之安全防護設施及消防滅火設備。 4.應對新進員工或更換工作者,實施必要的安全衛生教育訓練。 5.對於危害物質之使用、儲存,應依危害通識有關之規定辦理。

【案例七】交通建設重大工程營建施工意外事故

中二高工程自開工以來,於1999年3月至2001年4月底,共計發生十四件重大職業災害。其中倒塌六件,造成十一人死亡,四十四人輕重傷情事。公共工程為民間工程表率,卻於短期間發生多次重大職業災害,實有加以檢討之必要,茲選一案例回顧,以為惕厲(**表17-7**、**圖17-5**)。

表17-7 中二高工程營建施工意外事故資料分析表

發生時間	傷亡人數	事件原由說明與原因檢討
2000/06/30 (星期五)	一死二傷	1.三名泰籍勞工在橋面板上從事外模調整作業時,橋下地面一名泰籍勞工駕駛吊卡車(最大吊升荷重二·五公噸)倒車轉彎時,擦撞支撐框架底座突出型鋼,造成橋面底板滑落,橋面板上兩名泰勞掉落地面,造成輕重傷,另橋面板支撐架型鋼掉落撞擊地面,造成吊卡車駕駛致死災害。 2.支撐框架未妥善規劃設計及施設。 3.作業現場未指派現場安全衛生監督人員。 4.起重機操作勞工未受特殊安全衛生教育訓練。 5.設置職業勞工安全衛生管理人員未報備。 6.訂定安全衛生工作守則,未報經檢查機構備查後,公告實施。
	防範對策與措施	1.以型鋼之組合鋼柱為模板支撐,高度超過四公尺時,應於每隔四公尺以內向二方向設置足夠強度之水平繫條,並防止支柱之移位。 2.吊升荷重在三公噸以上之移動式起重機之操作勞工,應使其受特殊作業安全衛生教育訓練。 3.於作業場所指派經安全衛生訓練之現場安全衛生監督人員。 4.應依規定向主管機構報備遵守事項,如工作守則,設置安全衛生管理人員。 5.實施必要之安全衛生教育訓練。 6.作業現場安全圍籬及標示。

圖17-5 施工現場橋樑倒塌照片

【案例八】高雄市丙烯氣爆重大意外事故

　　2014年7月31日，高雄市發生史無前例城市化學氣體大爆炸，造成嚴重人員死傷。因為業者輕忽、操作者無知及疏於管理之地下輸氣管線，又因政府無能，錯失辨識災害源頭的黃金三小時，未能及時採取有效應對措施，是高雄氣爆葬送三十多條無辜性命並造成慘重損失的主因。某化學工廠輸送丙烯氣體原料，因管線老舊、腐蝕破洞，發生重大職業災害案，造成消防救災、環保檢測等人員及民眾傷亡（**表17-8**、**圖17-6**）。

　　根據上述八件案例統計分析（**表17-9**），涵蓋範圍相當廣泛，包括製造業、營造業、交通運輸業及石化工業。從生產加工製造、化學品儲存、設備操作、裝卸作業、施工安全、運輸安全及營建安全的角度觀察，無論其行業別、作業的方式，從事故發生原因加以探討，完全可歸咎於人為操作疏忽與管理不當，因而造成重大的職業災害，難道我們還能夠不加以重視和改進嗎？還要讓這樣的事故一再地重複發生嗎？大家應加以深思吧！

表17-8　高雄市丙烯氣爆案資料分析表

發生時間	傷亡人數	事件原由說明與原因檢討
2014/07/31（星期五）	三十二死 三百二十一傷	1.從碼頭儲運場所輸送丙烯氣體至生產工廠儲槽，因輸送管線老舊、腐蝕破洞，造成丙烯氣體大量洩漏於共同管溝溢出，因不明火源引燃丙烯氣體產生火災、氣爆，才會釀成人員重大傷亡。 2.儲運場所與工廠間之管線試壓程序不夠嚴謹。 3.地下管線試壓之作業程序不完備，人員訓練、經驗不足。 4.非正常值班作業（如夜間或假日），操作人員的輕忽及主管管理鬆散、督導不周。 5.人員操作不當、通報程序不完備及應變能力不足。 6.市府官員專業研判輕忽，檢測能力及應變反應較為不足。
防範對策與措施		1.政府部門須強化共同管溝之管理，管溝內容物的動態監控。 2.政府部門應加強危險氣體檢測儀器設備及人員檢測能力。 3.工廠需做好地下管線定期監控及管線測厚與追蹤。 4.重新檢視地下管線之試壓程序是否完備。 5.加強值班主管培訓及操作人員再教育。 6.建立完整及建全緊急通報程序。 7.雇主或管理者應該重新調整經營策略，必須將工廠安全列入公司重要經營目標。

　　綜合以上之案例，發生意外事故的主要原因都是因人為疏忽和錯誤的觀念，須切記凡事差不多，災難跟著多。台灣花了五十多年之努力，成為一個富裕的社會，但是再多的錢財也抵不過一聲轟然爆炸，我們需要富而精緻、富而紀律、富而安全的環境，也是全體民眾和政府必須戮力追求的目標。

　　除了前面所列舉的案例外，我們提出更多實際發生之意外事故統計資料作為佐證，證明上面的陳述都是非常正確的（圖17-7、圖17-8、圖17-9）。

圖17-6　高雄市丙烯氣爆案現場照片

表17-9　職業災害案例分析統計一覽表

項目	案例	發生事件	造成傷亡人數	主要原因
1	案例一	壓力設備操作意外事故	八傷	人為操作疏忽，管理不當
2	案例二	生產反應失控爆炸事故	十死四十九傷	人為操作疏忽，管理不當
3	案例三	液化管線汰換工程施工事故	九死二十四傷	人為操作疏忽，管理不當
4	案例四	液化槽車裝卸作業事故	四死四十四傷	人為操作疏忽，管理不當
5	案例五	苯乙烯槽車高速公路 交通意外事故	四傷 交通中斷四小時	人為操作疏忽，未保持安全距離
6	案例六	建教學生校外實習意外事故	二死四傷	人為操作疏忽，管理不當
7	案例七	交通建設重大工程營建施工 意外事故	一死二傷	人為操作疏忽，管理不當
8	案例八	高雄市丙烯氣爆重大意外 事故	三十二死 三百二十一傷	人為操作疏忽，管理不當

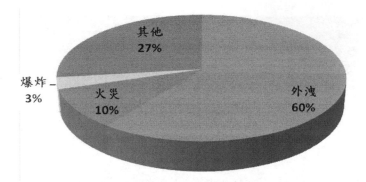

圖17-7　2012～2014年──南區化學災害發生類型分布圖

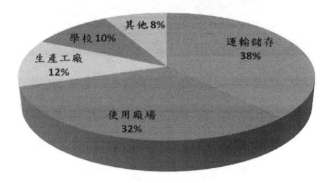

圖17-8　2012～014年──南區化學災害發生地點分布圖

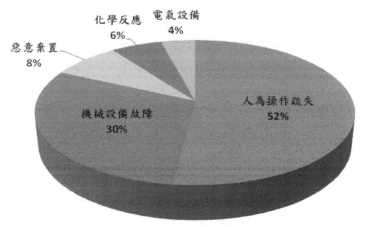

圖17-9　2012～2014年──南區化學災害發生原因分布圖

17-2 作業安全管理之重要性

簡單而言，管理工作是一種如何說服他人去完成所設定之預期目標的工作，然而，當今管理並非只限於擬定計畫、設定目標、以命令或其他方式傳達給下屬，而去完成所交付之任務罷了。更重要的是，如何讓整個組織動員起來全員參與，共同以「安全」作為企業的核心價值，唯有如此，才能將危害消滅於無形，意外事故才會真正降低或不會發生。

或許要將安全管理工作做好並非一件容易的事，它需要投入大量人力、經費、時間、高層支持參與及一顆堅定不拔的恆心，一步一步往前邁進，一年一年不斷地改善，唯有如此，企業才能真正可以永續發展和經營。

或許有人會問：如何做？要做到何種程度？才可免除災難的發生。這個答案相信沒有人敢給您百分之百的保證，因為只要有人，從事生產活動、產品服務，就會有事故發生的可能。如何透過管理的方式，運用安全的知識、技能，進行危害鑑定和風險評估，制訂企業職業安全衛生的政策，訂定安全衛生目標／標的，教育員工和承包商，發展出各種管理方案／文件化／安衛手冊等。再藉由內、外部稽核的手段，迫使組織進行不斷地改善，方可使意外事故的頻率及危害性逐年遞減，進一步達到災害預防的目的。

17-3 如何推展作業安全管理系統

國內、外對於職業安全衛生之管理系統，正不斷地被廣泛發展和推動中，其主要架構均以英國標準——BS 8800有關職業安全衛生管理制度之內容為主，衍生而出至今的OHSAS 18000職業安全衛生管理系統，目

前政府正大力推展其認證制度，而國內中、大型石化工廠也取得相關認證，是一件可喜可賀的事。但是筆者所擔心並不是這些有能力的大型企業，而是在台灣占有70%左右的中小型企業，依目前政府現有之人力，也多將眼光放置於這些大型石化工廠中，有誰會去關心這些缺乏人力、財力資源、專業技能的中小型工廠，而這些正是台灣經濟發展中的不定時炸彈，何時會引爆？不知道！每當發生意外事故後，政府高官、社會大眾及新聞媒體才會用關愛的眼神加以批評和責備，難道這樣可以避免災難的發生嗎？

我曾經加入政府委託輔導中小型企業推行自護制度的認證工作，才真正體會到他們的困難和無奈，其實他們試圖想去推動各項認證，礙於人力、財力資源、專業技能的協助。為什麼政府機構每年編列龐大經費，也委託許多專案研究，其成果如何？或許是身為一個工安人的無奈吧！台灣教育培養許多工安專家和技術管理人才，也培育許多工安技師，不僅要問這些人才到哪裡去了呢？若能加入協助70%的中小型企業推展職業安全衛生管理工作，相信我們的職災千人率還會有很大的下降空間。更重要的是我們的企業主或管理人，您們眼中只有賺錢嗎？當有一天發生重大意外事故時，第一個受到傷害的人一定是你自己和你的家人，難道你對得起良知和良心的譴責嗎？深思吧！

針對國內如何推展職業安全衛生之管理工作，在此筆者提出個人淺見和想法供參考，從最基本的安全衛生工作做起，慢慢發展成為一個健康茁壯的工安小尖兵，相信有一天會長成一棵大樹，讓後人乘涼（**表17-10**）。

17-4 結論

假若我們的企業主或管理人擁有這樣之認知和責任，相信推行職業

表17-10　企業規模推行安全衛生管理工作參考表

項次	企業規模	政府政策	建議方案
1	大型企業 （500人以上）	嚴格控管 督導檢查	1.推行各項認證制度（如ISO、OHSAS）。 2.實施責任照顧制（關懷下游客戶）。 3.推行PSM（製程安全管理）及危害評估與風險管理制度。 4.肩負社會責任，照顧社區民眾權益。
2	中、大型企業 （300～499人）	嚴格控管 督導檢查	1.推行各項認證制度（如ISO、OHSAS）。 2.實施責任照顧制（關懷下游客戶）。 3.推行PSM（製程安全管理）及危害評估與風險管理制度。 4.肩負社會責任，照顧社區民眾權益。
3	中、小型企業 （100～299人）	嚴格控管 督導檢查	1.推行各項認證制度（如ISO、OHSAS）。 2.實施自護制度與管理。 3.推行PSM（製程安全管理）。 4.肩負社會責任，照顧員工權益。
4	小型企業 （30～99人）	加強檢查 強力輔導	1.盡可能推行各項認證制度（如ISO 9000、ISO 14000、OHSAS 18000）。 2.實施自護制度與管理。 3.配合法令要求，遵守規範。
5	家庭式企業 （30人以下）	強力輔導 嚴格取締	1.實施自護制度與管理。 2.配合法令要求，遵守規範。

安全衛生的工作並不難，更可以塑造企業的文化，唯有組織與個人共同將「安全」建立超乎一切之上的特質和態度，在各項作業中能確保安全議題的重要性得到應有的重視，災害事故自然而然就會消失。

參考文獻

中時電子報／蘋果即時報導等資訊媒體（2014.08.01）。
南區毒災應變諮詢中心，南區毒性化學物質災害聯合防救小組，組訓研討會

（2014/04）。

吳大鈞（1998）。〈火災爆炸鑑定技術（上）〉。《勞工安全衛生簡訊》，第30期。

行政院勞工委員會中區勞動檢查所營造業組（2000）。〈中二高職業災害案例回顧〉。《勞工安全衛生簡訊》，第47期。

張國信（2004）。〈由意外事故案例探討作業安全管理之重要性〉。中華民國環保科技協會安全系統與管理研討會，第20期。

Chapter
18

溝通的藝術

是否經常聽別人提及他們的主管很難溝通，不通情達理呢？這是我們大家都必須面對的嚴肅話題。而溝通不良會造成什麼嚴重的後果呢？例如親子的溝通、夫妻的溝通、同事間的溝通、長官部屬的溝通等，其實溝通最難的是如何當一個忠實的傾聽者，嘗試以同理心去瞭解或體會談話者的感受，唯有如此，才可以化解彼此的猜忌並拉近彼此的距離。

溝通除了需要一些技巧外，更重要的是那一份真誠的心，在未來的人生旅程裡，如果你學會溝通的技巧與藝術，將有助於你未來的生涯規劃。從國際競爭的角度而言，無論從ISO 9000品質管理系統、ISO 14000環境管理系統及OHSAS 18000職業安全衛生管理系統，都將溝通作為未來認證的重要課題之一，所以筆者將溝通列入本書的章節中，希望讀者除了學習專業的課目之餘，更應該重視許多的通識課程，唯有多角化的經營與學習，才可以開拓美好的前程。

18-1 溝通之意涵

「溝通」（communication）是資訊的交換與意識的傳遞，它同時也是人與人之間傳達思想與觀念的過程。然而，溝通是人們透過符號或工具，有意識或無意識地影響他人的認知過程；其最高的目的，是藉由「回饋」的手段，而達到彼此相互瞭解及分享資訊的方式。

溝通乃是指一個人將某種訊息與意思，傳遞給予他人，同時他也接受了另一方的訊息，在此過程中應該包含發訊者、編碼、訊息、通路、解碼及收訊者等要素（**圖18-1**）。

一、發訊者

一個發訊者（communication source）必須擁有講、聽和推理的能

CHAPTER 18
溝通的藝術
295

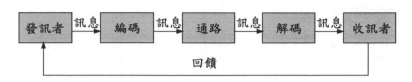

圖18-1　溝通過程模式之流程

力，才能夠成功地與他人溝通，對於欲溝通的訊息作良好的設計，方能將訊息編成收訊者所能夠接受的形式。

二、訊息

　　訊息（message）是發訊者編碼後的實體產物，當我們說話時的「話語」、寫作時的「作品」、作畫時的「圖畫」都是訊息，還有臉部表情、手臂的動作及相關的行為均是訊息。

三、通路

　　是訊息流通的媒介，發訊者可以透過正式（由組織系統）或非正式（個人或社會）的通路（channel）來進行溝通，傳達和組織有關的活動消息或個人行程安排訊息者。

四、收訊者

　　是訊息所針對的目標，該符號必須被轉換成收訊者（receiver）所能夠瞭解的形式，而收訊者的技巧、態度、知識和社會文化，會影響他對訊息的瞭解，因此，收訊者也應該注重發訊者之互動。

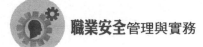
五、回饋

溝通過程的最後一個環節，將訊息傳回發訊者，再由發訊者針對當初他們的編碼，加以解碼的系統，稱之「回饋」（feed back）。它可以決定訊息的傳訊者與收訊者彼此之間是否獲得充分瞭解。

🎱 18-2 溝通的程序

有效的溝通有賴於資訊傳遞的正確性和彼此間的相互瞭解，許多人只重視資訊的傳遞是否順利進行，而忽略了是否「真正瞭解」其涵義，重視所謂的傳送理論，將訊息由一個人傳達給另一個人罷了！而沒有考慮到收訊者是否能夠接受或瞭解，如此的溝通，很難期望其有效。而有效的溝通應包含四大步驟：注意（attention）、瞭解（understanding）、接受（acceptance）及行動（action），茲分別說明如下：

一、注意

「注意」是指收訊者聽取溝通訊息的狀態，當收訊者心有旁鶩時自然會受到干擾，造成訊息的傳送與瞭解有所偏差，可能為影響溝通程序無法順利的進行。

二、瞭解

「瞭解」是指收訊者能夠充分掌握訊息的要義，許多人發現他們的溝通往往在本階段受到阻礙，是因為收訊者沒有真正瞭解所收到訊息的緣故，例如很多主管交辦部屬工作，常常詢問他「瞭解了沒有」，可是這

樣的詢問很難有效，因為部屬在溝通時會受到無形壓力的影響，回答永遠是「yes」，結果無法順利達成主管交辦的事項。最好的方式應該讓部屬複述他們所接受到的訊息，才能夠達成彼此交流的訊息傳遞是否正確與瞭解。

三、接受

「接受」是指收訊者願意遵循訊息的要求，當公司有命令要求所屬員工必須遵守之規定，無論是否合理或接受，管理階層都應該設法讓全體員工先行接受規定，再慢慢告訴其要求的目的和原由，讓基層員工瞭解管理者的困境，才不會造成彼此的誤解，而發生意外的衝突。

四、行動

「行動」是溝通事項的執行進度，管理者在此階段必須注意事情是否按計畫如期完成，有時候可能會發生延誤；有時候進度會超前。因此，管理者應該掌握實際狀況，若無法親身監督工作進行，應該透過訊息有效的傳遞與溝通，才不會造成無法達成任務時，再來互推責任。

18-3 組織的溝通

組織溝通的知識要能夠實用，而管理者可以運用的溝通管道有兩種，即正式管道和非正式管道，此兩種管道均可提供各階層間的資訊傳送與回饋收取，分別加以說明如下：

一、正式溝通管道

是組織結構的溝通管道，一般而言有三種方式進行：第一種為自上而下的溝通；第二種為自下而上的溝通；第三種為平行間的溝通。而其主要的內容說明如下：

(一)自上而下的溝通

當溝通由團體或組織中的高階層管理者流向較低層級時，我們可以瞭解是由上對下的溝通，例如提醒部屬公司的職業安全衛生政策和管理目標，讓全體員工共同努力來達成任務，根據某企業的調查，此種方式的溝通所得到資訊接受度如**表18-1**，其主要的目的說明如下：

1.提供員工的工作指示或指派任務。

2.促進對工作本身和其他任務關係的瞭解。

3.對部屬提供工作程序與遵循的資訊。

4.對部屬回饋其工作的執行績效。

5.為讓員工瞭解組織的目標，增強員工的責任感。

然而，這種自上而下的溝通，也是由於組織各層級的協調，方能促進層級間的聯繫，但其結果讓人聯想到並非真正的溝通，而是下達指示或

表18-1　組織溝通效率傳遞損失統計

層級	資訊接收損失程度
董事會	100 %
總經理	63 %
廠長	56 %
單位主管	40 %
領班	30 %
職工	20 %

指派任務罷了！這種溝通也存在著一些缺失。說明如下：

1.易形成權利氣氛，因而影響士氣。

2.對部屬是一種沉重的負擔，影響的層面將會擴大。

3.由於容易引起曲解、誤解或發生衝突。

(二)自下而上的溝通

當溝通由團體或組織中的低層級流向高階層管理者時，稱為向上溝通，其目的是用來提供上級資訊和回饋，向上報告目標達成的進度，或說明目前可能遭遇到哪些問題，需要上級資源的援助。其溝通管道事項如下：

1.低階層人員需撰寫安全衛生執行報告給上級高層呈閱。

2.提供意見箱供員工申訴或建議事項專用。

3.員工意見調查表。

4.提供e-mail信箱。

5.其他溝通管道。

(三)平行間的溝通

為同一層級單位間或個人間的溝通平台，平行溝通常有業務協調的功能與作用，直線部門和幕僚部門之間，也有平行溝通的需要，以便傳送必要的技術資訊，以應付某些特殊職能之需。

若團體或組織的垂直溝通有效的話又何必平行溝通呢？答案是肯定的，因為安全衛生管理工作需要各部門主管配合推動執行，所以安全衛生的工作仍須以水平溝通來節省時間和協調。若是企業間之平行溝通能夠順暢無阻的話，相信這個企業的營運一定飛黃騰達，反之亦然。所以說平行溝通是否暢通對一個企業營運或安全衛生工作成功與否，有其關鍵的必要性。

二、非正式溝通管道

實際上大部分的組織結構中都進行非正式的溝通管道，並非透過正式管道來加以疏通，因此，往往會把一件芝麻綠豆般的小事，演變成一件無法收拾殘局的大事件。凡是經由非正式溝通管道所得到的資訊，都應該加以詳細查證，避免引起不必要的困擾。而非正式的溝通管道最常見有下列兩種，分別說明如下：

(一)傳聞

「傳聞」顧名思義它只是一個不確定的資訊來源，但是並非其資訊不正確，往往傳聞的來源其正確性或可信度很高，由於傳聞是產生於非正式的管道，故很難追查它的來源處。

有時候傳聞確實很好用，若某個企業中產生一些弊端或不正常的事件發生後，透過流傳會讓一些從事不法的人，產生嚇阻或警告的作用，可能會暫時停止不法的行為，這也是非正式溝通管道的優點。

當然，如果一個企業經常透過非正式的溝通管道釋放訊息，對於未來的營運一定會產生不良的影響，尤其當企業營運不穩、人事變動及獎懲升遷時，那時候的傳聞就特別多，所以企業負責人或管理者應該特別留意此情形，不要因此影響或危害到企業的經營與管理。

(二)布線

「布線」也是透過非正式的溝通管道下的產物，當傳聞涉及組織或個人時，其處理方式各有所不同，這也是組織內歸屬不同的領導體系所造成的結果。對企業來說並非是件益事，因為向上溝通管道不暢通，往往導致彼此間的惡鬥，造成企業內部戰力損耗，唯有靠著布線方式取得溝通管道。希望企業主或管理者能夠暢通正式的溝通管道，讓企業經營與管理正常化，自然而然非正式的管道會消滅於無形。

18-4 有效的溝通

　　既然已經知道阻礙企業組織的有效溝通障礙是存在的，那麼要如何減少這些障礙呢？如何建立良好的溝通管道呢？則必須藉助良好的溝通技巧與藝術。

　　至於要如何建立良好的溝通技巧，這可能需要花費相當多的努力和時間來學習，才能夠有效提升企業的競爭力。為有效提升溝通的技巧，建議應該從下列各項原則做起，分別加以說明如下：

一、積極傾聽

　　「傾聽」是讓我們能夠聽到聲音的意義，需要注意、看著、記住說話者的聲音來源及陳述內容。而要達到積極傾聽必須完成下列四個基本的原則：

(一)專注

　　積極傾聽者，需全神貫注於談話者的內容，並設法摒除數千個分心的雜亂念頭，例如在老師上課的五十分鐘內，學生用完全積極傾聽的心來聽課時，將會和老師同樣的累，因會他們用於傾聽的精力與老師授課的精力付出是一樣多。所以專注是一件很不容易做到的第一道關卡。

(二)同理心

　　同理心是站在對立的立場去思考，試圖瞭解說話者所需要溝通的意念，而非憑藉著自己的想法去臆測談話者的心境。注意，同理心不僅得對說話者有所認識，本身也要具有伸縮性，你必須暫緩自己的想法和情緒，而以說話者的角度來看、來感受。如此，你愈能以說話者的意思或觀

點來衡量，愈能夠讓對方接受你。

(三)接納

一個積極的傾聽者臉上會表露出接納的態度，以客觀的角度做一個忠實的聽眾而不加以評斷或提出反駁的言語，但是，這是一件多麼不容易的事。因為說話者的談話議題可能會讓人分心或引起不同意的觀點，於是內心開始掙扎或立刻產生要終止話題的衝動，在此之際我們可能會遺漏掉剩餘的訊息，是多麼可惜啊！

而作為一個積極的傾聽者所面對的挑戰是試圖去理解對方所講的話，並在對方說完話前，保持沉默，抑制自己的情緒，做一個忠實的聽眾，當作是日行一善吧！

(四)掌握融合

積極傾聽的最後一個要素，是完全的掌握狀況、融合談話者的心境，是作為傾聽者的必備條件。而傾聽者更應該完全掌握溝通中的隱含意義，要達到此一方法，有兩種被廣泛使用的傾聽技巧：其一為傾聽者的感情投入；其二為確實掌握談話者的狀況及完全瞭解其內涵。

二、明確

溝通講求的是將訊息清楚的表達給對方瞭解，對表達所用的媒介如人、事、時、地、物，應簡明扼要地說明清楚，在說服別人之前，應該學習如何先說服自己，否則，如何與人溝通呢？

對於所要溝通的對象，亦要先瞭解其個人的特質，對其習性、知識、喜好、情緒、地位、經驗等，均應加以掌握，方能知己知彼，百戰百勝。

三、尊重

就是培養同理心，溝通者應隨時顧及對方的立場，考慮對方的心理感受，「假如我是你，該怎麼辦？」，如此體諒對方，且注意傾聽，相信可以獲取對方的信任，增加彼此談論的空間與機會。

現今的企業組織中常有一種現象存在，就是部屬的一切作為，完全依照上級主管的意願而定，唯有管理階層非常重視工廠的安全，把維護安全的問題放置於首位，工廠員工才會積極配合推行各種安全防護措施，才能感受到「尊重」，溝通才能夠持續有效。

四、誠信

在我們表達的言詞當中，要能夠釋放出誠意，對於處理事情的態度要有誠心，否則，僅有良好的談話技巧，缺乏誠意，溝通也是無效的。另外，有效的溝通應該建立在彼此的互信基礎上，唯有雙方不互相猜忌彼此的誠意，並以關切的態度進行互動與溝通，如此的溝通才會有所成效。

五、充分授權

知人善任，充分授權，是推動職業安全衛生工作的重要環節，亦為建立良好的溝通必要之措施。從雇主或管理者開始應該充分授權，讓各級主管人員分層負責，各部門推動安全衛生工作交由各層主管去全權處理，溝通才會有其意義。否則，如果因為授權不充分，造成彼此間的相互猜疑，缺乏誠意，將會形成各部門互相推諉，而埋怨其他部門不願意配合或合作，無法順利達成上級交辦的工作與任務。

六、簡單明瞭

溝通的過程不要複雜，應力求簡單扼要，雖然推行職業安全衛生管理工作不是件容易的事，但是過程應該要簡化。但不可為了要簡化流程而忽略細節，草率行事，如此容易引起一些意外事故的發生。

因此推動職業安全衛生工作，應該建立一些簡單的流程圖，把關鍵的步驟或程序標示清楚，將需要管制的項目及內容以表格方式呈現，讓操作者能夠非常明確和清楚地加以記錄，以達到控管的目的。

七、回饋

適時的追蹤及回饋，有利於訊息傳遞，可以作為管理者的決策判斷與參考。其實施的方式可以透過彼此的約談、意見箱、問卷調查或利用網路科技e-mail傳遞訊息，可以創造雙向溝通的管道，建立回饋機制，讓資訊暢通，提高企業的行政效率。

回饋能夠瞭解對方是否符合我們溝通的目的，以便主動作再次溝通的安排。而回饋機制應該涵蓋情境的描述、感受的表達、意見的交流及其他條件的提出等。

18-5 結論

溝通不僅是一種技巧也是一種藝術，在不同的人、事、時、地、物需做出適當的調整，要做好安全意識和理念的溝通，才有助於職業安全衛生工作有效推動與落實。要積極落實職業安全衛生工作，需要花費許多的時間在溝通和協調工作上，溝通要切實，不應在責任的歸屬上作文章，更不要美化書面資料，而要快速找出安全衛生切身問題及解決的方案，唯有

靠不斷地溝通、協調，讓職業安全衛生工作能夠有效地落實與實施。

　　本書將溝通視為主要課題單元之一，因為太多的事務缺乏適當的溝通，而造成彼此的交惡，更讓許多企業因此而失去了很多的訂單，喪失了賺錢的機會。尤其未來的國際趨勢，也是如此的重視溝通的技巧，例如ISO 9000、ISO 14000及OHSAS 18000將溝通視為一個重要的認證章節，由此可知，不論是內部溝通或外部溝通將會是個未來企業的管理重要課題之一，誰能夠有效掌握溝通的藝術，未來的機會就非他莫屬。

參考文獻

丁忠、楊博文、李育哲（1998）。《管理學》，頁284-305。台北：華立圖書。
中國生產力中心（2003）。〈管理員訓練〉。《勞工安全衛生教材》，頁249-
　　259。

Chapter 19 安全文化

　　領導者在企業文化的發展上占有一席之地，而企業文化也相對地影響領導者的行為。文化與領導的互動是持續地進行，當公司創立時由公司的高階領導者或是創始人所創造的文化，經過長時間的活動之後，文化會被加以強化，這些領導者本身也將受限於已形成的文化，同時傳承下來的企業文化，最後將影響中低階主管及員工。在交換式領導者遵照公司原有的企業文化及規範；而魅力領導者想要改變企業文化的話，首先必須瞭解現存的企業文化，接著再將新的願景、共同價值觀及規範融入原有的企業文化中。當企業為集體意識的企業文化時，由於文化強調團隊目標及群體合作的方式，而魅力領導通常必須依賴團隊中的互動經驗，因此互動關係才能產生魅力領導的知覺，因此在集體意識的企業文化中應有利於產生魅力領導。

19-1 安全文化之意涵

　　文化與安全一樣，都是抽象名詞，其內涵只有經由具體的設施與活動才能顯現出來。企業安全文化是企業整體文化不可分割的一環，相互影響，因此討論安全文化時，必須考慮企業文化，甚至社會文化的影響。再者，身處於文化中的人們往往習焉而不察，需與外界比較之後，才易於發現出其文化的獨特性。

　　基本而言，「安全文化」（safety cultures）是組織與個人共同建立一種超乎一切之上的特性與態度，而在各項作業中，能讓「安全議題」的重要性得到應有之重視，並將安全視為一切作業的核心價值。其內涵包括：

1.高階主管的決心與以身作則。
2.全員參與。

3.充分授權。

4.安全是企業的核心價值。

5.安全知能。

6.安全稽核。

茲分述如下：

一、高階主管的決心與以身作則

1.身為工廠最高的負責人，每日進廠後必定親自到全廠區巡視一遍，除了和廠內員工見面打招呼，保持親和力外，並執行工廠安全檢查，將所遇見的缺失交由轄區單位追蹤改善，一直到各部門安全檢查工作步上正軌後，方可減少巡視次數。

2.由上級以身作則，帶頭做，才能把工安做好。切記：工安是不能夠妥協的！

3.最高主管若不是真心並以身作則，很奇妙地，不論是任何型態的員工都會立刻知道，開始學會陽奉陰違，安全文化絕對難以成功。

二、全員參與

1.由下而上的人性化、自主性安全管理，提供工作人員參與的機會，唯有讓基層工作人員關心自己的安全，自發性地執行改善的工作，安全才會落實，零災害才能實踐。

2.各種安全活動及小組委員會廣邀一般員工與工會成員參加。並利用安全獎頒獎或假期舉辦各種安全園遊會、安全郊遊、野餐、燈謎、歌唱、短劇等活動，廣邀員工家屬朋友參加，擴大參與蔚為風氣。所有公司用品及贈品一律優先採購與安全衛生環保相關的物品，或加印安全標語。

3. 各級主管與專業人員若不親身參與，不但難以真正瞭解安全管理，安全文化也無法建立。此外，因輪流參加各委員會，員工有了跨部門共同的經驗與語言，不但員工成長迅速，團隊精神更加堅強。

三、充分授權

1. 安全責任必須充分授權給各級主管及人員，轄區內任何不安全的行為與狀況，每個人均有權利和義務去導正、消除，以維持工作場所的安全。
2. 各單位主管的安全責任範圍與其業務範圍一致，每一寸土地都有明確的負責人，應變與溝通的範圍亦與平時相同，緊急時易於執行成功。
3. 權責合一是最合理的管理方式。

四、安全是企業的核心價值

1. 管理階層的領導和承諾，是建立安全文化的基石。唯有高階主管對安全的重視與承諾並身體力行，建立急迫感，擬訂安全願景和策略，並對願景和策略的改變親自溝通，建立短、中及長期安全目標，作為共同的努力方向。
2. 把安全視為企業的核心價值，才會把安全、環保納入公司的政策與承諾，才會融入於生產與品質中，融入各個作業場所中，也是企業文化的具體表現。
3. 企業文化就是每位員工透過知識、行為及激勵因子等，整體所表現出來的特質或態度。這個過程有一股潛在驅使力，那就是企業的核心價值。換句話說，企業文化即是該企業的核心價值，透過整個組織表現出來的特質或態度。

五、安全知能

1. 安全知識需透過教育訓練與傳授,把正確良好的安全知識、技能與態度教導給每個人,才能消除不安全的行為與態度,這樣安全文化之建立方有可期。
2. 安全規定及作業程序都要員工參與訂定、合理化,才易於澈底執行。
3. 訓練與實務相結合,安全文化才能紮根而久遠。

六、安全稽核

1. 除了廠長與職業安全管理單位或人員隨時機動檢查外,所有部門的主管每月自行安全檢查一次,生產線每週檢查一次,作業人員對危險機台每班檢查一次,安全稽查委員會每月跨部門檢查全廠一次,涵蓋所有作業與區域。
2. 各工廠每半年定期稽查安全衛生執行工作一次,是工廠安全績效的重要指標,作為各部門主管升遷的重要依據。因此各部門莫不全力以赴,準備經年。
3. 不斷地稽查是一種走動式的管理,對確保安全與溝通有極大的助益。全面性的稽查是專業,必須公正客觀,勇於發掘問題,管理階層亦須虛心接受,才能達到不斷改進的目的。

19-2 安全績效卓越比較

管理者應該非常瞭解工廠的安全狀況,哪些地方是做得不錯,哪些處所是有潛在的危險性存在,需要加以改善的,不管自己內部進行比較或

和別人相比較，總是可以瞭解目前的安全衛生環境是否滿意，是否還有改善的空間等，作為管理者應該是瞭若指掌。其實職業安全衛生的管理績效，可以透過職業災害的統計資料明顯表現出來，如此的成果你是否可以接受或可以交代，讓管理者自我反省吧！職業安全衛生的管理工作，是一件非常艱辛的工作，也不是一朝一夕所能夠完成的，而是要抱持著一天比一天更進步，事故率一年比一年更降低！

一、安全績效比較

雖然我國經過數十年來的努力，所得到的安全績效已比以往進步，但是，和先進歐美國家如英國、美國、德國及鄰近國家日本相比較（**圖19-1**），職業災害死亡千人率仍然偏高，高出近二倍之差距，更為英國的六倍，但比十年前（2002年）進步許多，不過與先進歐美英國家比較仍偏

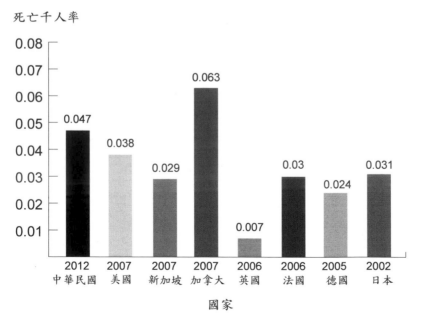

圖19-1　2012年各國職業災害死亡千人率比較圖

高，更有改善進步的空間。

　　政府主管單位及企業主應該嚴肅來正視這個問題，提出有效的防範對策。希望主管機關勞動部之成立，並透過本次修訂「職業安全衛生法」，擴大適用對象及範圍，並加重罰則，讓我國職業安全衛生工作能夠更上層樓，職業災害死亡千人率能夠逐年降低。不然我們如何晉升先進國家的行列當中，這樣的績效，我們會滿意嗎？

二、職業災害統計

　　從過去數十年來的職業災害統計，所得到的安全績效結果是製造業遠好於營造業許多（**圖19-2**）。但是，政府機構的管理主軸均放置於製造業的身上，難怪我國全產業之職業災害死亡千人率的防制績效仍然維持在一般的水準而已。

死亡千人率

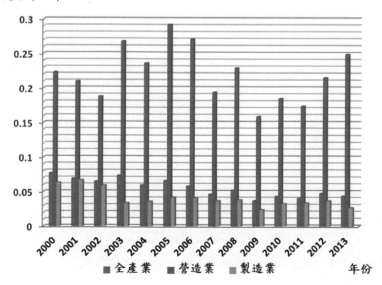

圖19-2　2000～2013年相關產業之職災死亡千人率比較圖

所以說我國的安全問題出現在哪裡？是否有人認真的加以思考，並提出有效的防制對策呢？還是把所有的責任推給事業單位，是否真正檢討法令或制度面產生之缺失呢？或是職業安全管理的理念發生嚴重的偏差呢？讓從事工安工作者產生力不從心的挫折感。

🔧 19-3 企業的安全文化

企業安全文化是企業的安全管理內在思想理念與外在具體表現的整體總稱，這包括硬體設施與軟體管理的整體表現。而台灣經過這些年來在職業安全衛生工作上的努力，各方面都有顯著的進步。但隨著企業的急劇成長，營運日趨複雜，災害損失在世界上排名甚高，社會的安全環境改善趨緩，企業與全民的權益因而受到相當的影響。為突破瓶頸，乃紛紛開始重視推展企業的安全文化。

台灣企業界因此亟需瞭解何謂企業安全文化，如何建立安全文化，以及如何改善安全績效，確保投資效益。大型與國際性的企業或有人力從事研究與推展，或可尋求國際顧問公司或組織的協助，但中小型企業因資源條件有限，面對此課題不知如何因應，政府及相關組織乃積極籌劃協助之道。

一、杜邦公司的安全文化

杜邦公司（DuPont）的核心價值是「安全衛生環保、道德操守和人性化對待」等，並透過整個組織對安全核心價值的尊重與追求所表現出來的特質，且深信所有傷害和意外事故都是可避免的，安全也是每一個員工的職責。台灣杜邦公司觀音廠高層主管表示：建立職業安全文化的過程非常的漫長又艱辛，但一定會讓你值回票價，最顯而易見的好處就是降低傷

害率,以杜邦為例,經由建立的安全文化,目前桃園廠無災害安全工時已累積到一千二百多萬安全小時,除經營成本逐年下降外,工廠的運轉率和產能也逐年上升,員工更以身為杜邦人為榮。

(一)核心價值

杜邦公司以安全衛生環保(SHE)、高道德操守(ethic)和人性化對待(people),透過整個組織對安全核心價值的尊重與追求所表現出來的特質,就構成所謂的「杜邦安全文化」。在尊重與追求安全核心價值的過程中,杜邦建立了一些哲學與信念。杜邦相信,所有的傷害與意外事件都是可以避免的,安全是每一個員工的職責,安全是員工僱用的條件,所有的傷害和意外事件都是由不安全的行為和狀況所造成的。這些信念使追求安全卓越動力得以持續不斷,進而建立了所謂的安全文化。

而「安全、衛生、環保」為杜邦的核心文化之一,自公司成立之初即已擔負起強烈的社會責任:在工業安全方面,杜邦嚴格的自我要求,並主動將全球工安管理的經驗經由各種管道與業界交流分享,積極協助台灣地區責任照顧協會的成立,力促國內化工界推動責任照顧制度,對於提升我國化工業之安環標準及對我國國際形象大有助益。

比如說,到杜邦的工廠參觀時,你會發現沒有人跑步,樓梯兩邊都有扶手,每一個人都使用扶手、一步一階上下樓梯,都照規定穿戴好安全鞋、安全眼鏡、安全帽等防護具。若有來賓跑步、不用扶手或未戴用防護具,旁邊的杜邦員工會立刻提醒糾正。因此你會感覺到其安全管理的特殊之處,其實這就是安全文化的具體表現。

(二)社會使命

四十多年來,杜邦已經與台灣這塊土地密不可分,不僅與台灣經濟共進共榮,並且以杜邦的核心價值「安全健康、環保、高道德及尊重人性」等面向出發,持續以實質活動回饋這塊土地。因為在與世界互動中杜

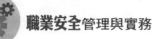
邦深刻體驗到，企業利潤的本質在於增進全體的利益，唯有尋求環境、人、企業利潤的平衡共生之道，企業才得永續生存。

(三)安全與健康的原則

1.所有的傷害及職業疾病皆可避免。

2.安全與健康是管理人員的責任。

3.所有的操作危害（暴露）均可加以控制。

4.安全乃僱用的條件之一。

5.必須澈底的訓練員工安全地工作。

6.稽核是必要的。

7.所有的缺失必須儘速改正。

8.人（人員）是安全與健康計畫的最主要因素。

9.廠外安全是員工安全的另一個重要部分。

(四)員工福利

人是杜邦公司重要的資產，在四大核心文化中「人性尊重」即為其中之要項。杜邦人在安全無虞、福利制度健全、培訓計畫完整以及人性化管理的工作環境中得以一展所長。杜邦人傳承自1802年的繼往開來，有遠見去描繪未來，有決心去開拓進取，有誠心去追求真理，為開創另一個兩百年而努力。

杜邦提供員工：

1.注重安全的工作環境。

2.完善的薪資及福利制度。

3.定期的體檢規劃與健康諮詢。

4.重視員工公私均衡的心理及法律諮商。

5.重視員工之生涯規劃。

6.工作相關之培訓計畫。

7.優秀領導人才的培育。

8.規劃完善的升遷制度。

(五)公司承諾

杜邦公司之「安全、健康、環保」是該公司向所有員工、客戶、股東及社會大眾承諾：杜邦定會在尊重與愛護環境之前提下營運；在執行引領公司邁向成功的政策時，極力為員工、客戶、股東及社會大眾創造最高利益，所有作為絕不損及後代子孫之利益。

基於科技的不斷進步，以及安全、衛生、環保的新知不斷出爐，杜邦將持續提升我們在安全、衛生、環保的作為。我們遍布於全世界的營運單位也將執行此安全、衛生、環保的承諾，同時展示出持續又顯著的進步。杜邦全力支持「責任照顧」及「環保夥伴」兩大方案之推動，來達成承諾。卓越經營最高的準則：我們將秉持最高的標準來安全地運轉我們的設施，以及保護我們的環境、員工、顧客及社區的民眾。「安全、衛生、環保」是我們事業不可分割的一環，我們將持續地竭盡所能來契合社區的期望並藉此來強化事業的經營。

二、中油公司的安全文化

中油公司為國營企業之代表，也是國內最大的石化工業龍頭，在過去的職業安全衛生的績效並不理想，多件重大工安事故引起社會的震撼與恐慌，也讓許多高階主管因此而下野。所以說，沒有安全的環境是無法生產出高品質的產品。

中油公司最高層主管表示說：過去中油總合災害指數曾高達10以上，經過全體員工多年來的努力，現在總合災害指數已降至1.47，創歷年來的新低。不過，中油不會以此為滿足，中油的目標是希望和杜邦一

樣，達到零災害的長遠目標。接著提到：中油已有完備的安全管理制度和規範，但仍有事故發生，追查原因可歸納為未落實制度、工作人員疏忽違規、不在意等，已積極向現場主管人員宣導和加強落實工安，務必將工安措施和理念落實到基層。他說，中油的職業安全衛生政策有全員遵守工安紀律、落實工安檢查作業、嚴格控管風險和將工安百分百的理念傳達到基層等，以建立職業安全文化和追求企業永續經營。

(一)公司遠景

中油公司自1946年6月1日成立以來，充分達成穩定供應油品的任務，並且帶動石化相關工業發展與台灣經濟成長。中油公司將持續為台灣民眾提供高效率的能源服務，並努力成為一安全、乾淨、具競爭力的國際能源公司。

(二)安全衛生政策

為達成「人員零災害、設備零故障」的目標，中油公司現階段工業安全與衛生之具體措施包括：

1.頒布安全政策，強調安全紀律、落實檢查、風險管理、持續改善。
2.推動OHSAS 18001/TOSHMS安全衛生管理系統建制及驗證，持續改善作業環境。
3.加強高階主管走動管理，提升管理績效。
4.督導現場工安管理持續改善。
5.推動開俥前安全查核工作，確保新建設備或大修工場操作安全。
6.加強承攬商安全管理，實施承攬工作安全講習及工作人員入廠電腦管理，落實承攬商評鑑，建立承攬商自主管理。
7.定期檢討工業安全與衛生相關規定，持續增修標準作業程序。
8.強化消防安全設備自動檢查，落實消防管理。

9.推動風險管理及設備完整性業務。

10.申辦儲油槽代檢業務並督導執行。

11.積極實施工業安全教育與訓練，並經常舉辦消防演習、緊急應變與危機處理模擬演練。

12.加強工安及衛生宣導，發展網路教室，使安全衛生教育訓練多元化。

13.定期辦理環境測定及員工健康檢查，健檢資料進行管理分析與追蹤。

三、台塑石化公司的安全文化

台塑石油公司為國內最大的民營企業之代表，也是國內石化工業二大支柱之一，雖然該公司為台灣的經濟發展帶來很大的貢獻，但是，在過去的職業安全衛生的績效方面乃差強人意，還是有改善的成長空間。

(一)公司遠景

我們希望，未來無論是石化或是電子產業領域，台塑企業都能達到世界性規模，居於產業的全球領導地位，以強化企業的競爭力，達到永續經營之目的。

(二)經營理念

公司之經營理念為「勤勞樸實，實事求是」的態度，追求一切事物的合理化，以「止於至善」作為最終的努力目標。

1.以勤勞樸實、不斷研究革新的精神，追求企業持續發展。

2.以「品質、信譽、服務、環保」的信念貢獻社會。

3.以重視環保、品質至上之精神，達成環保與經濟並重之理念。

(三)環安衛政策

　　本公司創立於1992年，主要產品為輕油、汽油、柴油、煤油、LPG、燃料油等油品及乙烯、丙烯等上游原料。本公司從建廠開始即秉持「汙染預防，風險控制」之觀念設計，以追求「工安環保與經濟」雙贏為目標，更以追根究柢持續改善之精神，建立、維持環境及安全衛生管理系統，並訂定我們的政策為：

　　1.嚴守法規，加強溝通。
　　2.汙染預防，工廠減廢。
　　3.危害鑑別，風險控制。
　　4.全員參與，持續改善。

19-4 結論

　　企業文化是企業重要的共同價值觀，而這共同價值觀便是員工彼此相處及處理工作的方式，這些行為方式又會受到積極成長的中階主管所密切注意，因此中階主管必定對企業文化先加以瞭解、尊重並且以身作則，帶動良好安全環境的企業文化。

　　而工安工作就像航行在大海中的獨木舟一般，面前一片汪洋大海。它的前途可以說一片美好，也可以說是充滿風險。只要決定要做了，就如同船已出航，完全沒有妥協的餘地。而企業文化就是每位員工透過知識、行為及激勵因子等，整體所表現出來的特質或態度。這個過程有一股潛在驅使力，那就是企業的核心價值。換句話說，企業文化即是該企業的核心價值，透過整個組織表現出來的特質或態度。

　　從過去的職業安全衛生工作發展之歷程可以看出，職場安全僅靠嚴格的監督和管制是不夠的，它還需要靠建立安全文化來彌補其不足。但

是，如何來建立企業的安全文化呢？需要雇主或管理者的承諾、領導與決心，單位主管帶頭以身作則，身體力行，讓每位員工都把安全視為己任，全員參與安全活動，持續進行各項安全改善工作。如果安全衛生基礎底子較差或不足的企業，就得多用點心，藉由推動安全文化的機制來彌補「基礎」上的不足，俗話說「勤能補拙」，就是這個道理。追求安全卓越，企業才能夠永續經營下去，所以說追求安全文化是企業永續經營發展的守護神！

參考文獻

中國石油股份有限公司，http：//www.cpc.com.tw。
台塑石化股份有限公司，http：//www.fpcc.com.tw。
台灣杜邦，http：//www.dupont.tw。
張慶麟，企業安全文化經驗談，豐泰基金會，http：//www.fengtay.org.tw。

Chapter 20 職業安全衛生管理系統

　　一個成功企業的經營，必須具備良好的安全、衛生工作環境與條件，配合整體人力資源的應用與管理，發展出適合企業本身的職業安全衛生管理制度，透過橫向、縱向的垂直整合，唯有如此才能夠真正發揮企業無窮的潛能。

　　近年來聯合國對於環境與安全的議題相當的重視和關切，未來在安全技術與安全產品上的要求，將是世界的趨勢潮流，所以台灣的企業主或管理者，應該早作準備，才能夠面對未來的競爭和挑戰。因此，企業界在安全、衛生及環保方面的投入與執行成效，將會是國家發展的一項重要觀察指標。將來如果在安全衛生與環保的計畫執行不力，將可能會被視為規避生產成本的管控，會被列入不平等的貿易競爭國家的行列中，將會影響到國家整體的競爭力，這些都是政府及企業主應該加以正視和關注的問題，更應該積極尋求因應對策，以趕上世界潮流的腳步。

20-1 國際標準管理制度的沿革

　　ISO（International Organization for Standardization）於1987年公布了品質標準ISO 9000系統，並於2000年重新修訂，至今已被超過一百個以上國家所接受，兩萬家以上機構組織已被登錄。而環境管理ISO 14000系統於1996年起陸續公布，將品質管理與環境管理著重在管理系統而非最終產品，ISO標準強調過程而非結果，並於2008年修訂，將其標準所要求之內容加以整合，避免多重制度並行，浪費行政資源，造成企業界推行上的阻力，並提升參與的意願。

　　許多國家已經正進行職業安全衛生管理制度的制定，例如英國標準協會已公布BS 8800：職業安全衛生管理制度指南，提出如何由其現有的職業安全衛生管理架構，以及由ISO 14000管理架構來發展一個健全的職業安全衛生管理制度；澳洲標準局公布了營造業的職業安全衛生管理制度標

準，目前正進行一般性的安全衛生管理制度標準之制定；美國工業衛生協會業已出版「職業安全衛生管理制度：美國工業衛生協會指引文件」，以 ISO 9001：2008標準為其管理架構；丹麥也正準備制定相關標準等。

　　為因應前述職業安全衛生管理之趨勢，由國際間多家著名驗證機構及研究機構參考諸多安全衛生管理系統標準（如BS 8800、ISA 2000、AS/NZ 4801、NSAI SR 320、OHSMS等）後，於1999年共同制定及公布OHSAS 18000職業安全衛生管理系統系列標準。OHSAS 18000系列標準全名係為Occupational Health and Safety Assessment Series 18000，包含兩種標準：

1.OHSAS 18001：職業安全衛生管理系統──規格。
2.OHSAS 18002：職業安全衛生管理系統──OHSAS 18001實施之指導綱要。其中OHSAS 18001（目前為2007年版）可作為第三者驗證之標準，而OHSAS 18002（目前為2000年版）僅提供組織作為建置及實施OHSAS 18001之指導綱要。

20-2 職業安全衛生的推展趨勢

　　職業安全與衛生工作的落實與否，是保障工作者生存權與工作權之基礎，亦是確保人力資源穩定供需、社會安定與經濟發展的基石。面對近年來層出不窮之職業災害事件，不僅對勞工造成嚴重的傷害，也影響到事業單位的營運成本及企業形象，對於勞資關係的和諧、企業之永續經營發展及投資意願均有所打擊，對國家整體經濟發展將會造成不良的影響。

　　隨著產業不斷地發展及演變，新的化學物質、生產技術、企業規模及複雜的系統不斷地被運用在工作場所中；這些轉變使得工作場所的危害更為複雜，且難以掌握。鑑於安全衛生問題的日益複雜，以及國際間安全

衛生趨勢的發展，職業安全衛生工作將成為企業永續發展及經營成敗之關鍵。

同時，從世界各國的許多經驗顯示，倘若工作人員是長期暴露在有安全及衛生危害的不良工作條件下工作，則企業欲獲得高品質的產品或高品質的服務，以及具長期的生產力，甚或一個健全的經濟，都是很困難的。許多在發展職業安全衛生上獲致良好成果的企業，依據其實際經驗再加上相關科學知識，推導出一些非常實用的安全衛生原則可供業界參考應用。利用這些原則，可協助企業在職業安全、衛生、社會關係、經濟等具連帶關係的各方面，均能有極佳成果。同時，具有這樣職業安全衛生安排的企業，在經濟危機時期亦是最為穩定的。

一、職業安全衛生管理系統架構與原則

(一)職業安全衛生管理系統架構

職業安全衛生管理系統架構圖（**圖20-1**），在本書前言已經簡略陳述，但是為了讓讀者可以瞭解與運用，因此在本章節中將會明確說明，並一一介紹各個節點，希望有助於如何建立此管理系統。

(二)職業安全衛生管理系統原則

從上面管理系統架構圖可以瞭解，由雇主或經營管理者對於安全衛生做出承諾，再根據管理者的承諾制定公司的職業安全衛生政策，並依照持續改善（P→D→C→A）的精神，訂定各部門的管理目標與標的，並制定可完成的解決執行方案，依照計畫一一展開實施，透過績效量測的指標，界定執行成效，如此不斷持續地進行與改善，以達到管理系統所要求的目標。其實施之原則與要領，說明如下：

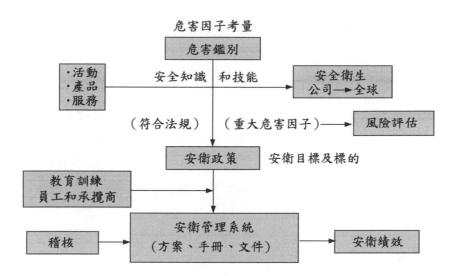

圖20-1　職業安全衛生管理系統架構圖

◆原則一：承諾與政策

組織須界定本身的職業安全衛生政策並確認對其職業安全衛生管理系統之承諾。

◆原則二：規劃

組織須擬訂落實其職業安全衛生政策的計畫。

◆原則三：實施

為了有效地實施，組織須發展為達成職業安全衛生政策、目標及標的所需之能力及支援機制（包含人力、資源、方法與技術等）。

◆原則四：量測與評估

組織須量測、監督及評估本身的安全衛生績效。

◆原則五：審查與改善

組織須以改善其整體安全衛生績效為目標，以審查機制並持續地改善本身的職業安全衛生管理系統。

二、職業安全衛生管理系統準備與實施

(一)職業安全衛生管理系統準備工作

　　任何工作在進行之前，必須有完整的程序或計畫，並將公司生產運作過程中有關之產品、活動及服務所產生之安全衛生問題，運用危害鑑定技術，一一分析加以檢討，並篩選出重大關鍵的危害性因子，利用風險評估方法，尋求改善的對策與措施，將危害等級降低至可以接受的範圍內，並依照職業安全衛生系統先期審查之流程步驟（**圖20-2**）逐步進行。

(二)職業安全衛生管理系統實施要領

　　經過先期審查之後，篩選出重大或重要之危害性因子外，並對整個組織很詳細的檢驗，找出不符合法令要求事項，並訂定安全衛生政策、目標及標的，制定可行的管理執行方案，配合OHSAS 18000之相關條文，一一檢視。建立相關之作業程序書及工作指導書，作為未來執行職業安全衛生管理系統主要的管理文件，並依作業流程之需求，製作相關

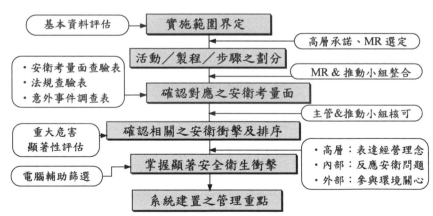

MR：Management Representative（管理代表）

圖20-2　OH＆S管理系統先期審查流程

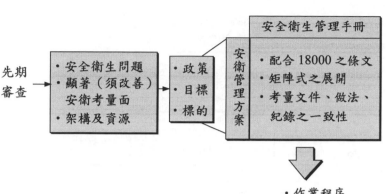

圖20-3　OH＆S管理系統文件作業展開流程

作業的管制表單，以有效管控其作業之程序有效地執行，其作業流程可參考**圖20-3**。

20-3 職業安全衛生管理的推展

瞭解職業安全衛生管理系統的架構與原則，並展開相關的準備工作和實施要領後，接著是如何迎接管理系統的到來，本節將會一一陳述整個管理系統的展開步驟，讓讀者對於ISO國際標準系統有所瞭解，以便未來進入工作職場後能夠明白企業的運作形態。如何來展開本系統呢？遵照P→D→C→A四大循環系統依序進行，詳細推展步驟如**圖20-4**所示，說明如下：

1. 一般要求事項（推動職業安全衛生管理系統之工作規劃及運作組織的建立）。
2. 制訂職業安全衛生政策。

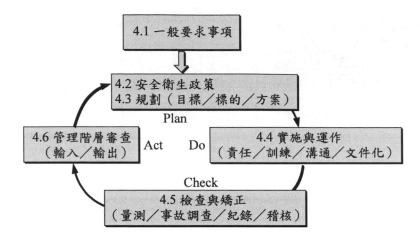

圖20-4 OH & S管理系統推展步驟

3.規劃（planning）：

　(1)法規及其他要求事項。

　(2)危害鑑別、風險評估及風險控制。

　(3)內部績效準則。

　(4)安全衛生目標與標的。

　(5)安全衛生計畫與管理方案。

4.實施與運作（do）：

　(1)通則（資源、角色、職責、責任與權責）。

　(2)訓練、認知及能力。

　(3)溝通、參與及諮詢。

　(4)文件製作及管制。

　(5)作業管制。

　(6)緊急應變。

5.檢查與矯正（checking and corrective）：

　(1)績效量測與監督。

(2)守規性評估。

(3)事件調查、不符合事項矯正與預防措施。

(4)紀錄管制。

(5)稽核：內部稽核與外部稽核（audit）。

6.管理階層審查（management review）。

一、組織

(一)職責

職業安全衛生的最大責任應歸屬於最高管理階層，其最佳的實施方式即是雇主應賦予最高管理階層主管特別之職責，充分授權，以確使職業安全衛生管理制度得以順利推動，並要求組織內各部門均能夠達到標準。組織內所有階層的成員也需負起業務相關的安全衛生責任，而高階主管更應以身作則，主動積極地參與，持續改善安全衛生成效。

(二)組織配置

不論工作的性質或職業行業別為何，將職業安全衛生工作整合於組織中是一件相當重大的工程，為達成職業安全衛生管理的成效和政策要求，建議組織應該有下列的功能：

1.確認責任區及業務上所應擔任的任務及責任。

2.明確個人擁有的必要權利及執行任務、責任。

3.分配與其工作範圍和性質的適當資源。

4.依組織之權責及任務安排必要的教育訓練課程。

5.設置或開放職業安全衛生相關的資訊與溝通管道。

6.安排專家或技術單位加以輔助及諮詢。

7.開闢職業安全衛生園地，讓員工主動參與。

二、職業安全衛生政策

在企業組織中最高管理階層應該制訂職業安全衛生政策，並記錄與支持該政策，其政策應該包括下列重點：

1. 將安全衛生視為企業成效的一部分。
2. 遵守法令為最基本的原則，堅持有效防止意外事故的策略，並持續改善以符合成本效益。
3. 提供正確適當的資源，以利推展安全衛生政策。
4. 監督各階主管有效地執行安全衛生政策，並列為部門的執行績效考核。
5. 讓全體員工參與及諮商，使組織中各成員均能瞭解並持續地執行。
6. 定期檢討政策與管理目標，並實施稽核以確保遵守政策。
7. 實施教育訓練，讓各階層人員都能夠肩負所賦予任務與責任，並順利完全使命。

三、規劃

活動的成敗關鍵在於規劃的內容是否清楚地預期其成果，因為組織需要有一套規劃程序可以找出問題的癥結和所要選定的目標是什麼。一般說來，程序可以用來計畫並實施職業安全衛生組織的變動、風險評估、風險控制及成效的評估。而規劃應該由安全與衛生考量面加以鑑別，經過危害鑑定、風險評估，將造成生產活動／產品／服務之重大危害衝擊因子，與相關法規及內部準則對照是否衝突或不符合時，應該立即轉為年度的改善目標或標的，擬訂有效的管理執行方案進行控管，並追蹤其改善的成效。其實施的流程和步驟，可以參考**圖20-5**。

當牽涉到績效指標的制訂時，應該明確的界定出由誰負責，任務是什麼，執行的方案及預期的成效。唯有如此，規劃的目的才會呈現出

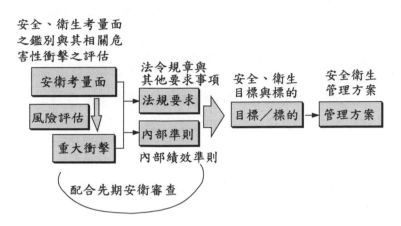

圖20-5　OH & S管理系統規劃流程步驟

來。有效達到規劃的要求，必須強調下列重點及要件：

1. 規劃需包括人力及資源的全面性計畫，使組織得以達成政策的要求。
2. 全面性檢討有關生產活動／產品／服務過程中是否完全符合相關法令或其他事項的要求。
3. 規劃需包括危害性的風險評估（涵蓋從事生產活動／產品／服務過程中可能遭受到的任何危害因素，都需加以評估）。
4. 風險控制措施的作業計畫。
5. 規劃成效評估、稽核作業及現況的檢討。
6. 實施必要的改善事項。

四、實施與運作

　　組織為了有效地實施職業安全衛生管理系統，須發展所需要的能力與支援機制，以達成其安全與衛生政策、目標及標的。為了達成有效的安全與衛生管理，對於組織與人員的責任及義務應該加以界定。而管理階層

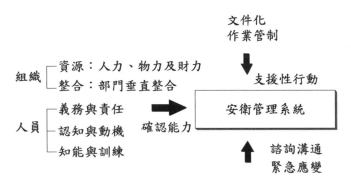

圖20-6　OH＆S管理系統實施運作流程步驟

應該提供實施與運作安全衛生管理系統所需的資源（包括人力資源、專門技術、物力及財務資源等）的支援。其詳細的流程與步驟可參考**圖20-6**。

五、檢查與矯正措施

為確保本系統之有效性，應該嚴謹把關，做好檢查與矯正預防工作，避免該管理系統形同虛設，並依照職業安全衛生系統檢查與矯正措施之流程步驟（**圖20-7**）逐步進行。

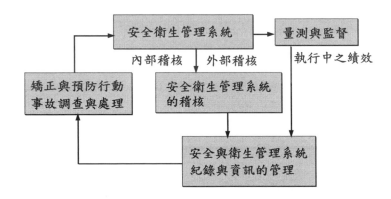

圖20-7　OH＆S管理系統檢查與矯正措施流程步驟

(一)量測與監督

量測與監督是評估職業安全衛生管理系統之關鍵性活動，用以確認組織執行時符合其明示的安全與衛生管理方案。而組織應該建立並維持文件化程序，以定期監督與量測會對於安全、衛生產生重大衝擊的作業或活動之主要特性。其中應包括資訊的記錄，追蹤有關績效相關的作業管制，與組織所訂定的安全與衛生年度目標和標的的執行情況是否有相符合。若不符合時，應該提出改善措施與預防對策，方能夠確保職業安全衛生管理系統的有效性。

(二)事故調查與處理

任何對於生產之活動／產品／服務所產生之事故、事件或不符合的行動應該實施調查，並將處理之過程與結果都必須完整的加以記錄。更詳盡的處理流程和事故調查可以參考第七章（事故調查與職災統計）。

(三)紀錄與管理

紀錄是職業安全衛生管理系統持續運作的證明，而紀錄應以適合系統與組織的方式維護，以展現其符合各項之要求，其內容須涵蓋下列事項：

1.法令規章的要求事項。

2.許可。

3.安全與衛生考量面與相關的衝擊。

4.安全與衛生訓練活動。

5.檢視、校正及維護活動。

6.監視數據。

7.不符合事件的詳細資料；意外事件、申訴及後續行動。

8.產品之鑑別。

9.安全與衛生稽核與管理階層審查。

(四)稽核

除了監控安全衛生的成效外,亦需要對安全與衛生管理制度執行狀況實施定期的稽核,而稽核人員應該由經過訓練合格人員來擔任之,並指派和相關業務沒有直接關係者較為合適。

稽核的項目應該視組織的規模和性質差異性而決定,一般基於時間及任務上的需要,應該針對下列重點加以查核:

1. 整體職業安全衛生的管理制度是否達到OHSAS 18001之要求標準及符合事項。
2. 是否符合相關法令之要求及其他的要求事項。
3. 是否符合所制定的職業安全衛生政策、管理目標與標的。
4. 是否依照相關的標準作業程序書或工作指導書的規定實施,並留有紀錄。
5. 相關文件紀錄的查核。
6. 其他客訴案件或利害相關者陳情投書案件的處理狀況。
7. 意外事故報告及調查結果之查核。
8. 主管機關所開立違反規定之罰單。
9. 上次稽核報告驗收之查驗。
10. 其他有關安全衛生注意事項之查核。

六、管理階層審查

組織的最高管理階層應在其決定之時程審查職業安全衛生管理系統,以確保本系統持續適用性、適切性及有效性。在審查的過程中,應該確保蒐集到必要的資訊,以讓管理階層進行此項評估,此項程序應該以文件化表示之。而管理審查之重點應該包括的內容如**表20-1**所示。

表20-1　OH＆S管理階層審查之要項

安全衛生政策	
安全衛生考量面檢討	
各部門工作業務執行報告的檢討	
審查輸入	審查輸出
內部稽核之結果，以及法規要求與組織同意遵守的其他要求之符合性評估結果。	任何與安全衛生政策、目標、標的及安全衛生管理系統其他要項的可能變動有關之決定與措施；此等決定與措施應與持續改進之承諾一致。
來自外部利害相關者之訊息（communications），包括抱怨。	
組織之安全衛生績效。	
目標與標的之達成程度。	
矯正與預防措施之狀況。	
先前管理階層審查之跟催措施。	
變更的狀況（circumstances），包括與其安全衛生考量面相關的法規要求與其他要求之發展。	

20-4 結論

　　實施職業安全衛生管理系統的益處不僅可以取得認證外，還可以提升公司的企業形象，並保有一定的競爭地位。而藉由此管理系統之推動來增進事業單位的安全衛生績效，對於落實安全衛生的管理有所助益。

　　為了健全國內的管理制度，政府應該扮演一個重要的角色，以過去推動ISO 9000品質管理系統及ISO 14000環境管理系統的經驗繼續鼓勵及輔導廠商早日引進OHSAS 18000職業安全衛生管理系統，未嘗不是提升國內職業安全衛生管理制度的一個好契機，相信可以降低國內的職災率。

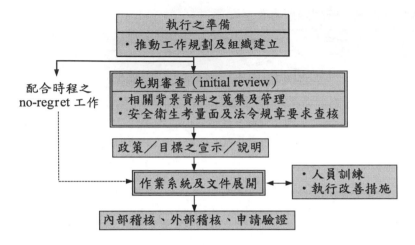

圖20-8　OH＆S管理系統執行之流程

　　至於如何有效地推展職業安全衛生管理系統呢？筆者可以提供一個簡單的執行流程，讓有心想瞭解或推動者可以加以掌握（**圖20-8**），並配合本章節有關之內容，相信推動ISO系統的建立或認證，應該不是一件難事。請大家加油吧！為職業安全衛生工作注入新活力，讓職業災害從此遠離我們的工作場所。

參考文獻

楊致行，中華民國清潔生產中心，http：//portal.nccp.org.tw。
楊致行，ISO 14000環境管理系統介紹，http：//portal.nccp.org.tw。

Chapter 21

工作者身心健康保護

本書以職業安全角度與觀點作為撰寫編輯的主軸,並未將職業衛生詳列於教課書中,為因應「職業安全衛生法」之新法規已於2015年1月1日正式上路,對於企業衝擊非同小可。尤其以從事服務業與電子相關產業影響甚鉅,因為作業勞工的工作時間較長又無法符合勞基法作業工時加班要求,筆者特別將「工作者身心健康保護」列入本章節,提供一些建議供參閱。

依「職安法」第六條第二項之規定,雇主對於會造成工作者身心健康及預防職業病之發生,應妥為規劃及採取必要之安全衛生措施。有鑑於此,筆者與工安界先進蒐集一些相關資料,針對該法規各項要求提出應對措施,新增於本書中,希望對學子及企業中從事安全衛生工作者有所助益。

21-1 法令的依據

依「職業安全衛生法」第六條第二項之規定,雇主對於下列事項,應妥為規劃及採取必要之安全衛生措施;另「職業安全衛生法施行細則」針對第二項之規定要求內容一併說明如下:

一、重複性作業等促發肌肉骨骼疾病之預防

「職業安全衛生施設規則」第三百二十四之一條,雇主使勞工從事重複性之作業,為避免勞工因姿勢不良、過度施力及作業頻率過高等原因,促發肌肉骨骼疾病,應採取下列預防措施,作成執行紀錄並留存三年。

1.分析作業流程、內容及動作。
2.確認人因性危害因子。
3.評估、選定改善方法及執行。
4.執行成效之評估及改善。
5.其他有關安全衛生事項。

二、輪班、夜間工作、長時間工作等異常工作負荷促發疾病之預防規

「職業安全衛生施設規則」第三百二十四之二條，雇主使勞工從事輪班、夜間工作、長時間工作等作業，為避免勞工因異常工作負荷促發疾病，應採取下列疾病預防措施，作成執行紀錄並留存三年。

    1.辨識及評估高風險群。

    2.安排醫師面談及健康指導。

    3.調整或縮短工作時間及更換工作內容之措施。

    4.實施健康檢查、管理及促進。

    5.執行成效之評估及改善。

    6.其他有關安全衛生事項。

三、執行職務因他人行為遭受身體或精神不法侵害之預防

「職業安全衛生施設規則」第三百二十四之三條，雇主為預防勞工於執行職務，因他人行為致遭受身體或精神不法侵害，應採取下列暴力預防措施，作成執行紀錄並留存三年。

    1.辨識及評估危害。

    2.適當配置作業場所。

    3.依工作適性適當調整人力。

    4.建構行為規範。

    5.辦理危害預防及溝通技巧訓練。

    6.建立事件之處理程序。

    7.執行成效之評估及改善。

    8.其他有關安全衛生事項。

四、避難、急救、休息或其他為保護勞工身心健康之事項

1. 「職業安全衛生設施規則」第三百二十四之四條，雇主對於具有顯著之濕熱、寒冷、多濕暨發散有害氣體、蒸氣、粉塵及其他有害勞工健康之工作場所，應於各該工作場所外，設置供勞工休息、飲食等設備。但坑內等特殊作業場所設置有困難者，不在此限。

2. 「職業安全衛生設施規則」第三百二十四之五條，雇主對於連續站立作業之勞工，應設置適當之坐具，以供休息時使用。

3. 「職業安全衛生設施規則」第三百二十四之六條，雇主使勞工於夏季期間從事戶外作業，為防範高氣溫環境引起之熱疾病，應視天候狀況採取下列危害預防措施：

   (1)降低作業場所之溫度。

   (2)提供陰涼之休息場所。

   (3)提供適當之飲料或食鹽水。

   (4)調整作業時間。

   (5)增加作業場所巡視之頻率。

   (6)實施健康管理及適當安排工作。

   (7)留意勞工作業前及作業中之健康狀況。

   (8)實施勞工熱疾病預防相關教育宣導。

   (9)建立緊急醫療、通報及應變處理機制。

21-2 人因性危害因子調查與評估

　　鑑於肌肉骨骼傷害越來越受到關切，國內外統計資料也顯示此類傷害相當普遍。目前我國人因工程肌肉骨骼傷害預防相關法規，散見於「職業安全衛生設施規則」、未滿十八歲者及女工保護相關標準等，這些

大都針對特定作業、保護身體局部機能而訂，非針對骨骼肌肉傷害預防所訂之法規。

先進國家對於肌肉骨骼傷害相當重視，亦將此類傷害列入職業傷病。然而，骨骼肌肉傷害不僅與工作有關，個人體質、退化、日常生活以及休閒活動都有關係。同時，此類傷害相當普遍，若貿然以法規方式限制事業單位，恐造成過大的經濟衝擊。因此，本次職安法修法要求事業單位需建制如何預防此類因職業上所引起之疾病，若未依職安法第六條第二項之規定者，可處新台幣三萬元以上十五萬元以下罰鍰；若致工作者發生職業病，可處新台幣三萬元以上三十萬元以下罰鍰。

一、危害因子之調查

當事業單位決定要推行肌肉骨骼傷害預防，首先要收集事業單位內勞工有關骨骼傷害醫療、病假、申訴等資料或進行事業單位內之肌肉骨骼傷害狀況調查，初步認知可能之問題場所，進而對該場所可疑之某一工作（工作群）進行危害檢點。如果某一工作（工作群）或相似工作有兩位勞工發生相似部位之肌肉骨骼傷害，宜視為高危險性工作場所進行危害評估。

1. 針對公司內部員工進行問卷調查，建立基本資料。
2. 利用OHSAS 18000安全衛生管理系統中之危害鑑別風險評估管制程序之表單（職務與作業一覽表），分析作業流程、內容及動作（**表21-1**）。
3. 各部門依照轄區性質、任務，職務與作業實施清查。
4. 將作業內容及作業中易引起肌肉骨骼傷害或疾病的危險因子填寫於表單中。

表21-1　危害因子作業分析表

職務與作業一覽表							
年度：			部門：			填表日期：	
項次	作業名稱	作業步驟	工作性質		職務	製程流程圖	
			例行	非例行			
廠長／經理：			課長：			填表人：	

二、危害因子之確認

　　利用關鍵指標法（Key Indicator Method, KIM），主要被開發來偵測作業上的瓶頸和必要的改善措施。而KIM僅考量與作業相關的主要人因危害因子，因此被稱為「關鍵指標方法」。本方法基於與肌肉骨骼危害間存在明顯的因果關係。這些指標包括重量、姿勢和工作條件，以及代表持續時間、頻率或距離所成的乘數，記錄於人因工程風險評鑑表（**表21-2**）。其建置之步驟說明如下：

1. 步驟一：先依作業特性於表格中選擇何種作業「抬舉或放置作業」、「握持作業」、「運送作業」，並於該欄位中選擇適當的作業次數／時間／距離，並於時間評級點數評估表（**表21-3**）中讀取相對應的時間評級點數。

2. 步驟二：依序決定荷重（**表21-4**）、姿勢（**表21-5**）與工作狀況（**表21-6**），選擇其評級點數。

3. 步驟三：將活動相關的評級點數填寫於（**表21-2**）中，即可評估該項作業之風險值。

表21-2 人因工程風險評鑑表

年度：2014　　部門：管理課　　評鑑日期：

編號	區域／設備／作業	作業步驟	時間評級點數	荷重評級點數	姿勢評級點數	工作狀況評級點數	風險	風險等級	長時間過度施力風險值	長時間不良姿勢風險值	長時間不良工作狀況風險值	改善控制措施	備註
1	廠區／室外道路／巡視廠區道路及圍牆等設備	人員走動	8	1	1	0	16	等級2	8	8	0		
		廠區安全巡視	6	1	1	0	12	等級2	6	6	0		
2	廠區／地磅／維修校驗	指引吊貨車進場欲行駛入地磅區域	6	1	1	0	12	等級2	6	6	0		
3	廠區／廢棄物儲存場／清潔作業	清潔打掃作業	4	1	1	0	8	等級1	4	4	0		
		地板清潔作業	4	1	2	0	12	等級2	4	8	0		
4	善化廠區／辦公大樓／一級作業	人員走動	8	1	1	0	16	等級2	8	8	0		
		坐姿方式打電腦（Notebook）	10	1	1	0	20	等級2	10	10	0		
		長時間看電腦螢幕	10	1	1	0	20	等級2	10	10	0		
		路上、樓梯搬運工具	1	1	1	1	3	等級1	1	1	1		
5	廠區／自來水塔／清洗作業	進行清洗	4	4	4	1	24	等級2	4	16	4		

備註：若行列不足請自行增列。

評鑑人員：

備註：

廠長／經理：

表21-3 時間評級點數評估表

抬舉或放置作業<5秒		握持作業>5秒		運送作業>5公尺	
工作日總次數	時間評級點數	工作日總時間	時間評級點數	工作日總距離	時間評級點數
<10	1	<5min	1	<300m	1
10 to <40	2	5min<to 15min	2	300m to <1km	2
40 to <200	4	15min to <1hr	4	1km to <4 km	4
200 to <500	6	1hr to <2hrs	6	4km to <8 km	6
500 to <1000	8	2hrs to <4hrs	8	8km to <16 km	8
≧1000	10	≧4hrs	10	≧16km	10
範例：砌磚、將物件置入機器、由貨櫃取出箱子放上輸送帶		範例：握持和導引鑄鐵塊進行加工、操作手動研磨機器、操作除草機		範例：搬運家具、運送鷹架至建築施工現場	

表21-4 荷重評級點數評估表

男性實際負荷	荷重評級點數	女性實際負荷	荷重評級點數
≦10kg	1	≦5kg	1
11～20kg	2	6～10kg	2
21～30kg	4	11～15kg	4
31～40kg	7	16～25kg	7
>40kg	25	>25kg	25

表21-5　姿勢評級點數評估表

典型姿勢與荷重位置	姿勢與荷重位置	姿勢評級點數
	・上身保持直立，不扭轉。 ・當抬舉、放置、握持、運送或降低荷重時，荷重適度地接近身體。	1
	・軀幹稍微向前彎曲或扭轉。 ・當抬舉、放置、握持、運送或降低荷重時，荷重適度地接近身體。	2
	・低彎腰或彎腰前伸。 ・軀幹略前彎扭同時扭轉。 ・負荷遠離身體或超過肩高。	4

表21-6　工作狀況評級點數評估表

工作狀況	工作狀況評級點數
具備良好的人因條件。例如：足夠的空間、工作區中沒有物理性的障礙物、水平及穩固的地面、充分的照明及良好的抓握條件。	0
運動空間受限或不符合人因的條件。例如：運動空間受高度過低的限制或工作面積少於$1.5m^2$、姿勢穩定性地不平或太軟而降低。	1
空間／活動嚴重受限與／或重心不穩定的荷重。例如：搬運病患。	2

表21-7　作業風險等級評估表

風險等級	風險值	說明
1	＜10	低負荷，不易有生理過負荷
2	10≦X＜25	中等負荷，體力弱者生理負荷，應針對此族群工作再設計
3	25≦X＜50	中高負荷，一般作業員會過負荷，建議進行工作改善
4	≧50	高負荷，生理過負荷會發生，必須進行工作改善

4.步驟四：（荷重評級＋姿勢評級＋工作狀況評級）×時間評級＝風險值。

5.步驟五：將計算所得到之風險值，參照作業風險等級（**表21-7**）可以得知屬於何種的風險，對作業者是否會造成危害。

三、危害因子之評估

以北歐肌肉骨骼症狀調查表（Nordic Musculoskeletal Questionnaire, NMQ），進行員工主動調查，讓全體員工自覺性依NMQ調查表完成資料填寫說明如下：

1.填寫資料說明。

2.填寫基本資料。個人基本資料問卷調查表（**表21-8**），依目前所從事工作現況完整填入表格中。

3.症狀調查。肌肉骨骼問卷調查表（**表21-9**），按照身體部位body map（**圖21-1**）自我診斷身體狀況，是否有表列症狀產生，一一檢視作為基本數據參考依據。

4.以迴歸分析或描述統計的方法，瞭解廠內勞工的工作相關因子與身體九大部位肌肉骨骼不適的關係及嚴重程度，分別探討受訪者是否有肌肉骨骼不適自覺症狀發生，再採取一些改善措施及對策。

表21-8　個人基本資料問卷調查表

你的工廠名稱：＿＿＿＿＿＿＿　填表日期：＿＿＿＿年＿＿＿＿月＿＿＿＿日

第一部分　個人基本資料

廠區＿＿＿＿＿＿＿部門／單位＿＿＿＿＿＿＿　姓名＿＿＿＿＿＿＿

工號＿＿＿＿＿＿＿年資＿＿＿＿＿＿＿

出生年月日：＿＿＿＿年＿＿＿＿月＿＿＿＿日　婚姻狀況：　□已婚　□未婚

體重＿＿＿＿公斤　身高＿＿＿＿公分

1.您經常運動嗎？　□沒有　□不常（約三星期一次）

　　　　　　　　　□偶爾（約二星期一次）　□至少每星期一次

2.您平時做事習慣使用哪隻手？　□右手　□左手

第二部分　工作資料

1.您從事此一工作至今已有多久？＿＿＿＿＿年＿＿＿＿＿月（包括以前所任職之機
　構）

2.您從事目前的工作已有多久？＿＿＿＿＿年＿＿＿＿＿月（不包括以前所任職之機
　構）

3.您平均一天的工作時間為多少小時？　□8小時　□8小時～12小時

4.您的工作時間內是否有安排休息時間？

　□沒有　□有，一天休息＿＿＿＿＿次，一次休息＿＿＿＿＿分鐘

5.您一星期的工作天數為＿＿＿＿＿天

6.您是否需要搬重物？　□沒有　□偶爾搬　□很常搬，平均每天搬＿＿＿＿次

7.您經常搬重物的公斤為何？　□40公斤以下　□40公斤以上　□兩者都有

8.您覺得工廠工作環境中有何危害，及其危害重要性等級？

(1)作業高度太高	□很嚴重	□嚴重	□還好	□輕微	□沒有影響
(2)作業高度太低	□很嚴重	□嚴重	□還好	□輕微	□沒有影響
(3)作業工具不順手	□很嚴重	□嚴重	□還好	□輕微	□沒有影響
(4)工作空間不足	□很嚴重	□嚴重	□還好	□輕微	□沒有影響
(5)工作壓力沉重	□很嚴重	□嚴重	□還好	□輕微	□沒有影響
(6)工作體力負擔重	□很嚴重	□嚴重	□還好	□輕微	□沒有影響

表21-9 肌肉骨骼問卷調查表

各部位肌肉骨骼NMQ問卷調查															
肌肉骨骼部分	頸	上背	下背	左肩	右肩	左肘前臂	右肘前臂	左手腕	右手腕	左臀大腿	右臀大腿	左膝	右膝	左腳踝腳	右腳踝腳
您在最近一年之內，右側標示是否有疼痛、痠痛、發麻、刺痛或任何不舒服的感覺出現？回答沒有本行不答	☐	☐	☐	☐	☐	☐	☐	☐	☐	☐	☐	☐	☐	☐	☐
您在最近一年之內，右側標示是否有疼痛、痠痛、發麻、刺痛或任何不舒服的感覺出現？回答有本行續答	☐	☐	☐	☐	☐	☐	☐	☐	☐	☐	☐	☐	☐	☐	☐
1-1您的症狀是痠痛？	☐	☐	☐	☐	☐	☐	☐	☐	☐	☐	☐	☐	☐	☐	☐
1-2您的症狀是紅腫？	☐	☐	☐	☐	☐	☐	☐	☐	☐	☐	☐	☐	☐	☐	☐
1-3您的症狀是發麻？	☐	☐	☐	☐	☐	☐	☐	☐	☐	☐	☐	☐	☐	☐	☐
1-4您的症狀是刺痛？	☐	☐	☐	☐	☐	☐	☐	☐	☐	☐	☐	☐	☐	☐	☐
1-5您的症狀是肌肉萎縮？	☐	☐	☐	☐	☐	☐	☐	☐	☐	☐	☐	☐	☐	☐	☐
1-6您的症狀是半夜痛醒？	☐	☐	☐	☐	☐	☐	☐	☐	☐	☐	☐	☐	☐	☐	☐
1-7您的症狀為何？其他	☐	☐	☐	☐	☐	☐	☐	☐	☐	☐	☐	☐	☐	☐	☐
2-1您的症狀出現的時間是現在？	☐	☐	☐	☐	☐	☐	☐	☐	☐	☐	☐	☐	☐	☐	☐
2-2您的症狀出現的時間是過去1個月？	☐	☐	☐	☐	☐	☐	☐	☐	☐	☐	☐	☐	☐	☐	☐
2-3您的症狀出現的時間是過去半年中？	☐	☐	☐	☐	☐	☐	☐	☐	☐	☐	☐	☐	☐	☐	☐
2-4您的症狀出現的時間是過去1年中？	☐	☐	☐	☐	☐	☐	☐	☐	☐	☐	☐	☐	☐	☐	☐
2-5您的症狀出現的時間是過去1年以上？	☐	☐	☐	☐	☐	☐	☐	☐	☐	☐	☐	☐	☐	☐	☐
3-1您的症狀持續1個月了？	☐	☐	☐	☐	☐	☐	☐	☐	☐	☐	☐	☐	☐	☐	☐
3-2您的症狀持續3個月了？	☐	☐	☐	☐	☐	☐	☐	☐	☐	☐	☐	☐	☐	☐	☐
3-3您的症狀持續6個月了？	☐	☐	☐	☐	☐	☐	☐	☐	☐	☐	☐	☐	☐	☐	☐
3-4您的症狀持續1年了？	☐	☐	☐	☐	☐	☐	☐	☐	☐	☐	☐	☐	☐	☐	☐
3-5您的症狀持續2年了？	☐	☐	☐	☐	☐	☐	☐	☐	☐	☐	☐	☐	☐	☐	☐
3-6您的症狀持續3年了？	☐	☐	☐	☐	☐	☐	☐	☐	☐	☐	☐	☐	☐	☐	☐
3-7您的症狀持續3年以上了？	☐	☐	☐	☐	☐	☐	☐	☐	☐	☐	☐	☐	☐	☐	☐
4-1你的症狀對您完全不影響生活與工作？	☐	☐	☐	☐	☐	☐	☐	☐	☐	☐	☐	☐	☐	☐	☐
4-2你的症狀對您稍微降低工作能力？	☐	☐	☐	☐	☐	☐	☐	☐	☐	☐	☐	☐	☐	☐	☐
4-3你的症狀對您工作能力明顯降低？	☐	☐	☐	☐	☐	☐	☐	☐	☐	☐	☐	☐	☐	☐	☐

（續）表21-9　肌肉骨骼問卷調查表

各部位肌肉骨骼NMQ問卷調查															
肌肉骨骼部分	頸	上背	下背	左肩	右肩	左肘前臂	右肘前臂	左手腕	右手腕	左臀大腿	右臀大腿	左膝	右膝	左腳踝腳	右腳踝腳
4-4你的症狀對您曾因此請假休養？	☐	☐	☐	☐	☐	☐	☐	☐	☐	☐	☐	☐	☐	☐	☐
4-5你的症狀對您連工作與生活都受到影響？	☐	☐	☐	☐	☐	☐	☐	☐	☐	☐	☐	☐	☐	☐	☐
4-6你的症狀對您完全不能動作？	☐	☐	☐	☐	☐	☐	☐	☐	☐	☐	☐	☐	☐	☐	☐
4-7你的症狀對您的影響為何？其他	☐	☐	☐	☐	☐	☐	☐	☐	☐	☐	☐	☐	☐	☐	☐
5-1您的症狀出現頻率幾乎每天出現？	☐	☐	☐	☐	☐	☐	☐	☐	☐	☐	☐	☐	☐	☐	☐
5-2您的症狀出現頻率約1星期1次？	☐	☐	☐	☐	☐	☐	☐	☐	☐	☐	☐	☐	☐	☐	☐
5-3您的症狀出現頻率約1個月1次？	☐	☐	☐	☐	☐	☐	☐	☐	☐	☐	☐	☐	☐	☐	☐
5-4您的症狀出現頻率約半年1次？	☐	☐	☐	☐	☐	☐	☐	☐	☐	☐	☐	☐	☐	☐	☐
5-5您的症狀出現頻率半年以上才出現1次？	☐	☐	☐	☐	☐	☐	☐	☐	☐	☐	☐	☐	☐	☐	☐
6-1您的症狀全因工作造成的原因嗎？	☐	☐	☐	☐	☐	☐	☐	☐	☐	☐	☐	☐	☐	☐	☐
6-2您的症狀一部分與工作有關的原因嗎？	☐	☐	☐	☐	☐	☐	☐	☐	☐	☐	☐	☐	☐	☐	☐
6-3您的症狀不清楚是工作造成的原因嗎？	☐	☐	☐	☐	☐	☐	☐	☐	☐	☐	☐	☐	☐	☐	☐
6-4您的症狀與工作無關，原因是？	☐	☐	☐	☐	☐	☐	☐	☐	☐	☐	☐	☐	☐	☐	☐
7-1您出現不舒服的感覺「嚴重程度」是影響輕微	☐	☐	☐	☐	☐	☐	☐	☐	☐	☐	☐	☐	☐	☐	☐
7-2您出現不舒服的感覺「嚴重程度」是稍嚴重	☐	☐	☐	☐	☐	☐	☐	☐	☐	☐	☐	☐	☐	☐	☐
7-3您出現不舒服的感覺「嚴重程度」是嚴重	☐	☐	☐	☐	☐	☐	☐	☐	☐	☐	☐	☐	☐	☐	☐
7-4您出現不舒服的感覺「嚴重程度」是很嚴重	☐	☐	☐	☐	☐	☐	☐	☐	☐	☐	☐	☐	☐	☐	☐
7-5您出現不舒服的感覺「嚴重程度」是非常嚴重	☐	☐	☐	☐	☐	☐	☐	☐	☐	☐	☐	☐	☐	☐	☐

0：不痛，關節可以自由活動
1：微痛，關節活動到極限會痠痛，可以忽略
2：中等痛，關節活動超過一半會痠痛，但是可以完成全部活動範圍，可能影響工作
3：劇痛，關節活動只有正常人的一半，會影響工作
4：非常劇痛，關節活動只有正常人的1/4，影響自主活動能力
5：極度劇痛，身體完全無法自主活動

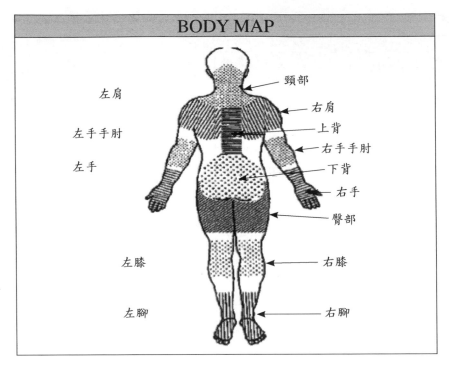

圖21-1　身體部位解說圖

四、選定改善的方法

危害作業因子經過調查、確認及評估後，更重要的工作是如何改善不安全與影響健康的作業行為和環境，雇主或負責人有義務針對工作中危害因子採取必要的措施。其改善的方法可歸納下列幾種：

(一)工程管理

依據評估的結果，由作業主管、勞工、熟知人因工程危害之職業安全衛生管理人員或外部專家一起共同討論，擬訂具有可行性之方案。改善案視危害性大小、執行可行性、所需人力資源、經費需求及可行技術等，可分別制定簡易人因改善工程與進階人因改善工程，其改善工程執行方式說明如下：

◆簡易人因改善工程自覺

　　權責單位依據勞工「肌肉骨骼症狀調查表」，及「關鍵指標法」確診疾病、有危害與疑似危害或高風險者，辨識出個案之危害因子，再參考勞動及職業安全衛生研究所相關報告與技術叢書內容，擬定改善方案及對策並執行之。

◆進階人因改善工程

　　針對簡易人因改善工程無法有效完成個案，可成立工程危害改善小組或邀請專家學者（醫師或工衛教授），參考國內外相關人因工程文獻、勞動及職業安全衛生研究所相關報告及技術叢書內容，擬定進階改善方案及對策並執行之。

(二)行政管理

1. 確認廠內員工是否曾經因工作而引起肌肉骨骼疾病，並進行工作場所調查，找出可能問題危害點之所在。
2. 將有問題危害點之工作場所、流程或作業方式，蒐集現有相關資料包括醫療紀錄、缺勤狀況、問卷調查等，以確認工作者肌肉骨骼傷害症狀與部位，作為改善之依據。
3. 將工作內容豐富化，作業項目適度多樣化，避免極度單調重複性之操作，降低集中暴露於單一危害因子之機會。
4. 藉由教育訓練傳遞肌肉骨骼傷害風險意識與正確操作技巧。
5. 宣導工作者有效利用合理之工作時間，調整休息次數與作業時間。

(三)健康管理

　　依據「職業安全衛生法」第六條第二項及「職業安全衛生設施規則」第十二章之一（勞工身心健康保護措施）之規定，經由健康檢查之結果發現勞工有異常情形者，應由醫師或醫護人員提供指導，經醫師健康評估結果，該工作者不能適應原工作時，應採取醫師之建議，變更其作業場

所、更換工作或縮短工作時間，採取健康管理措施。

五、執行成效之追蹤

為確保人因性防止計畫有效的執行，建議每半年檢視一次，直到人因性危害降低或消失。並對所選定改善方法進行追蹤及瞭解，掌握工作者肌肉骨骼傷害之改善成效。而追蹤之項目應涵蓋如下：

1. 分析工作者改善前、後之操作及作業情形。
2. 如果改善成果不佳或惡化時，應重新選定改善方法及執行措施或調整其工作，隔離人因性危害因子避免產生二次傷害。
3. 人因工程危害改善方案實施後應管控追蹤，以確定其有效性與可行性，其主要工作包括下列重點：
   (1) 管控勞工肌肉骨骼傷病的人數、比率及嚴重程度等，可由職業安全衛生管理單位或人員負責辦理，執行結果作成紀錄並留存三年。
   (2) 追蹤改善案例的執行與職業病案例的處置，可由管理部門人資單位負責辦理，執行結果作成紀錄並留存三年。

21-3 執行職務遭受不法侵害預防

影響勞工身心健康之職業安全衛生危害，傳統上以物理性、化學性、生物性及人因性等四大類為主，惟近年來，勞工於職場上遭受主管或同事利用職務或地位上的優勢予以不當之對待，及遭受顧客、服務對象或其他相關人士之肢體攻擊、言語侮辱、恐嚇、威脅等霸凌或暴力事件，致發生精神或身體上的傷害，甚而危及性命等。

執行職務因他人行為遭受身體或精神不法侵害俗稱「職場暴力」，

其範圍指勞工因執行職務於勞動場所遭受雇主、主管、同事、服務對象或其他第三方之不法侵害行為，造成身體或精神之傷害。因此，本次職安法修法要求事業單位需建制如何預防此類不法侵害行為的發生，讓工作者不致遭受精神或身體上的傷害。若未依職安法第六條第二項之規定者，可處新台幣三萬元以上十五萬元以下罰鍰；若致工作者發生職業病，可處新台幣三萬元以上三十萬元以下罰鍰。

一、職場暴力行為模式與統計分析

依歐盟、國際勞工組織、英、美等國之職場暴力預防相關指引，職場暴力大致分為肢體暴力、語言暴力、心理暴力與性騷擾等四類。根據勞動部勞動及職業安全衛生研究所（以下簡稱勞安所）於2010年進行的「工作環境安全衛生狀況認知調查」，我國各行業工作環境安全衛生狀況觀測結果顯示，男性暴露於暴力工作環境的比率依序為肢體暴力＞心理暴力＞語言暴力＞性騷擾。女性暴露於暴力工作環境的比率依序為肢體暴力＞心理暴力＞性騷擾＞語言暴力，其比率如圖21-2、圖21-3。

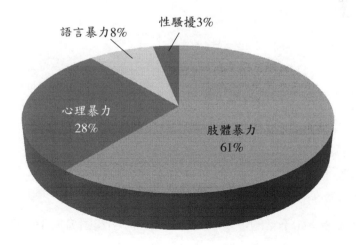

圖21-2　男性工作職場暴力分布圖

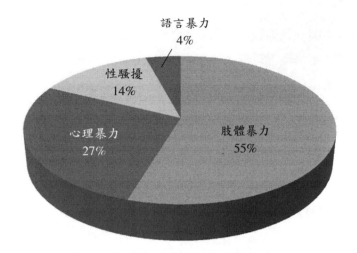

圖21-3　女性工作職場暴力分布圖

二、職場暴力範圍與職責

本章節依工作者執行職務之風險特性，可參照職業安全衛生署訂定「執行職務遭受不法侵害預防指引」和勞動部勞動及職業安全衛生研究所訂定「職場暴力指引」，訂定執行職務遭受不法侵害預防計畫，以達預防及處置職場暴力措施。

(一)職場暴力類型

職場暴力大致分為肢體暴力、語言暴力、心理暴力與性騷擾等四種類型，其涵蓋範圍說明如下：

1.肢體暴力：如毆打、抓傷、拳打、腳踢等。
2.語言暴力：如霸凌、恐嚇、干擾、歧視等。
3.心理暴力：如威脅、欺凌、騷擾、辱罵等。
4.性騷擾：如不當的性暗示與行為動作，引起對方的不悅感；或出於玩笑或者其他善良動機而實施撫摸、摟抱、親吻等。

(二)適用對象

職場內所有工作者均可能是職場暴力風險族群。

(三)職場暴力來源

依照工作者的職務或工作形態不同，可能涵蓋的勞動場所有所差異，包括職場內部與職場外面之場所（如生產、業務、維修、技術服務等），其場所暴力可區分為下列兩種：

1.內部暴力：發生在同事或上司及下屬之間，包括管理者及指導者。
2.外部暴力：發生在工作者與其他第三方之間，包括工作場所出現的陌生人、顧客、承攬商及照顧對象。

(四)職責

事業單位應明確宣示職場暴力零容忍，確保勞工身心健康之政策。建議與勞工代表訂立職業安全衛生工作守則時，納入相關預防措施，含職場倫理及員工遵循之義務等。經勞雇雙方同意後，雇主應以書面方式，公布相關預防政策及做法，同時應在公開場合中宣導，並將管理者與工作者權責明確劃分清楚。其職責說明如下：

◆雇主

雇主首要在於建立安全、尊嚴、工作倫理、無歧視、性別平等之反職場不法侵害的組織文化，並建立強力之支持性社會環境，對於群體或個人之努力，宜有肯定回饋之機制，其方式建議可分別針對組織及個人層次建構行為規範，尤其針對個人層次部分宜將不適當之言行納入訓練提醒。其做法如下：

1.向公司內所有工作者及社會大眾公開宣示公司內禁止工作場所職場暴力之書面聲明並張貼於公布欄。
2.負責監督本計畫是否依規定執行。

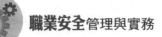

3.與勞工代表共同將本計畫內容訂定至職業安全衛生工作守則中。

4.確保所有員工瞭解各自承擔之義務及責任。

5.提供職場不法侵害相關教育訓練,並鼓勵員工參與。

◆部門主管

　　以身作則自我示範,不可排斥、脅迫、辱罵、毆打等不當對待勞工及參與反職場不法侵害之教育訓練外,主管應發揮指揮監督功能,禁止同仁間有職場不法侵害之行為。不定期召開會議,進行資訊交流與溝通,一旦有同仁違反管理規章,應立即處置。其扮演角色如下:

1.負責填寫潛在職場暴力風險評估表。

2.負責執行強化工作場所的規劃。

3.負責提供所屬勞工必要的保護措施。

4.配合接受相關職場暴力預防教育訓練。

◆職業安全衛生管理單位或人員

　　其職責依「職業安全衛生教育訓練規則」之規定,對於每位工作者及作業主管都應辦理職場不法侵害預防之教育訓練。並負責規劃一環,訓練可由內部人員,如工安部門、人力資源部門或外部專家提供,且訓練內容宜依不同對象設計,如主管層級須接受辨識勞工舉止及行為變化,可能具有潛在暴力風險者及應變職場不法侵害發生時處理之能力等,保全或警衛人員需特定訓練,包含處理攻擊及消除敵意情境之訓練等;相關內容納入模擬及演練且隨時更新。其扮演角色如下:

1.負責擔任相關教育訓練講師(如識別職場潛在危害及處理技巧等)。

2.負責強化工作場所的規劃策略。

3.負責提供必要之保護措施。

4.擔任職場暴力預防及處理小組成員。

◆勞工

　　每位勞工須接受教育訓練課程,致力於認同彼此價值觀之差異,相互

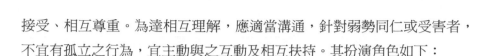
接受、相互尊重。為達相互理解，應適當溝通，針對弱勢同仁或受害者，不宜有孤立之行為，宜主動與之互動及相互扶持。其扮演角色如下：

　　1.負責填寫工作場所可能潛在職場暴力風險評估表。

　　2.配合接受相關職場暴力預防教育訓練。

　　3.配合預防職場暴力防治計畫執行與參與。

　　4.向部門主管反應職場內有發生不當之職場暴力情事。

三、職場暴力預防計畫執行與流程

　　雇主應授權指定專責部門（工安部門），如職業安全衛生管理、風險管理或人資部門負責統籌規劃職場不法侵害預防計畫事宜，並指派一名高階主管負責督導管理，及推動組織內全體同仁之參與；推動本預防計畫及措施相關事宜之分工，建議可納入職業安全衛生管理計畫，並參照「職業安全衛生管理辦法」及「勞工健康保護規則」之規定；對於事業達一定規模，依「勞工健康保護規則」需配置從事勞工健康服務醫護人員者，該等醫護人員應配合統籌規劃單位辦理相關預防或後續諮商輔導措施。針對事業設有總機構者，亦可使各地區事業單位依循總機構之政策或計畫規劃執行。

　　為利於推動計畫之相關人員具足執行之能力，事業單位應安排適當之相關教育訓練，使其能勝任該工作；對於未達需設置職業安全衛生人員或勞工健康服務醫護人員者，可指派內部單位，如人資部門，透過外部資源如主管機關推動之員工協助方案或勞動部職業安全衛生署委託設置之各區職業傷病防治中心及其網絡，或勞工健康服務中心資源提供協助，若有充裕經費，亦可委託外部專業團隊協助規劃執行，其細詳計畫流程如**表21-10**。

四、職場暴力風險評估與執行成效

　　每個職場及行業可能遭遇的暴力風險和類型不同，事業單位可參考

表21-10　職場暴力預防作業流程表

步驟一：設計／作業條件盤查
1.撰寫預防計畫（參考法規、指引、環境監測等資料）
2.找出可能危害因子（檢核表）
步驟二：危害辨識
1.誰可能遭受不法侵害？
2.如何受傷？
3.工作環境何處易受害？
步驟三：預防對策與措施
1.如何預防？
2.對策、方法如何？
步驟四：執行記錄與檢討
1.異常缺失檢討
2.檢查、巡查缺點
步驟五：校正與預防
1.稽核制定推展
2.績效量測與監督
3.檢視與修正

我國相關法規及職業安全衛生管理系統相關規範等要求，依各自產業特性、實際風險概況等，建立職場不法侵害危害辨識及風險評估之管理計畫，以有效執行工作環境或作業危害之辨識、評估及控制。職場不法侵害通常難以預測，就個人風險因子進行評估時，應避免制式化或標籤化，否則易有歧視之嫌。

(一)風險評估

風險評估的原則可利用問卷調查或訪談方式進行，評估時應考量各部門之工作特性、環境、人員組成及作業活動等，如風險最大之業務或地點、可能遭受危害之工作流程或人員等，並可依不法侵害來源，區分內部與外部，作為不法侵害危害辨識及風險評估之依據。其組織評估職場暴力方式及內容可依照**表21-11**、**表21-12**；另評估廠內勞工在工作場所中是否存在職場暴力危害可依照**表21-13**。

表21-11 外部職場暴力辨識與風險評估檢核表

職場不法侵害預防之危害辨識及風險評估表

單位／部門：　　　　　　　　　　　評估日期：
受評估之場所：　　　　　　　　　　場所內工作型態及人數：
評估人員：　　　　　　　　　　　　審核者：

潛在風險	是	否	潛在不法侵害風險類型（肢體／語言／心理／性騷擾）	可能性（發生機率）	嚴重性（傷害程度）	風險等級（高中低）	現有控制措施（工程控制／管理控制／個人防護）	應增加或修正相關措施
外部不法侵害								
是否有組織外之人員（承包商、客戶、服務對象或親友等）因其行為無法預知，可能成為該區工作者之不法侵害來源	☐	☐						
是否有已知工作會接觸有暴力史之客戶	☐	☐						
勞工之工作性質為執行公共安全業務否	☐	☐						
勞工之工作是否為單獨作業	☐	☐						
勞工需於深夜或凌晨工作否	☐	☐						
勞工需於較陌生之環境工作否	☐	☐						
勞工之工作涉及現金交易、運送或處理貴重物品否	☐	☐						
勞工之工作是否為直接面對群眾之第一線服務工作	☐	☐						
勞工之工作是否會與酗酒、毒癮或精神疾病之患者接觸	☐	☐						
勞工之工作是否需接觸絕望或恐懼或亟需被關懷照顧者	☐	☐						
勞工當中是否有自行通報因私人關係遭受不法侵害威脅者或為家庭暴力受害者	☐	☐						
新進勞工是否有尚未接受職場不法侵害預防教育訓練者	☐	☐						
工作場所位於交通不便，偏遠地區否	☐	☐						
工作環境中是否有讓施暴者隱藏的地方	☐	☐						
離開工作場所後，是否可能遭遇因執行職務所致之不法侵害行為	☐	☐						

表21-12　內部職場暴力辨識與風險評估檢核表

職場不法侵害預防之危害辨識及風險評估表							
單位／部門：　　　　　　　　　　　評估日期： 受評估之場所：　　　　　　　　　場所內工作型態及人數： 評估人員：　　　　　　　　　　　審核者：							
潛在風險	是	否	潛在不法侵害風險類型（肢體／語言／心理／性騷擾）	可能性（發生機率）	嚴重性（傷害程度）	風險等級（高中低）	現有控制措施（工程控制／管理控制／個人防護）	應增加或修正相關措施
內部不法侵害							
組織內是否曾發生主管或勞工遭受同事（含上司）不當言行之對待	☐	☐					
是否有無法接受不同性別、年齡、國籍或宗教信仰之工作者	☐	☐					
是否有同仁之離職或請求調職原因源於職場不法侵害事件之發生	☐	☐					
是否有被同仁排擠或工作適應不良之工作者	☐	☐					
內部是否有酗酒、毒癮之工作者	☐	☐					
內部是否有情緒不穩定或精神疾患病史之工作者	☐	☐					
內部是否有處於情緒低落、絕望或恐懼，亟需被關懷照顧之工作者	☐	☐					
是否有超時工作，反應工作壓力大之工作者	☐	☐					
工作環境是否有空間擁擠，照明設備不足之問題	☐	☐					

表21-13　員工暴力危害及風險評估調查表

第一部分、基本資料（請依實際狀況，選擇最適當的答案在□內打勾或填寫）

一、個人概況

(一)工作部門：＿＿＿＿＿＿＿＿＿

(二)任用類別：□正式人員　□派遣人員　□實習人員　□其他＿＿＿＿＿＿

(三)性別：□男性　□女性

(四)教育程度：□國中（含以下）　□高中（高職）　□大學（專科）
　　　□研究所（含）及以上

二、工作年資

(一)進公司迄今年資：□未滿一年　□1年以上～未滿5年　□5年以上～未滿9年
　　　□9年以上～未滿13年　□13年以上

(二)截至目前為止您實際從事現職工作類別的年資：＿＿＿＿年＿＿＿＿月

(三)平均每週工作時數：□42小時以下　□43～48小時　□49～54小時　□55小時以上

三、工作型態

□固定白天班　□固定小夜班　□固定大夜班　□三班輪班制　□固定白天班＋值班
□其他＿＿＿＿＿＿

四、在您的工作環境中，曾經遭遇下列的暴力攻擊情境？（可複選）

□肢體暴力，如毆打、踢、推、捏、拉扯等

□語言暴力，如辱罵、言語騷擾、冷嘲熱諷等

□心理暴力，如威脅、恐嚇、歧視、排擠、騷擾等

□性騷擾，如不當的性暗示與行為

□其他：＿＿＿＿＿＿＿＿＿＿＿＿＿＿＿＿＿＿＿＿

五、單位是否提供有關預防暴力攻擊之衛生教育訓練？

□未曾提供任何工作安全衛生教育訓練（免勾其他選項）

□(一)人際關係及溝通技巧

□(二)認識組織內部職場暴力預防政策、安全設備及資源體系

□(三)工作者工作環境潛在風險認知，認識可能遇到的攻擊性行為及應對方法

□(四)對有暴力傾向人士之識別方法

□(五)保護個人及同事的暴力預防措施及程序

□(六)與顧客溝通、解決衝突及危機處理的技巧及案例分析

□(七)認識公司內申訴及通報機制

□(八)心理諮商及情緒管理課程

□(九)職場暴力及職場霸凌案例分析

□(十)鼓勵員工通報職場暴力事件之方法

□(十一)對暴力事件調查與訪談技巧

□(十二)向受害者表達關心、支持與輔導方法

□(十三)識別職場潛在危害及處理之技巧

□(十四)瞭解職場暴力行為相關法律知識

□其他：＿＿＿＿＿＿＿＿＿＿＿＿＿＿＿＿＿＿＿＿＿＿＿

(二)風險等級

第一，風險可由危害嚴重性及可能性之組合判定。評估嚴重度可考慮下列因素：

1. 可能受到傷害或影響的部位、傷害人數等。
2. 傷害程度，一般可簡易區分為：
   (1) 輕度傷害，如：表皮受傷、輕微割傷、瘀傷；不適和刺激，如頭痛等暫時性的病痛；言語上騷擾，造成心理短暫不舒服。
   (2) 中度傷害，如：割傷、燙傷、腦震盪、嚴重扭傷、輕微骨折；造成上肢異常及輕度永久性失能；遭受言語或肢體騷擾，造成心理極度不舒服。
   (3) 嚴重傷害，如：截肢、嚴重骨折、中毒、多重及致命傷害；其他嚴重縮短生命及急性致命傷害；遭受言語或肢體騷擾，可能造成精神相關疾病。

第二，非預期事件後果的評估也是非常重要的工作。可能性等級之區分一般可分為：

1. 可能發生：一年可能會發生一次以上。
2. 不太可能發生：至少一至十年之內，可能會發生一次。
3. 極不可能發生：至少十年以上，才會發生一次。

第三，風險是依據預估的可能性和嚴重性加以評估分類（**表21-14**）為3×3風險評估矩陣圖，利用定性描述方式來評估危害之風險程度及決定是否為可接受風險之簡單方法。除風險矩陣模式外，也可將可能性及嚴重度依不同等級給予不同評分基準，再以其乘積作為該危害之風險值。

(三)執行成效

執行成效評估之目的在於檢視所採取之措施是否有效，並檢討執行

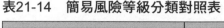

表21-14　簡易風險等級分類對照表

風險等級		嚴重性		
		嚴重傷害	中度傷害	輕度傷害
可能性	可能	高度風險	高度風險	中度風險
	不太可能	高度風險	中度風險	低度風險
	極不可能	中度風險	低度風險	低度風險

過程中之相關缺失，作為未來改進之參考。為了持續推動職場不法侵害預防之工作，相關計畫推動之成果宜定期由職業安全衛生人員（或不法侵害工作小組人員）列席於職業安全衛生委員會報告，任何報告都應保護勞工隱私，例如以整合資料方式呈現，或使用個人數據時移除個人特定資料；對於未能達績效指標之缺失，亦可透過會議檢討研議改善之對策，俾利勞資雙方共同重視。此外，所有職場不法侵害預防政策、危害評估、訓練、通報和調查等相關數據及紀錄，必須依組織需求制定、管理和維持職業安全衛生紀錄書面或電子文件化，並妥善保存，以供勞動檢查人員隨時檢視。相關檢核評估機制可參考**表21-15**。

◆ 成效評估原則

　　1.雇主應依據自身需求與條件，定期（建議半年至一年一次，高風險行業可視需求增加頻率）進行績效評估，確認採取控制措施後的殘餘風險及新增風險，檢討其適用性及有效性。其評估可由組織內部或外部專業人員主導審視，以確認職場不法侵害預防政策的適用性及有效性，對所有結果予以記錄。

　　2.所有職場不法侵害事件之調查報告應以書面記錄、保管，以利事後審查。不法侵害事件發生後，組織應對環境及職務設計再進行審查及檢討，以找出改善之空間。

　　3.相關之會議紀錄、訓練內容、評估報告、通報單、醫療及賠償紀錄等，應予以保存，以助於每年進行風險評估和分析。

表21-15　職場暴力預防措施查核及評估表

單位／部門：　　　　　　　　　　　　　　　檢核／評估日期：

項目	檢核重點	結果	修正相關控制措施／改善情形
辨識及評估危害	☐ 組織 ☐ 個人因素 ☐ 工作環境 ☐ 工作流程		
適當配置作業場所	☐ 物理環境 ☐ 工作場所設計		
依工作適性適當調整人力	☐ 適性配工 ☐ 工作設計		
建構行為規範	☐ 組織政策規範 ☐ 個人行為規範		
辦理危害預防及溝通技巧訓練	☐ 教育訓練場次 ☐ 教育訓練內容 ☐ 情境模擬、演練 ☐ 製作手冊或指引並將之公開		
建立事件處理程序	☐ 建立申訴或通報機制 ☐ 通報處置 ☐ 每位同仁清楚通報流程 ☐ 相關資源連結 ☐ 紀錄		
執行成效之評估及改善	☐ 定期審視評估成效 ☐ 相關資料統計分析 ☐ 事件處理分析 ☐ 報告成果 ☐ 紀錄		
其他事項			

註：檢核重點可依需求增列。

◆事件處理程序

　　雇主應建立職場不法侵害事件通報機制，並讓所有工作者清楚通報事件之程序及方法，以確保組織內發生的不法侵害事件得到控制；通報系統可與現有之人力資源部門或職業安全衛生部門整合，指派專責人員提供協助，並可透過建立申訴或通報單、電子郵件、專用電話等多種方式通報；另事業單位亦應建立緊急應變程序或預防小組，以負責執行控制不法侵害的策略。小組成員必須熟悉不法侵害事件發生時，組織內的應變方法與步驟，並及時報警，以應對突發事件。

1.申訴或通報：要求勞工向雇主或監督與管理者通報任何不法侵害行為，並鼓勵勞工針對可能存有不法侵害風險之工作條件或情境通報，如勞工或主管間關係之惡化，即使該狀況或行為尚未造成傷害，為預防事件發生，皆應申訴或通報，可透過非正式會議，澄清誤解，提供調解機會。另如勞工因私人關係遭受不法侵害威脅者，可預見之不法侵害威脅且可能將於職場爆發時，雇主應鼓勵其自行通報，以利啟動適當之保護措施。若勞工主動向事業單位反應其為家暴被害人，或其依家暴防治法規定，向法院聲請核發保護令，命相對人遠離其「工作場所」。保護令核發後，事業單位應確實遵守該命令，維護其於職場之安全。

　(1)通報內容：含事件發生地點、時間、事件發生時之行為、過程、加害嫌疑人及受害人關係等（**表21-16**）。

　(2)專責人員處理：對於職場不法侵害之申訴或通報，應由專責人員處理，如被申訴人或加害人是雇主或監督與管理者時，處理上應特別小心。

2.通報處理：申訴或通報處理過程必須確保客觀、公平及公正，對受害人及申訴或通報者之權益及隱私完全保密，確保申訴或通報者不會受到報復。

表21-16　職場暴力通報及處置表

通報內容	
發生日期：_____時間：_____	發生地點：_____
受害者	加害者
姓名：_____ 性別：□男　□女 □外部人員 □內部人員 （所屬部門／單位：_____　）	姓名：_____ 性別：□男　□女 外部人員 內部人員 （部門／單位：_____　）
受害者及加害者關係：_____	發生原因及過程：_____
不法侵害類型： □肢體暴力　□語言暴力 □心理暴力　□性騷擾 □其他：	造成傷害：□無　□有（請填下述內容） 1.傷害者：□受害者□加害者□其他 2.傷害程度： 目擊者：□無　□有（請填姓名）
通報人：	通報日期／時間：
處置情形	
受理日期：_____時間：_____	調查時間：_____
參與調查或處理人員： □外部人員（請敘明，如警政人員） □內部人員（請敘明，如保全、人資等）	傷害者需醫療處置否：□否　□是 事發後雙方調解否：□否　□是
受害者說明發生經過與暴力原因：（請敘明，可舉證相關事證）_____ 加害者說明發生經過與暴力原因：（請敘明，可舉證相關事證）_____ 目擊者說明發生經過與暴力原因：（請敘明，可舉證相關事證）_____ 調查結果：（請敘明，可舉證相關事證）_____	
受害者安置情形	加害者懲處情形
□無　　　□醫療協助　□心理諮商 □同儕輔導　□調整職務　□休假 □法律協助　□其他：	外部人員：□無 □送警法辦 內部人員：□無 □調整職務 　　　　　□送警法辦　□其他
向受害者說明事件處理結果否：□否　□是（請註明日期） 未來改善措施：	
處理者：　　　　審核者：　　　　審核時間：	

3.事後處置：當出現直接與執行職務相關之不法侵害問題時，雇主應根據勞工不同的傷害程度提供保護、安置及協助，並對受害者提供身心健康協助；保存相關事件表冊及報告，協助決定預防再發生該採取的必要行動。

◆成效呈現

　　以下指標可作為成效評估之考量，相關指標仍視各事業單位推動計畫之需求而定。

1.缺勤、病假、離職率及不法侵害事件發生率。
2.各部門及勞工對於不法侵害政策和程序之遵循情形，如教育訓練參與率、人員資格、申訴或通報情形等。
3.預定目標之達成率。
4.保全或警衛系統的維護和效能。
5.應變處理或調查之效率，如是否於時效內完成。
6.紀錄是否完整呈現。

21-4 結論

　　影響勞工身心健康之職業安全衛生危害，不論是人因性危害或職場不法侵害事件，幾乎發生在所有行業及各種職業從業人員身上。對雇主來說，危害事件可能導致組織士氣低落、形象不佳，致難以招募人員及留住人才，甚而必須擔負勞工請假、補償金及法律之責任；對勞工而言，可能導致沮喪、傷病，甚至失能或死亡。有鑑於此，職場若發生職業疾病或職場暴力等事件，對事業單位整體組織而言會產生負面的影響，雇主應正視勞工身心健康保護之重要性。

　　對現行組織不法侵害控制或勞工長時間上班造成過勞現狀，雇主應

提出因應對策進行監控，瞭解其是否成功發揮功效。藉此辨識哪些策略無效、哪些是無法預見的因素，並加以調整與改善，而不是等到事件發生才處理。勞工是企業之資產，期盼事業單位能自主管理，落實職安法之規定，採取促進勞工身心健康保護相關措施，為勞工打造尊嚴勞動及安全之職場環境，確保勞動者之權益。筆者參閱許多資料撰寫本章節，希望對從事工安人員推動職場上職業疾病及職場暴力之預防工作有所助益。

參考文獻

台南善化區，某化工廠人因性危害防止計畫。

勞動部勞動及職業安全衛生研究所，職場暴力預防指引參考資料，http：//www.ilosh.gov.tw。

Chapter

22

電子化學品應用與
危害管理

電子產業包羅萬象，其產品應用範圍非常廣泛，產業大致可區分為半導體、光電、電腦系統、電腦零組件、網路通訊、軟體服務、電子通路及其他相關電子產品等。其更詳細之分類說明如下：

1. 半導體：上游IC設計、中游晶圓代工及下游封裝測試。
2. 光電：面板、光學鏡片及數位相機等。
3. 電腦系統：電子系統組裝、工業電腦及主機板等。
4. 電子零組件：機殼、印刷電路板、電池及被動元件等。
5. 網路通訊：電信服務、手機、平板電腦及通訊設備等。
6. 軟體服務：套裝軟體、系統整合等。
7. 通路／其他：電腦周邊、零組件代理通路等。

根據台灣證券交易所統計資料得知，電子產業總市值占台股總市值的60%左右，而半導體產業總市值又占電子產業總市值的40%，因此半導體產業占有舉足輕重之地位。半導體工業因產品不斷研發而製程亦隨著更改，從以往所採用之濕式製程到現在採用減壓後之氣體乾式製程，及目前興起之化合物半導體研究也正迅速發展中。隨著這些技術之革新，半導體製造時所使用之酸鹼溶液、有機溶劑、特殊氣體材料之種類及數量均在增加之中，而這些製程原料大部分都具有毒性及危害性，所以須特別注意並嚴格加以防範與控制，讓筆者慢慢解開電子產業這層神祕的面紗。

22-1 半導體產業化學品之應用與危害

半導體製造工業在產業史上屬危險性較高之工業，尤其是超大型積體電路（Large Scale Integration, LSI）製程需經過很多層之處理而成形，構成非常精密的回路，須於氣相中處理。同時這些處理都要在瞬間的狀態下進行，所以使用之氣體也採用化學活性高的元素，例如超LSI基於物理

特性考慮，而使用金屬、半金屬及非金屬為氣體化之氫化物，烷基化合物
（alkyl）或低級鹵素化合物（halogen）等。製程中由氧化至清洗階段包
括光罩、蝕刻、離子植入及不純物擴散等，也都需使用具有毒性之膠合劑
氣體及矽烷類氣體，其供給型態如**表22-1**及**圖21-1**所示。

表22-1　半導體製程用之氣體供應型態彙整表

氣體種類	氣體名稱	單體	混合	混合時的稀釋氣體
添加氣體 doping gas	金屬氫化物質			基本氣體
	(AsH₃) 氫化砷		○	
	(B₂H₆) 乙硼烷		○	
	(PH₃) 氫化磷		○	高純度氫
	(SbH₃) 氫化銻			高純度氫
	(SeH₂) 氫化硒			高純度氫
	(TeH₂) 氫化碲			高純度氫
	(GeH₄) 氫化鍺			
	金屬鹵化物			
	(BCl₃) 三氯化硼	○	○	
	(AsCl₃) 三氯化砷			
	(PCl₃) 三氯化磷			
	(SnCl₄) 四氯化錫			
	(PCl₅) 五氯化磷			
	(POCl₃) 氧氯化磷			
	(SbCl₅) 五氯化銻			
磊晶氣體	(SiH₄) 矽甲烷	○	○	氧氣及14種freon氣體
	(SiCl₄) 四氯化矽	○		
	(SiHCl₃) 三氯矽烷	○		
	(SiH₂Cl₂) 二氯矽烷	○		
	(GeH₃) 氫化鍺			
成膜氣體	(SiH₂Cl₂) 二氯矽烷	○		
	(SiH₄) 矽甲烷	○	○	
	(SiH₄) 矽甲烷＋(NH₃) 氨		○	
	(SiH₄) 矽甲烷＋(PH₃) 氫化磷		○	

（續）表22-1　半導體製程用之氣體供應型態彙整表

氣體種類	氣體名稱	單體	混合	混合時的稀釋氣體
蝕刻氣體	(HCl) 氯化氫	○	○	
	(SF$_6$) 六氟化硫		○	
	(CF$_4$) 四氟化碳	○	○	
	(NF$_3$) 三氟化氮			
	(SiF$_4$) 四氟化矽			
	(C$_3$F$_3$) 氟化丙烷			
離子植入氣體（右欄基本氣體＋氧氣）	(SF$_4$) 四氟化硫			
	(SiF$_4$) 四氟化矽			
	(PF$_5$) 五氟化磷			
不動態膜用	(NO) 一氧化氮	○		
	(NH$_3$) 氨	○		
其他	(H$_2$S) 硫化氫			
	(Cl$_2$) 氯氣			
	(HCl) 氯化氫			
	(CCl$_4$) 四氯化碳			

備註：○ 號代表主要氣體，具有可燃性、自燃性及毒性
資料來源：半導體工業用化學品市場調查（專題調查報告）

一、空氣汙染源

　　半導體製造不管在矽晶圓、積體電路製造或是IC晶片構裝，其生產製程相當繁雜，製程中所使用之化學物質種類亦多，而這些化學物質或溶劑的使用是為半導體生產之主要空氣汙染源，也因此使得半導體製造空氣汙染呈現量少但種類繁多的特性。

　　晶圓及積體電路製造過程中幾乎每個步驟皆分別使用各式各樣的酸鹼物質、有機溶劑及毒性氣體，而各種物質經過反應後又形成種類頗為複雜之產物，各製程不同使用的化學物質亦不相同，故所有製程幾乎屬於空氣汙染源，且皆為連續排放。**圖22-2**說明晶圓及積體電路製程中可能之汙

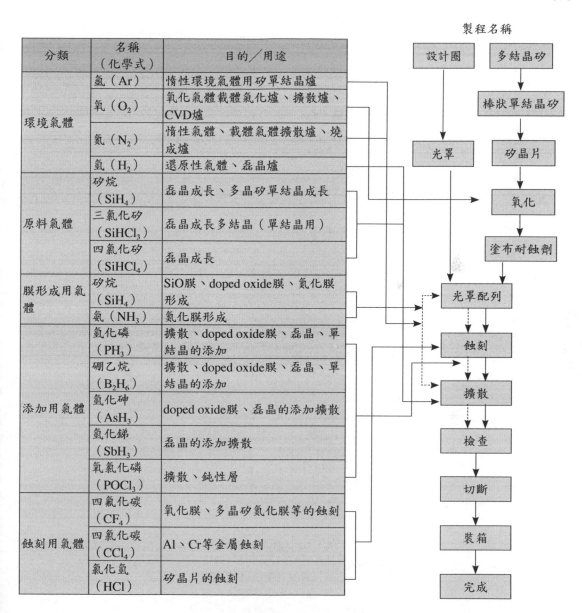

分類	名稱 （化學式）	目的／用途
環境氣體	氬（Ar）	惰性環境氣體用矽單結晶爐
	氧（O₂）	氧化氣體載體氣化爐、擴散爐、CVD爐
	氮（N₂）	惰性氣體、載體氣體擴散爐、燒成爐
	氫（H₂）	還原性氣體、磊晶爐
原料氣體	矽烷（SiH₄）	磊晶成長、多晶矽單結晶成長
	三氯化矽（SiHCl₃）	磊晶成長多結晶（單結晶用）
	四氯化矽（SiHCl₄）	磊晶成長
膜形成用氣體	矽烷（SiH₄）	SiO膜、doped oxide膜、氮化膜形成
	氨（NH₃）	氮化膜形成
添加用氣體	氫化磷（PH₃）	擴散、doped oxide膜、磊晶、單結晶的添加
	硼乙烷（B₂H₆）	擴散、doped oxide膜、磊晶、單結晶的添加
	氫化砷（AsH₃）	doped oxide膜、磊晶的添加擴散
	氫化銻（SbH₃）	磊晶的添加擴散
	氧氯化磷（POCl₃）	擴散、鈍性層
蝕刻用氣體	四氟化碳（CF₄）	氧化膜、多晶矽氮化膜等的蝕刻
	四氯化碳（CCl₄）	Al、Cr等金屬蝕刻
	氯化氫（HCl）	矽晶片的蝕刻

製程名稱

設計圖 → 光罩

多結晶矽 → 棒狀單結晶矽 → 矽晶片 → 氧化 → 塗布耐蝕劑

光罩配列 → 蝕刻 → 擴散 → 檢查 → 切斷 → 裝箱 → 完成

圖22-1　半導體製程用之氣體種類及用途

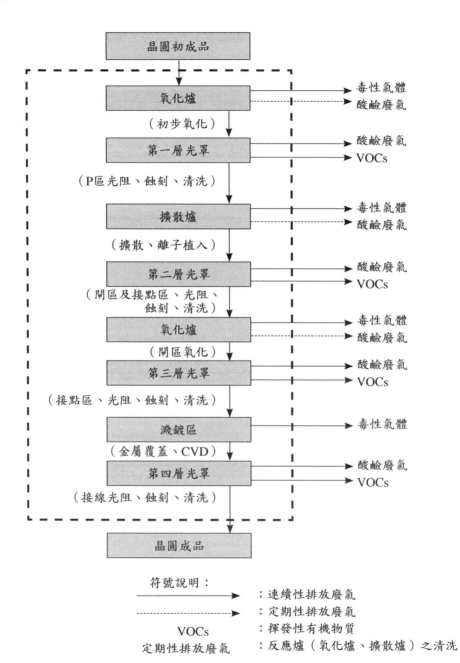

符號說明：

→ ：連續性排放廢氣

------→ ：定期性排放廢氣

VOCs ：揮發性有機物質

定期性排放廢氣 ：反應爐（氧化爐、擴散爐）之清洗

圖22-2　晶圓及積體電路製程中空氣汙染物之發生源

電子化學品應用與危害管理

377

染源及其排放之汙染物。依汙染物特性予以歸類,可將晶圓及積體電路製程空氣汙染區分為下列三處:

1.氧化擴散及化學蒸著沉積製程中所使用具有毒性、可燃性之氣體以及反應後所生成之氣體。
2.蝕刻及清洗製程中所產生之酸鹼氣體。
3.黃光室製程中所產生之有機溶劑氣體。

至於晶圓切割成晶片,再經過一連串之構裝作業,可能之空氣汙染源包括:電鍍區產生之酸鹼廢氣、浸錫區產生之錫煙,以及清洗過程產生之酸氣與有機溶劑蒸氣等三大類。圖22-3中標示IC晶片構裝作業程序可能之空氣汙染源及其排放之汙染物。

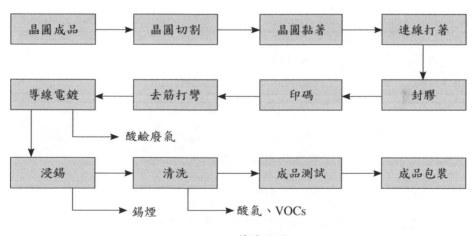

符號說明:
────▶:連續性排放廢氣
VOCs:揮發性有機物質

圖22-3　IC晶片構裝製程中空氣汙染物之發生源

二、廢水汙染源

廢水汙染源分為IC製造廠及構裝製造作業，各有不同，說明如下：

(一)IC製造廠

IC製造廠廢水來源雖多且造成汙染之化學物質相當複雜，廢水汙染源主要來自超純水清洗晶片、去光阻及刻蝕過程等程序所排出之廢水。各股廢水源及其所含的化學物質如下所示：

1. 晶片清洗廢水：H_2SO_4、H_2O_2、HF、NH_4OH、HCl。
2. 去光阻廢水：二甲苯、乙酸丁酯、甲苯、ABS。
3. 濕式蝕刻廢水：HF、NH_4F、HNO_3、H_2O_2、HCl、H_2SO_4、HAc、H_3PO_4、HBr、Al、Si。
4. 洗爐管廢水：HF。
5. 純水設備再生廢水：NaOH、HCl、H_2O_2。
6. 濕式洗滌塔廢水：洗滌廢氣所含之汙染質。

(二)IC構裝製造作業

IC構裝製造作業主要汙染源為切割、電鍍、浸錫、清洗等廢水（圖22-4）。各股汙染源所包含的化學物質說明如下：

1. 切割廢水：晶片切割研磨廢水。
2. 電鍍廢水：脫脂過程之有機物及電鍍程序的Cu^{2+}、Ni^{2+}、Zn^{2+}、Pb^{2+}、Ag^+、氰化物、氟化物等。
3. 浸錫：廢水助焊劑。
4. 清洗廢水：H_2SO_4、HNO_3、H_2O_2、H_3PO_4。
5. 純水設備再生廢水：NaOH、HCl。
6. 濕式洗滌塔廢水：洗滌廢氣所含之汙染質。

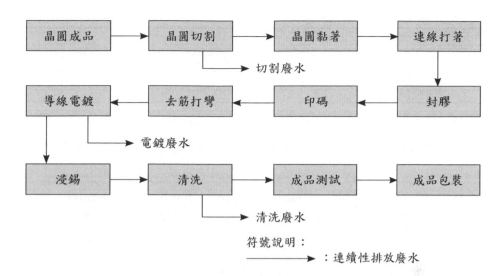

圖22-4　IC晶片構裝製程中廢水汙染物之發生源

三、廢棄物汙染源

廢棄物之產生源及其物質分述如下：

1. 包裝器材：紙箱、木箱、玻璃瓶、塑膠桶、保麗龍填充襯材。
2. 清洗廢液：廢酸、廢鹼、廢溶劑。
3. 蝕刻廢液：廢酸。
4. 微影廢液：顯影廢液、微影清洗廢液。
5. 泵浦廢油：離子植入機、PVD、CVD、蝕刻機等真空泵之劣化油脂。
6. 汙泥：含氟廢水處理之汙泥。
7. 空氣處理廢料：無塵室空氣過濾廢濾料及毒性氣體吸附塔廢料。
8. 無塵室人員使用後廢棄之口罩、手套、鞋套及頭套。
9. 員工生活廢棄物：餐廳及辦公室廢棄物。
10. 廢損晶片。

🌑 22-2 面板產業化學品之應用與危害

　　自2002年起LCD顯示器快速替代原有之CRT顯示器成為桌上型電腦的標準配備後，液晶面板的需求量大幅提升，也加速台灣廠商投入此產業的速度，成為台灣繼晶圓代工產業後又一明星產業。到了2014年面板產業受到終端產品強烈訴求如高解析度、產品輕薄、省電、長待機時間及直覺操控等趨勢影響，將帶動高速傳輸IC、感測器、觸控IC、電源管理IC、無線通訊IC等所需晶片多元發展，促使異質多層封裝與3D/IC發展備受矚目。

　　當前面板產業發生了根本結構性的變化，從過去追求量產規模轉而朝向提高企業核心競爭力及產品附加價值高的產品上去發展，面對新的態勢挑戰，國內兩大面板廠（群創、友達）紛紛投入新技術製程布局。而面板製程中大量使用電子化學品，如蝕刻液、光阻剝離劑、顯影液及光阻稀釋劑與洗邊劑等。而這些製程原料大部分都具有毒性及危害性，所以須特別注意並嚴格加以防範與控制。

一、製程、用途及化學品

　　液晶顯示器（TFT-LCD）的構造如同三明治一般將液晶夾在兩片玻璃基板之間，基本製程主要分成三個階段：Array、Cell及Module，製程說明如下：

(一)陣列工程

　　陣列工程（array engineering）為液晶顯示器之最主要技術，其原理是在玻璃基板上利用導電體塗布／微影照相及曝光顯像等精密技術，製作出所需之電極基板，作為傳遞訊號／電壓控制之元件（即所謂薄膜電晶體；TFT），其製程概述如下：

1. 將玻璃基板入料清洗後，於其上塗布靶材之薄膜，靶材原料為金屬（如鋁鉻）或半導體薄膜（如ITO），以作為導電電路之基材。
2. 於前述薄膜上均勻塗布光阻，並利用已經微影照相完成之光罩來進行曝光，當光阻完成曝光／顯像工程後即獲得所需之導電線路。
3. 利用蝕刻液可將不需要之金屬或半導體膜去除，僅留下光阻所保護之到電線路膜，最後再利用剝離液將表面之光阻去除後，金屬或半導體之導電線路膜即可成型。
4. 重複上述程序約5～8次（分別針對各金屬或半導體膜）後，即可完成薄膜電晶體之電極基板（或可稱為上基板）。
5. 其製程步驟、用途及使用之化學品，參照**表22-2**。

(二)面板工程

面板工程（cell engineering）是以前段TFT-Array的玻璃為基板與彩色濾光片的玻璃基板結合，並在兩片玻璃基板間灌入液晶（LC）後貼合，再將大片玻璃切割成面板。其製程步驟、用途及使用之化學品，參照**表22-3**。

(三)模組工程

模組工程（module engineering）為以後段模組組裝製程，是將Cell貼合並切割後的面板玻璃，與其他元件如背光板、電路、外框等多種零組件組裝的生產作業。其製程步驟、用途及使用之化學品參照**表22-4**。

二、化學品的危害

光電半導體常用之化學品分成兩類：一類為有機溶劑，如丙酮、甲氧基乙醇、乙酸正丁酯、甲醇、異丙醇、甲苯、三氯乙烯、三氯乙烷、二甲苯；另一類為特定化學物質，如過氧化氫、六甲基二矽胺（HMDS）、

表22-2　Array製程步驟、用途及化學品彙整表

製程及用途說明	使用之化學品	
	A.面板工廠	B.面板工廠
1.清洗程序：玻璃投入前洗淨作業	純水、異丙醇（乾燥用）	純水、異丙醇（乾燥用）
2.鍍膜工程：薄膜形成時，在玻璃基版上塗布靶材之薄膜，作為導電電路之基材	氧化銦錫（ITO）	氧化銦錫（ITO）
3.黃光工程：微影之光阻塗布：在薄膜上均勻塗布光阻	1.抗靜電液：正丁醇（50%）＋異丙醇（40%）＋乙醇＋矽石 2.乙酸丙氧基乙酯＋酚醛樹脂＋感光化合物	丙二醇甲醚醋酸酯（PGMEA）＋光阻劑＋感光劑
4.微影之光阻洗淨：因曝光與蝕刻會進行許多次，避免光阻殘存玻璃基板邊緣，以稀釋劑作為光阻塗布後最後清洗程序，去除多餘之光阻	稀釋劑（thinner）：丙二醇甲醚醋酸酯（PGMEA）＋丙二醇甲醚（PGMA）＝（30%：70%）	稀釋劑（thinner）：醋酸正丁酯（100%）
5.微影之曝光：利用已經微影照相完成的光罩進行曝光		
6.微影之顯影：完成曝光後顯影，形成所需之導電線路	顯影劑：25%氫氧化四甲基銨水溶液（TMAH）	顯影劑：25%氫氧化四甲基銨水溶液（TMAH）
7.濕蝕刻：利用蝕刻液將不需要的金屬或半導電去除，留下光阻所保護的導電線路膜；另有採用氣體進行的乾蝕刻法	1.氧化銦錫蝕刻液：草酸＋氧化銦錫（ITO） 2.鋁蝕刻液：磷酸＋硝酸＋醋酸（65%：12%：5%）	1.SiO_2蝕刻液：氫氟酸＋氟化銨 2.氧化銦錫蝕刻液：草酸＋氧化銦錫 3.鋁蝕刻液：磷酸＋硝酸＋醋酸（71.5%：1.9%：9.5%）
8.光阻剝離：利用剝離液將表面之光阻去除，形成金屬與半導電導電線路膜	去光阻液：（stripper）乙醇胺＋二甲基亞碸（30%：70%）	去光阻液：（stripper）乙醇胺＋二甘醇丁單基醚（30%：70%）

表22-3　Cell製程步驟、用途及化學品彙整表

製程及用途說明	使用之化學品	
	A.面板工廠	B.面板工廠
1.清洗程序：玻璃面板投入前洗淨作業	純水、異丙醇（乾燥用）	純水、異丙醇（乾燥用）
2.在清洗後的玻璃基板上貼彩色濾光片：成為CF基板（稱下基板）		
3.配向膜剝離	1.清洗劑：丙酮 2.剝離液：N-甲基吡咯酮（NMP）	1.清洗劑：丙酮 2.剝離液：N-甲基吡咯酮（NMP）
4.配向處理：對上基板及下基板塗布聚亞醯銨液，經研磨形成配向膜（上下配向膜呈垂直）	塗布液：聚亞醯銨溶液	塗布液：聚亞醯銨溶液
5.配向膜與面板清洗	異丙醇	異丙醇
6.組立作業：將上下基板進行組立作業，及間隔劑散布與框膠塗布	乙醇	乙醇
7.注入液晶：當完成組立後，將液晶注入並封止	液晶物質	液晶物質
8.在上下基板外側貼上偏光板	異丙醇	異丙醇
9.對面板進行檢查	乙醇	乙醇

表22-4　Module製程步驟、用途及化學品彙整表

製程及用途說明	使用之化學品	
	A.面板工廠	B.面板工廠
1.面板清洗程序	乙醇、異丙醇	乙醇、異丙醇
2.將組裝好的LCD面板，貼附異方性導電膜（ACF）	乙醇、異丙醇	乙醇、異丙醇
3.TAB-IC壓著	乙醇、丙酮	乙醇、丙酮
4.跳接線（SMT）焊接		
5.背光模組組立作業		
6.模組檢查與最終品檢測試		

乙醇胺、乙酸乙氧基乙酯、丙二醇甲醚、醋酸、鹽酸、硝酸、磷酸、硫酸、氫氟酸及氫氧化四甲基銨（TMAH）等。而供應流程，主要可分為兩種方式，一種由槽車運載經由儲槽經管線輸送，另一方式藉由堆高機或手推（拉）車，將桶裝或瓶裝溶劑或特定化學分送至化學供應房及製造廠房使用。

　　化學品洩漏所造成的危害，可分為以下幾種：

1.可燃性液體外洩而引火。
2.酸性液體及鹼性液體承裝物腐蝕或碰撞造成液體洩漏或人員接觸。
3.毒性化學物質造成人員健康危害。
4.光電半導體常用酸性化學品之特性及其相關危害（**表22-5**）。

三、化學品的管理

　　光電半導體產業由於大量使用易燃性、反應性、毒性及腐蝕性之原物料，因此，不管在前段原物料之儲存、中間製程之供應使用或反應，以及尾氣或次產物之處理等，都有可能因為處置不當，造成重大不可收拾之事故。此外，加上設備機台之易燃材質，以及排氣管線貫穿防火區域所造成之延燒，都會造成火勢之擴大。

　　化學品安全資訊的健全與運用，是作業場所中風險評估不可或缺，近年來國際化學品管理趨勢與領先國家做法，例如配合國際推動化學品全球分類與標示調和制度（GHS）、聯合國國際化學品管理策略方針（SAICM）、歐盟新化學品管理政策（REACH）及斯德哥爾摩「持久性有機汙染物公約」等，都強調針對化學品使用生命週期中建置資訊、辨識鑑別與管理風險，開展的具體作為包括既有化學品清單建置、新化學品登錄評估、GHS危害分類辨識、化學品安全資訊建置與分享、以風險評估為基礎的化學品安全管理等。對於光電半導體產業而言，為了執行精確的危害及風險評估，化學品安全資訊的掌握，對於製程安全、員工安全衛生

表22-5 酸性化學品特性及相關危害彙整表

物質名稱	用途	暴露限值	IDLH 限值	物理性狀描述	不可共存物質	物質健康危害途徑、症狀、目標器官
醋酸 CH_3COOH	蝕刻	10ppm 25mg/m³	1,000ppm	無色液體、食用醋氣味	強氧化劑、鉻酸、過氧化鈉、硝酸、強鹼	吸入、接觸：鼻、喉刺激、慢性支氣管炎、眼、皮膚灼傷、牙齒糜爛、刺激眼結膜、呼吸系統、皮膚、眼、牙齒
鹽酸 HCl	蝕刻	-	-	無色、發煙、刺激性液體	大部分的金屬、鹼類	吸入食入接觸：呼吸系統、眼、皮膚
硝酸 HNO_3	蝕刻	10ppm 25mg/m³	100ppm	無色液體、辛辣的窒息性氣味	氧化性物質、金屬粉末、強鹼	吸入食入接觸：牙齒糜爛、眼、黏膜、皮膚刺激、肺水腫、支氣管炎、呼吸系統、眼、皮膚、牙齒
磷酸 H_3PO_4	蝕刻	1mg/m³	-	無色、無臭、黏滯性液體	強鹼、大部分的金屬	吸入食入接觸：上呼吸道、眼、皮膚刺激、皮膚、眼灼傷、皮膚炎、呼吸系統
硫酸 H_2SO_4	蝕刻、清洗	1mg/m³	80mg/m³	無色、無臭、油狀液體	有機物、過氯酸鹽、碳化物、爆炸物、金屬等	吸入食入接觸：眼、鼻、喉刺激、肺水腫、皮膚炎、牙齒糜爛、支氣管氣腫、口腔炎、呼吸系統、眼、皮膚、牙齒
氫氟酸 HF	蝕刻	3ppm 2mg/m³	20ppm	無色煙霧狀液體或無色強烈刺激性氣體	金屬、玻璃陶瓷、混凝土	吸入食入接觸：眼、鼻、喉嚨刺激、皮膚、眼灼傷、鼻充血、支氣管炎、呼吸系統

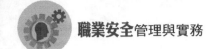

職業安全管理與實務

386

及環境保護都是必要的,同時也可作為選擇最低風險的化學品與製程的依據,對引進採用新化學品亦是如此。

22-3 光電半導體產業潛在危害

　　台灣為世界電子產品之主要輸出國家。受限於客戶之要求,大多數工廠皆已通過品質管理系統驗證,而通過環境管理系統及職業安全衛生管理系統驗證之廠商,亦不在少數。換言之,光電半導體產業在一般管理及工安環保等工作上,整體來講,較其他產業為佳。但因該產業為新興之製程,潛藏許多危害特性及複雜性高。因此,雖事業單位對環安要求極為嚴格,但重大事故卻仍時有所聞,列舉一些實際發生之災害事件案例說明如下:

【案例一】危害化學品:顯影劑25%氫氧化四甲基銨(TMAH)

　　2003年12月某光電廠承攬商進行設備安裝顯影劑回收系統,罹災者於鬆開氣動閥時因未先做洩壓動作,致使桶槽中之顯影劑由氣動閥噴出,接觸顯影劑25%氫氧化四甲基銨(Tetramethylammonium Hydroxide, TMAH)於送醫救治十日後不治死亡。而TMAH之健康危害可分成兩部分:

1. 第一部分是OH$^-$基:其特性為強鹼與腐蝕性,健康危害效應會造成皮膚及黏膜組織灼傷。
2. 第二部分是TMA$^+$基:其特性為類似毒螺類神經毒素,健康危害效應會抑制呼吸肌肉群造成呼吸肌肉停止、心跳減緩,嚴重者會導致腦部缺氧死亡。

【案例二】危害化學品:矽甲烷

　　2005年11月某科技太陽能廠房發生矽甲烷外洩爆炸事件,並引燃大

火造成廠房半毀、一名勞工罹難及十幾名勞工受傷的事故，財務損失高達約新台幣三億元。而矽甲烷危害特性說明如下：

1. 矽甲烷與氧氣會形成爆炸性氣體。
2. 矽甲烷（Silane）化學式為 SiH_4，為無色氣體，在常溫、常壓下具自燃特性，一旦發生外洩，極可能引發重大火災爆炸工安事故。
3. 矽甲烷與二氮化氧（N_2O）混合而造成突然爆炸，矽甲烷燃燒後產生之二氧化矽或一氧化矽，後者會因衝擊或振動而引起爆炸。

【案例三】危害化學品：蝕刻液氫氟酸

2006年2月中部科學工業園區某科技廠二名工程師裝設二部蝕刻機台時，A機台裝設完畢進行測試時，氫氟酸液體卻因源頭管線標示錯誤，誤送入B機台，致該二名工程師於裝設過程中遭該液體噴濺而肇災。而氫氟酸危害特性說明如下：

當氫氟酸液體與皮膚接觸時，其皮膚症狀變化說明如下：

1. 初期：紅、腫、熱、痛。
2. 中期：腫脹、白色或黃白色變化、混濁乳酪樣水泡。
3. 末期：潰瘍、組織壞死脫落，更嚴重者會致命。

【案例四】危害化學品：氫氣（載流氣體）→可改用氮氣

2006年6月某發光二極體光電廠金屬有機物化學氣相沉積機台之反應槽於長晶製程時發生爆炸，反應槽內部構件嚴重損壞，反應槽外連接之監視器及冷卻水管被炸脫離，製程生產中斷，惟未造成人員之傷亡。

而氫氣危害特性說明如下：

1. 氫氣（Hydrogen）係一種無色、無臭、無味、無毒的可燃性氣體。
2. 氫氣也是一種可壓縮易燃氣體。

【案例五】危害化學品：醚類及二氧化碳

2009年3月中部科學工業園區某光電廠二名維修顯影液儲槽工人，因不慎先後掉落約三公尺深、底部還有約十公分殘留顯影液的槽底，疑因吸入過量醚類或二氧化碳濃度過高，缺氧窒息雙雙不治。

【案例六】危害化學品：無水氫氟酸

2012年9月韓國某化學品製造廠的五名員工用管子把內裝氫氟酸的二十噸級罐車和工廠內氫氟酸儲罐相連時，發生不明原因爆炸。爆炸引起儲罐連接管破損，導致氫氟酸洩漏。造成五位員工死亡、十八人受傷包括廠內員工與應變人員，韓國政府於10月8日宣布該區為「特別災區」，災民再次被要求疏散。統計下風處超過12,243位民眾就醫檢查、3,400頭牲畜受到暴露、212公頃農田受汙染，政府補償民眾超過新台幣六億元。

22-4 結論

光電、半導體及太陽能產業是我國高科技產業，在二十一世紀中屬於前瞻性的發展工業，為提升在國際市場的競爭力及產能，以因應生產設備大型化、自動化、廠房挑高、化學品及危險性氣體大量使用等運作風險，協助業者滿足工廠安全衛生風險管理需求。有鑑於國內六代以上平面顯示器、十二吋晶圓製造廠持續的擴建及太陽能電池製造等上／下游產業正蓬勃發展，使得廠房潛藏了更多安全衛生之風險。

一般而言，光電、半導體業由於化學品使用種類過多且危害性極高等風險特性，一旦製程單元發生防護失效、洩漏或火災爆炸等意外，除了可能導致設備損壞、環境汙染外，其後果極可能造成嚴重的人命死傷、財產損失，乃至於影響企業永續經營，因此，風險管理及職業安全衛生制度的自主運作成為各事業單位極重要的課題。因此，光電及半導體產業並非

如外界所想像中擁有美麗外表及高雅壯觀之建築，內在暗藏危機四伏，與石化產業相比較有過之而不及。

有鑑於此，企業建制良好的職安衛管理系統，是全球的趨勢，業者在追求企業利潤之際，也應積極考慮生產活動中，因不安全行為與不安全狀況衍生之職災，對企業所造成的衝擊。在國際社會普遍強調產業發展應與勞工之安全健康兼顧的今日，持續提升作業中之安全與衛生條件，已成為全球企業共同努力的目標。

參考文獻

半導體製程及原理，http：// www2.nsysu.edu.tw/IEE/lou/elec/web/process/semi. htm。

行政院環保署（2007）。第二章製程化學品及禁限用物質。2007年研究計畫「高科技產業廢水水質特性分析及管制標準探討計畫」。

經濟部工業局（2009）。《98年度「中小企業工作環境改善計畫」——光電半導體業安全衛生自主管理實務手冊》。

附　錄

附錄一　職業安全衛生法

法規沿革

1. 中華民國六十三年四月十六日總統（63）台統(一)義字第1604號令制定公布全文34條
2. 中華民國八十年五月十七日總統（80）華總(一)義字第2433號令修正公布
3. 中華民國九十一年五月十五日總統（91）華總一義字第09100093800號令修正公布第3條條文
4. 中華民國九十一年六月十二日總統華總一義字第09100116850號令修正公布第6、8、10、23、32條條文；並增訂第36-1條條文
5. 中華民國一百零二年七月三日總統華總一義字第10200127211號令修正公布名稱及全文55條；施行日期，由行政院定之（原名稱：勞工安全衛生法）
6. 中華民國一百零三年六月二十日行政院院臺勞字第1030031158號令發布除第7～9、11、13～15、31條條文定自一百零四年一月一日施行外，其餘條文定自一百零三年七月三日施行
7. 中華民國一百零三年二月十四日行政院院臺規字第1030124618 號公告第3條第1項所列屬「行政院勞工委員會」之權責事項，自一百零三年二月十七日起改由「勞動部」管轄

職業安全衛生法規條文

第一章　總則

第一條　為防止職業災害，保障工作者安全及健康，特制定本法；其他法律有特別規定者，從其規定。

第二條　本法用詞，定義如下：

　　　　一、工作者：指勞工、自營作業者及其他受工作場所負責人指揮或監督從事勞動之人員。

二、勞工：指受僱從事工作獲致工資者。

三、雇主：指事業主或事業之經營負責人。

四、事業單位：指本法適用範圍內僱用勞工從事工作之機構。

五、職業災害：指因勞動場所之建築物、機械、設備、原料、材料、化學品、氣體、蒸氣、粉塵等或作業活動及其他職業上原因引起之工作者疾病、傷害、失能或死亡。

第三條　本法所稱主管機關：在中央為勞動部；在直轄市為直轄市政府；在縣（市）為縣（市）政府。

本法有關衛生事項，中央主管機關應會商中央衛生主管機關辦理。

第四條　本法適用於各業。但因事業規模、性質及風險等因素，中央主管機關得指定公告其適用本法之部分規定。

第五條　雇主使勞工從事工作，應在合理可行範圍內，採取必要之預防設備或措施，使勞工免於發生職業災害。

機械、設備、器具、原料、材料等物件之設計、製造或輸入者及工程之設計或施工者，應於設計、製造、輸入或施工規劃階段實施風險評估，致力防止此等物件於使用或工程施工時，發生職業災害。

第二章　安全衛生設施

第六條　雇主對下列事項應有符合規定之必要安全衛生設備及措施：

一、防止機械、設備或器具等引起之危害。

二、防止爆炸性或發火性等物質引起之危害。

三、防止電、熱或其他之能引起之危害。

四、防止採石、採掘、裝卸、搬運、堆積或採伐等作業中引起之危害。

五、防止有墜落、物體飛落或崩塌等之虞之作業場所引起之危害。

六、防止高壓氣體引起之危害。

七、防止原料、材料、氣體、蒸氣、粉塵、溶劑、化學品、含毒性物質或缺氧空氣等引起之危害。

八、防止輻射、高溫、低溫、超音波、噪音、振動或異常氣壓等引起之危害。

九、防止監視儀表或精密作業等引起之危害。

十、防止廢氣、廢液或殘渣等廢棄物引起之危害。

十一、防止水患或火災等引起之危害。

十二、防止動物、植物或微生物等引起之危害。

十三、防止通道、地板或階梯等引起之危害。

十四、防止未採取充足通風、採光、照明、保溫或防濕等引起之危害。

雇主對下列事項，應妥為規劃及採取必要之安全衛生措施：

一、重複性作業等促發肌肉骨骼疾病之預防。

二、輪班、夜間工作、長時間工作等異常工作負荷促發疾病之預防。

三、執行職務因他人行為遭受身體或精神不法侵害之預防。

四、避難、急救、休息或其他為保護勞工身心健康之事項。

前二項必要之安全衛生設備與措施之標準及規則，由中央主管機關定之。

第七條　製造者、輸入者、供應者或雇主，對於中央主管機關指定之機械、設備或器具，其構造、性能及防護非符合安全標準者，不得產製運出廠場、輸入、租賃、供應或設置。

前項之安全標準，由中央主管機關定之。

製造者或輸入者對於第一項指定之機械、設備或器具，符合前項安全標準者，應於中央主管機關指定之資訊申報網站登錄，並於其產製或輸入之產品明顯處張貼安全標示，以供識別。但屬於公告列入型式驗證之產品，應依第八條及第九條規定辦理。

前項資訊登錄方式、標示及其他應遵行事項之辦法，由中央主管機關定之。

第八條　製造者或輸入者對於中央主管機關公告列入型式驗證之機械、設備或器具，非經中央主管機關認可之驗證機構實施型式驗證合格及張貼合格標章，不得產製運出廠場或輸入。

前項應實施型式驗證之機械、設備或器具，有下列情形之一者，得免驗證，不受前項規定之限制：

一、依第十六條或其他法律規定實施檢查、檢驗、驗證或認可。

二、供國防軍事用途使用，並有國防部或其直屬機關出具證明。

三、限量製造或輸入僅供科技研發、測試用途之專用機型，並經中央主管機關核准。

四、非供實際使用或作業用途之商業樣品或展覽品，並經中央主管機關核准。

五、其他特殊情形，有免驗證之必要，並經中央主管機關核准。

第一項之驗證，因產品構造規格特殊致驗證有困難者，報驗義務人得檢附產品安全評估報告，向中央主管機關申請核准採用適當檢驗方式為之。

輸入者對於第一項之驗證，因驗證之需求，得向中央主管機關申請先行放行，經核准後，於產品之設置地點實施驗證。

前四項之型式驗證實施程序、項目、標準、報驗義務人、驗證機構資格條件、認可、撤銷與廢止、合格標章、標示方法、先行放行條件、申請免驗、安全評估報告、監督管理及其他應遵行事項之辦法，由中央主管機關定之。

第九條　製造者、輸入者、供應者或雇主，對於未經型式驗證合格之產品或型式驗證逾期者，不得使用驗證合格標章或易生混淆之類似標章揭示於產品。

中央主管機關或勞動檢查機構，得對公告列入應實施型式驗證之產品，進行抽驗及市場查驗，業者不得規避、妨礙或拒絕。

第十條　雇主對於具有危害性之化學品，應予標示、製備清單及揭示安全資料表，並採取必要之通識措施。

製造者、輸入者或供應者，提供前項化學品與事業單位或自營作業者前，應予標示及提供安全資料表；資料異動時，亦同。

前二項化學品之範圍、標示、清單格式、安全資料表、揭示、通識措施及其他應遵行事項之規則，由中央主管機關定之。

第十一條　雇主對於前條之化學品，應依其健康危害、散布狀況及使用量等情形，評估風險等級，並採取分級管理措施。

前項之評估方法、分級管理程序與採行措施及其他應遵行事項之辦法，由中央主管機關定之。

第十二條　雇主對於中央主管機關定有容許暴露標準之作業場所，應確保勞工之危害暴露低於標準值。

前項之容許暴露標準，由中央主管機關定之。

雇主對於經中央主管機關指定之作業場所，應訂定作業環境監測計畫，並設置或委託由中央主管機關認可之作業環境監測機構實施監測。但中央主管機關指定免經監測機構分析之監測項目，得僱用合格監測人員辦理之。

雇主對於前項監測計畫及監測結果，應公開揭示，並通報中央主管機關。

中央主管機關或勞動檢查機構得實施查核。

前二項之作業場所指定、監測計畫與監測結果揭示、通報、監測機構與監測人員資格條件、認可、撤銷與廢止、查核方式及其他應遵行事項之辦法，由中央主管機關定之。

第十三條　製造者或輸入者對於中央主管機關公告之化學物質清單以外之新化學物質，未向中央主管機關繳交化學物質安全評估報告，並經核准登記前，不得製造或輸入含有該物質之化學品。但其他法律已規定或經中央主管機關公告不適用者，不在此限。

前項評估報告，中央主管機關為防止危害工作者安全及健康，於審查後得予公開。

前二項化學物質清單之公告、新化學物質之登記、評估報告內容、審查程序、資訊公開及其他應遵行事項之辦法，由中央主管機關定之。

第十四條　製造者、輸入者、供應者或雇主，對於經中央主管機關指定之管制性化學品，不得製造、輸入、供應或供工作者處置、使用。但經中央主管機關許可者，不在此限。

製造者、輸入者、供應者或雇主，對於中央主管機關指定之優先管理化學品，應將相關運作資料報請中央主管機關備查。

前二項化學品之指定、許可條件、期間、廢止或撤銷許可、運作資料內容及其他應遵行事項之辦法，由中央主管機關定之。

第十五條　有下列情事之一之工作場所，事業單位應依中央主管機關規定之

期限，定期實施製程安全評估，並製作製程安全評估報告及採取
必要之預防措施；製程修改時，亦同：

一、從事石油裂解之石化工業。

二、從事製造、處置或使用危害性之化學品數量達中央主管機關
　　規定量以上。

前項製程安全評估報告，事業單位應報請勞動檢查機構備查。

前二項危害性之化學品數量、製程安全評估方法、評估報告內容
要項、報請備查之期限、項目、方式及其他應遵行事項之辦法，
由中央主管機關定之。

第十六條　雇主對於經中央主管機關指定具有危險性之機械或設備，非經勞
　　　　　動檢查機構或中央主管機關指定之代行檢查機構檢查合格，不得
　　　　　使用；其使用超過規定期間者，非經再檢查合格，不得繼續使
　　　　　用。

　　　　　代行檢查機構應依本法及本法所發布之命令執行職務。

　　　　　檢查費收費標準及代行檢查機構之資格條件與其負責任，由中央
　　　　　主管機關定之。

　　　　　第一項所稱危險性機械或設備之種類、應具之容量與其製程、竣
　　　　　工、使用、變更或其他檢查之程序、項目、標準及檢查合格許可
　　　　　有效使用期限等事項之規則，由中央主管機關定之。

第十七條　勞工工作場所之建築物，應由依法登記開業之建築師依建築法規
　　　　　及本法有關安全衛生之規定設計。

第十八條　工作場所有立即發生危險之虞時，雇主或工作場所負責人應即令
　　　　　停止作業，並使勞工退避至安全場所。

　　　　　勞工執行職務發現有立即發生危險之虞時，得在不危及其他工作
　　　　　者安全情形下，自行停止作業及退避至安全場所，並立即向直屬
　　　　　主管報告。

　　　　　雇主不得對前項勞工予以解僱、調職、不給付停止作業期間工資
　　　　　或其他不利之處分。但雇主證明勞工濫用停止作業權，經報主管
　　　　　機關認定，並符合勞動法令規定者，不在此限。

第十九條　在高溫場所工作之勞工，雇主不得使其每日工作時間超過六小

時；異常氣壓作業、高架作業、精密作業、重體力勞動或其他對於勞工具有特殊危害之作業，亦應規定減少勞工工作時間，並在工作時間中予以適當之休息。

前項高溫度、異常氣壓、高架、精密、重體力勞動及對於勞工具有特殊危害等作業之減少工作時間與休息時間之標準，由中央主管機關會同有關機關定之。

第二十條　雇主於僱用勞工時，應施行體格檢查；對在職勞工應施行下列健康檢查：

一、一般健康檢查。

二、從事特別危害健康作業者之特殊健康檢查。

三、經中央主管機關指定為特定對象及特定項目之健康檢查。

前項檢查應由中央主管機關會商中央衛生主管機關認可之醫療機構之醫師為之；檢查紀錄雇主應予保存，並負擔健康檢查費用；實施特殊健康檢查時，雇主應提供勞工作業內容及暴露情形等作業經歷資料予醫療機構。

前二項檢查之對象及其作業經歷、項目、期間、健康管理分級、檢查紀錄與保存期限及其他應遵行事項之規則，由中央主管機關定之。

醫療機構對於健康檢查之結果，應通報中央主管機關備查，以作為工作相關疾病預防之必要應用。但一般健康檢查結果之通報，以指定項目發現異常者為限。

第二項醫療機構之認可條件、管理、檢查醫師資格與前項檢查結果之通報內容、方式、期限及其他應遵行事項之辦法，由中央主管機關定之。

勞工對於第一項之檢查，有接受之義務。

第二十一條　雇主依前條體格檢查發現應僱勞工不適於從事某種工作，不得僱用其從事該項工作。健康檢查發現勞工有異常情形者，應由醫護人員提供其健康指導；其經醫師健康評估結果，不能適應原有工作者，應參採醫師之建議，變更其作業場所、更換工作或縮短工作時間，並採取健康管理措施。

雇主應依前條檢查結果及個人健康注意事項，彙編成健康檢查手冊，發給勞工，並不得作為健康管理目的以外之用途。

前二項有關健康管理措施、檢查手冊內容及其他應遵行事項之規則，由中央主管機關定之。

第二十二條　事業單位勞工人數在五十人以上者，應僱用或特約醫護人員，辦理健康管理、職業病預防及健康促進等勞工健康保護事項。

前項職業病預防事項應配合第二十三條之安全衛生人員辦理之。

第一項事業單位之適用日期，中央主管機關得依規模、性質分階段公告。

第一項有關從事勞工健康服務之醫護人員資格、勞工健康保護及其他應遵行事項之規則，由中央主管機關定之。

第三章　安全衛生管理

第二十三條　雇主應依其事業單位之規模、性質，訂定職業安全衛生管理計畫；並設置安全衛生組織、人員，實施安全衛生管理及自動檢查。

前項之事業單位達一定規模以上或有第十五條第一項所定之工作場所者，應建置職業安全衛生管理系統。

中央主管機關對前項職業安全衛生管理系統得實施訪查，其管理績效良好並經認可者，得公開表揚之。

前三項之事業單位規模、性質、安全衛生組織、人員、管理、自動檢查、職業安全衛生管理系統建置、績效認可、表揚及其他應遵行事項之辦法，由中央主管機關定之。

第二十四條　經中央主管機關指定具有危險性機械或設備之操作人員，雇主應僱用經中央主管機關認可之訓練或經技能檢定之合格人員充任之。

第二十五條　事業單位以其事業招人承攬時，其承攬人就承攬部分負本法所定雇主之責任；原事業單位就職業災害補償仍應與承攬人負連帶責任。再承攬者亦同。

原事業單位違反本法或有關安全衛生規定，致承攬人所僱勞工

發生職業災害時，與承攬人負連帶賠償責任。再承攬者亦同。

第二十六條　事業單位以其事業之全部或一部分交付承攬時，應於事前告知該承攬人有關其事業工作環境、危害因素暨本法及有關安全衛生規定應採取之措施。

承攬人就其承攬之全部或一部分交付再承攬時，承攬人亦應依前項規定告知再承攬人。

第二十七條　事業單位與承攬人、再承攬人分別僱用勞工共同作業時，為防止職業災害，原事業單位應採取下列必要措施：

一、設置協議組織，並指定工作場所負責人，擔任指揮、監督及協調之工作。

二、工作之聯繫與調整。

三、工作場所之巡視。

四、相關承攬事業間之安全衛生教育之指導及協助。

五、其他為防止職業災害之必要事項。

事業單位分別交付二個以上承攬人共同作業而未參與共同作業時，應指定承攬人之一負前項原事業單位之責任。

第二十八條　二個以上之事業單位分別出資共同承攬工程時，應互推一人為代表人；該代表人視為該工程之事業雇主，負本法雇主防止職業災害之責任。

第二十九條　雇主不得使未滿十八歲者從事下列危險性或有害性工作：

一、坑內工作。

二、處理爆炸性、易燃性等物質之工作。

三、鉛、汞、鉻、砷、黃磷、氯氣、氰化氫、苯胺等有害物散布場所之工作。

四、有害輻射散布場所之工作。

五、有害粉塵散布場所之工作。

六、運轉中機器或動力傳導裝置危險部分之掃除、上油、檢查、修理或上卸皮帶、繩索等工作。

七、超過二百二十伏特電力線之銜接。

八、已熔礦物或礦渣之處理。

九、鍋爐之燒火及操作。

十、鑿岩機及其他有顯著振動之工作。

十一、一定重量以上之重物處理工作。

十二、起重機、人字臂起重桿之運轉工作。

十三、動力捲揚機、動力運搬機及索道之運轉工作。

十四、橡膠化合物及合成樹脂之滾輾工作。

十五、其他經中央主管機關規定之危險性或有害性之工作。

前項危險性或有害性工作之認定標準，由中央主管機關定之。

未滿十八歲者從事第一項以外之工作，經第二十條或第二十二條之醫師評估結果，不能適應原有工作者，雇主應參採醫師之建議，變更其作業場所、更換工作或縮短工作時間，並採取健康管理措施。

第三十條　雇主不得使妊娠中之女性勞工從事下列危險性或有害性工作：

一、礦坑工作。

二、鉛及其化合物散布場所之工作。

三、異常氣壓之工作。

四、處理或暴露於弓形蟲、德國麻疹等影響胎兒健康之工作。

五、處理或暴露於二硫化碳、三氯乙烯、環氧乙烷、丙烯醯胺、次乙亞胺、砷及其化合物、汞及其無機化合物等經中央主管機關規定之危害性化學品之工作。

六、鑿岩機及其他有顯著振動之工作。

七、一定重量以上之重物處理工作。

八、有害輻射散布場所之工作。

九、已熔礦物或礦渣之處理工作。

十、起重機、人字臂起重桿之運轉工作。

十一、動力捲揚機、動力運搬機及索道之運轉工作。

十二、橡膠化合物及合成樹脂之滾輾工作。

十三、處理或暴露於經中央主管機關規定具有致病或致死之微生物感染風險之工作。

十四、其他經中央主管機關規定之危險性或有害性之工作。

雇主不得使分娩後未滿一年之女性勞工從事下列危險性或有害
　　　　　　　性工作：
　　　　　　　一、礦坑工作。
　　　　　　　二、鉛及其化合物散布場所之工作。
　　　　　　　三、鑿岩機及其他有顯著振動之工作。
　　　　　　　四、一定重量以上之重物處理工作。
　　　　　　　五、其他經中央主管機關規定之危險性或有害性之工作。
　　　　　　　第一項第五款至第十四款及前項第三款至第五款所定之工作，
　　　　　　　雇主依第三十一條採取母性健康保護措施，經當事人書面同意
　　　　　　　者，不在此限。
　　　　　　　第一項及第二項危險性或有害性工作之認定標準，由中央主管
　　　　　　　機關定之。
　　　　　　　雇主未經當事人告知妊娠或分娩事實而違反第一項或第二項規
　　　　　　　定者，得免予處罰。但雇主明知或可得而知者，不在此限。
第三十一條　中央主管機關指定之事業，雇主應對有母性健康危害之虞之工
　　　　　　　作，採取危害評估、控制及分級管理措施；對於妊娠中或分娩後
　　　　　　　未滿一年之女性勞工，應依醫師適性評估建議，採取工作調整或
　　　　　　　更換等健康保護措施，並留存紀錄。
　　　　　　　前項勞工於保護期間，因工作條件、作業程序變更、當事人健
　　　　　　　康異常或有不適反應，經醫師評估確認不適原有工作者，雇主
　　　　　　　應依前項規定重新辦理之。
　　　　　　　第一項事業之指定、有母性健康危害之虞之工作項目、危害評
　　　　　　　估程序與控制、分級管理方法、適性評估原則、工作調整或更
　　　　　　　換、醫師資格與評估報告之文件格式、紀錄保存及其他應遵行
　　　　　　　事項之辦法，由中央主管機關定之。
　　　　　　　雇主未經當事人告知妊娠或分娩事實而違反第一項或第二項規
　　　　　　　定者，得免予處罰。但雇主明知或可得而知者，不在此限。
第三十二條　雇主對勞工應施以從事工作與預防災變所必要之安全衛生教育及
　　　　　　　訓練。
　　　　　　　前項必要之教育及訓練事項、訓練單位之資格條件與管理及其
　　　　　　　他應遵行事項之規則，由中央主管機關定之。

　　　　　　　　勞工對於第一項之安全衛生教育及訓練，有接受之義務。

第三十三條　雇主應負責宣導本法及有關安全衛生之規定，使勞工周知。

第三十四條　雇主應依本法及有關規定會同勞工代表訂定適合其需要之安全衛
　　　　　　　生工作守則，報經勞動檢查機構備查後，公告實施。
　　　　　　　勞工對於前項安全衛生工作守則，應切實遵行。

第四章　監督與檢查

第三十五條　中央主管機關得聘請勞方、資方、政府機關代表、學者專家及職
　　　　　　　業災害勞工團體，召開職業安全衛生諮詢會，研議國家職業安全
　　　　　　　衛生政策，並提出建議；其成員之任一性別不得少於三分之一。

第三十六條　中央主管機關及勞動檢查機構對於各事業單位勞動場所得實施檢
　　　　　　　查。其有不合規定者，應告知違反法令條款，並通知限期改善；
　　　　　　　屆期未改善或已發生職業災害，或有發生職業災害之虞時，得通
　　　　　　　知其部分或全部停工。勞工於停工期間應由雇主照給工資。
　　　　　　　事業單位對於前項之改善，於必要時，得請中央主管機關協助
　　　　　　　或洽請認可之顧問服務機構提供專業技術輔導。
　　　　　　　前項顧問服務機構之種類、條件、服務範圍、顧問人員之資格
　　　　　　　與職責、認可程序、撤銷、廢止、管理及其他應遵行事項之規
　　　　　　　則，由中央主管機關定之。

第三十七條　事業單位工作場所發生職業災害，雇主應即採取必要之急救、搶
　　　　　　　救等措施，並會同勞工代表實施調查、分析及作成紀錄。
　　　　　　　事業單位勞動場所發生下列職業災害之一者，雇主應於八小時
　　　　　　　內通報勞動檢查機構：
　　　　　　　一、發生死亡災害。
　　　　　　　二、發生災害之罹災人數在三人以上。
　　　　　　　三、發生災害之罹災人數在一人以上，且需住院治療。
　　　　　　　四、其他經中央主管機關指定公告之災害。
　　　　　　　勞動檢查機構接獲前項報告後，應就工作場所發生死亡或重傷
　　　　　　　之災害派員檢查。
　　　　　　　事業單位發生第二項之災害，除必要之急救、搶救外，雇主非

經司法機關或勞動檢查機構許可，不得移動或破壞現場。

第三十八條　中央主管機關指定之事業，雇主應依規定填載職業災害內容及統計，按月報請勞動檢查機構備查，並公布於工作場所。

第三十九條　工作者發現下列情形之一者，得向雇主、主管機關或勞動檢查機構申訴：

一、事業單位違反本法或有關安全衛生之規定。

二、疑似罹患職業病。

三、身體或精神遭受侵害。

主管機關或勞動檢查機構為確認前項雇主所採取之預防及處置措施，得實施調查。

前項之調查，必要時得通知當事人或有關人員參與。

雇主不得對第一項申訴之工作者予以解僱、調職或其他不利之處分。

第五章　罰則

第四十條　違反第六條第一項或第十六條第一項之規定，致發生第三十七條第二項第一款之災害者，處三年以下有期徒刑、拘役或科或併科新臺幣三十萬元以下罰金。

法人犯前項之罪者，除處罰其負責人外，對該法人亦科以前項之罰金。

第四十一條　有下列情形之一者，處一年以下有期徒刑、拘役或科或併科新臺幣十八萬元以下罰金：

一、違反第六條第一項或第十六條第一項之規定，致發生第三十七條第二項第二款之災害。

二、違反第十八條第一項、第二十九條第一項、第三十條第一項、第二項或第三十七條第四項之規定。

三、違反中央主管機關或勞動檢查機構依第三十六條第一項所發停工之通知。

法人犯前項之罪者，除處罰其負責人外，對該法人亦科以前項之罰金。

第四十二條　違反第十五條第一項、第二項之規定，其危害性化學品洩漏或引
　　　　　　起火災、爆炸致發生第三十七條第二項之職業災害者，處新臺幣
　　　　　　三十萬元以上三百萬元以下罰鍰；經通知限期改善，屆期未改
　　　　　　善，並得按次處罰。
　　　　　　雇主依第十二條第四項規定通報之監測資料，經中央主管機關
　　　　　　查核有虛偽不實者，處新臺幣三十萬元以上一百萬元以下罰
　　　　　　鍰。
第四十三條　有下列情形之一者，處新臺幣三萬元以上三十萬元以下罰鍰：
　　　　　　一、違反第十條第一項、第十一條第一項、第二十三條第二項
　　　　　　　　之規定，經通知限期改善，屆期未改善。
　　　　　　二、違反第六條第一項、第十二條第一項、第三項、第十四條
　　　　　　　　第二項、第十六條第一項、第十九條第一項、第二十四
　　　　　　　　條、第一項、第二項或第三十七條第一項、第二項之規
　　　　　　　　定；違反二項致發生職業病。
　　　　　　三、違反第十五條第一項、第二項之規定，並得按次處罰。
　　　　　　四、規避、妨礙或拒絕本法規定之檢查、調查、抽驗、市場查
　　　　　　　　驗或查核。
第四十四條　未依第七條第三項規定登錄或違反第十條第二項之規定者，處新
　　　　　　臺幣三萬元以上十五萬元以下罰鍰；經通知限期改善，屆期未改
　　　　　　善者，並得按次處罰。
　　　　　　違反第七條第一項、第八條第一項、第十三條第一項或第十四
　　　　　　條第一項規定者，處新臺幣二十萬元以上二百萬元以下罰鍰，
　　　　　　並得限期停止輸入、產製、製造或供應；屆期不停止者，並得
　　　　　　按次處罰。
　　　　　　未依第七條第三項規定標示或違反第九條第一項之規定者，處新
　　　　　　臺幣三萬元以上三十萬元以下罰鍰，並得令限期回收或改正。
　　　　　　未依前項規定限期回收或改正者，處新臺幣十萬元以上一百萬
　　　　　　元以下罰鍰，並得按次處罰。
　　　　　　違反第七條第一項、第八條第一項、第九條第一項規定之產
　　　　　　品，或第十四條第一項規定之化學品者，得沒入、銷燬或採取
　　　　　　其他必要措施，其執行所需之費用，由行為人負擔。

第四十五條　有下列情形之一者，處新臺幣三萬元以上十五萬元以下罰鍰：

一、違反第六條第二項、第十二條第四項、第二十條第一項、第二項、第二十一條第一項、第二項、第二十二條第一項、第二十三條第一項、第三十二條第一項、第三十四條第一項或第三十八條之規定，經通知限期改善，屆期未改善。

二、違反第十七條、第十八條第三項、第二十六條至第二十八條、第二十九條第三項、第三十三條或第三十九條第四項之規定。

三、依第三十六條第一項之規定，應給付工資而不給付。

第四十六條　違反第二十條第六項、第三十二條第三項或第三十四條第二項之規定者，處新臺幣三千元以下罰鍰。

第四十七條　代行檢查機構執行職務，違反本法或依本法所發布之命令者，處新臺幣六萬元以上三十萬元以下罰鍰；其情節重大者，中央主管機關並得予以暫停代行檢查職務或撤銷指定代行檢查職務之處分。

第四十八條　有下列情形之一者，予以警告或處新臺幣六萬元以上三十萬元以下罰鍰，並得限期令其改正；屆期未改正或情節重大者，得撤銷或廢止其認可，或定期停止其業務之全部或一部：

一、驗證機構違反中央主管機關依第八條第五項規定所定之辦法。

二、監測機構違反中央主管機關依第十二條第五項規定所定之辦法。

三、醫療機構違反第二十條第四項及中央主管機關依第二十條第五項規定所定之辦法。

四、訓練單位違反中央主管機關依第三十二條第二項規定所定之規則。

五、顧問服務機構違反中央主管機關依第三十六條第三項規定所定之規則。

第四十九條　有下列情形之一者，得公布其事業單位、雇主、代行檢查機構、驗證機構、監測機構、醫療機構、訓練單位或顧問服務機構之名稱、負責人姓名：

一、發生第三十七條第二項之災害。

二、有第四十條至第四十五條、第四十七條或第四十八條之情
形。

三、發生職業病。

第六章　附則

第五十條　　為提升雇主及工作者之職業安全衛生知識，促進職業安全衛生文
化之發展，中央主管機關得訂定獎勵或補助辦法，鼓勵事業單位
及有關團體辦理之。

直轄市與縣（市）主管機關及各目的事業主管機關應積極推動
職業安全衛生業務；中央主管機關得訂定績效評核及獎勵辦
法。

第五十一條　自營作業者準用第五條至第七條、第九條、第十條、第十四條、
第十六條、第二十四條有關雇主之義務及罰則之規定。

第二條第一款所定受工作場所負責人指揮或監督從事勞動之人
員，於事業單位工作場所從事勞動，比照該事業單位之勞工，
適用本法之規定。但第二十條之體格檢查及在職勞工健康檢查
之規定，不在此限。

第五十二條　中央主管機關得將第八條驗證機構管理、第九條抽驗與市場查
驗、第十二條作業環境監測機構之管理、查核與監測結果之通
報、第十三條新化學物質之登記與報告之審查、第十四條管制性
化學品之許可與優先管理化學品之運作資料之備查、第二十條認
可之醫療機構管理及健康檢查結果之通報、第二十三條第三項職
業安全衛生管理系統之訪查與績效認可、第三十二條第二項訓練
單位之管理及第三十九條第二項疑似職業病調查等業務，委託相
關專業團體辦理。

第五十三條　主管機關辦理本法所定之認可、審查、許可、驗證、檢查及指定
等業務，應收規費；其收費標準由中央主管機關定之。

第五十四條　本法施行細則，由中央主管機關定之。

第五十五條　本法施行日期，由行政院定之。

附錄二　職業安全衛生法施行細則

法規沿革

1. 中華民國六十三年六月二十八日內政部（63）台內勞字第583680號令訂定發布

2. 中華民國七十三年二月二十四日內政部（73）台內勞字第213442號令修正發布

3. 中華民國八十年九月十六日行政院勞工委員會（80）台勞安字第23899號令修正發布

4. 中華民國九十一年四月二十五日行政院勞工委員會（91）勞安一字第0910020529號令修正發布全文34條；並自發布日施行

5. 中華民國九十八年二月二十六日行政院勞工委員會勞安1字第0980145205號令增訂發布第33-1條條文

6. 中華民國一百零三年六月二十六日勞動部勞職授字第1030200694號令修正發布名稱及全文54條；並自一百零三年七月三日施行（原名稱：勞工安全衛生法施行細則）

職業安全衛生法施行細則條文

第一章　總則

第一條　本細則依職業安全衛生法（以下簡稱本法）第五十四條規定訂定之。

第二條　本法第二條第一款、第十條第二項及第五十一條第一項所稱自營作業者，指獨立從事勞動或技藝工作，獲致報酬，且未僱用有酬人員幫同工作者。

本法第二條第一款所稱其他受工作場所負責人指揮或監督從事勞動之人員，指與事業單位無僱傭關係，於其工作場所從事勞動或以學

習技能、接受職業訓練為目的從事勞動之工作者。

第三條　本法第二條第一款、第十八條第一項、第二十七條第一項第一款及
　　　　第五十一條第二項所稱工作場所負責人，指雇主或於該工作場所代
　　　　表雇主從事管理、指揮或監督工作者從事勞動之人。

第四條　本法第二條第二款、第十八條第三項及第三十六條第一項所稱工
　　　　資，指勞工因工作而獲得之報酬，包括工資、薪金及按計時、計
　　　　日、計月、計件以現金或實物等方式給付之獎金、津貼及其他任何
　　　　名義之經常性給與均屬之。

第五條　本法第二條第五款、第三十六條第一項及第三十七條第二項所稱勞
　　　　動場所，包括下列場所：
　　　　一、於勞動契約存續中，由雇主所提示，使勞工履行契約提供勞務
　　　　　　之場所。
　　　　二、自營作業者實際從事勞動之場所。
　　　　三、其他受工作場所負責人指揮或監督從事勞動之人員，實際從事
　　　　　　勞動之場所。
　　　　本法第十五條第一項、第十七條、第十八條第一項、第二十三條第
　　　　二項、第二十七條第一項、第三十七條第一項、第三項、第三十八
　　　　條及第五十一條第二項所稱工作場所，指勞動場所中，接受雇主或
　　　　代理雇主指示處理有關勞工事務之人所能支配、管理之場所。
　　　　本法第六條第一項第五款、第十二條第一項、第三項、第五項、第
　　　　二十一條第一項及第二十九條第三項所稱作業場所，指工作場所
　　　　中，從事特定工作目的之場所。

第六條　本法第二條第五款所稱職業上原因，指隨作業活動所衍生，於勞動
　　　　上一切必要行為及其附隨行為而具有相當因果關係者。

第七條　本法第四條所稱各業，適用中華民國行業標準分類之規定。

第八條　本法第五條第一項所稱合理可行範圍，指依本法及有關安全衛生法
　　　　令、指引、實務規範或一般社會通念，雇主明知或可得而知勞工所
　　　　從事之工作，有致其生命、身體及健康受危害之虞，並可採取必要
　　　　之預防設備或措施者。
　　　　本法第五條第二項所稱風險評估，指辨識、分析及評量風險之程
　　　　序。

第二章　安全衛生設施

第九條　本法第六條第二項第一款所定預防重複性作業等促發肌肉骨骼疾病
之妥為規劃，其內容應包含下列事項：
一、作業流程、內容及動作之分析。
二、人因性危害因子之確認。
三、改善方法及執行。
四、成效評估及改善。
五、其他有關安全衛生事項。

第十條　本法第六條第二項第二款所定預防輪班、夜間工作、長時間工作等
異常工作負荷促發疾病之妥為規劃，其內容應包含下列事項：
一、高風險群之辨識及評估。
二、醫師面談及健康指導。
三、工作時間調整或縮短及工作內容更換之措施。
四、健康檢查、管理及促進。
五、成效評估及改善。
六、其他有關安全衛生事項。

第十一條　本法第六條第二項第三款所定預防執行職務因他人行為遭受身體
或精神不法侵害之妥為規劃，其內容應包含下列事項：
一、危害辨識及評估。
二、作業場所之配置。
三、工作適性安排。
四、行為規範之建構。
五、危害預防及溝通技巧之訓練。
六、事件之處理程序。
七、成效評估及改善。
八、其他有關安全衛生事項。

第十二條　本法第七條第一項所稱中央主管機關指定之機械、設備或器具如
下：
一、動力衝剪機械。

二、手推刨床。

三、木材加工用圓盤鋸。

四、動力堆高機。

五、研磨機。

六、研磨輪。

七、防爆電氣設備。

八、動力衝剪機械之光電式安全裝置。

九、手推刨床之刃部接觸預防裝置。

十、木材加工用圓盤鋸之反撥預防裝置及鋸齒接觸預防裝置。

十一、其他經中央主管機關指定公告者。

第十三條　本法第七條至第九條所稱型式驗證，指由驗證機構對某一型式之機械、設備或器具等產品，審驗符合安全標準之程序。

第十四條　本法第十條第一項所稱具有危害性之化學品，指下列之危險物或有害物：

一、危險物：符合國家標準CNS15030分類，具有物理性危害者。

二、有害物：符合國家標準CNS15030分類，具有健康危害者。

第十五條　本法第十條第一項所稱危害性化學品之清單，指記載化學品名稱、製造商或供應商基本資料、使用及儲存量等項目之清冊或表單。

第十六條　本法第十條第一項所稱危害性化學品之安全資料表，指記載化學品名稱、製造商或供應商基本資料、危害特性、緊急處理及危害預防措施等項目之表單。

第十七條　本法第十二條第三項所稱作業環境監測，指為掌握勞工作業環境實態與評估勞工暴露狀況，所採取之規劃、採樣、測定、分析及評估。

本法第十二條第三項規定應訂定作業環境監測計畫及實施監測之作業場所如下：

一、設置有中央管理方式之空氣調節設備之建築物室內作業場所。

二、坑內作業場所。

三、顯著發生噪音之作業場所。

　　　　　四、下列作業場所，經中央主管機關指定者：

　　　　　　　(一)高溫作業場所。

　　　　　　　(二)粉塵作業場所。

　　　　　　　(三)鉛作業場所。

　　　　　　　(四)四烷基鉛作業場所。

　　　　　　　(五)有機溶劑作業場所。

　　　　　　　(六)特定化學物質作業場所。

　　　　　五、其他經中央主管機關指定公告之作業場所。

第十八條　中央主管機關依本法第十三條第二項，審查化學物質安全評估報告後，得予公開之資訊如下：

　　　　　一、新化學物質編碼。

　　　　　二、危害分類及標示。

　　　　　三、物理及化學特性資訊。

　　　　　四、毒理資訊。

　　　　　五、安全使用資訊。

　　　　　六、為因應緊急措施或維護工作者安全健康，有必要揭露予特定人員之資訊。

　　　　　前項第六款之資訊範圍如下：

　　　　　一、新化學物質名稱及基本辨識資訊。

　　　　　二、製造或輸入新化學物質之數量。

　　　　　三、新化學物質於混合物之組成。

　　　　　四、新化學物質之製造、用途及暴露資訊。

第十九條　本法第十四條第一項所稱管制性化學品如下：

　　　　　一、第二十條之優先管理化學品中，經中央主管機關評估具高度暴露風險者。

　　　　　二、其他經中央主管機關指定公告者。

第二十條　本法第十四條第二項所稱優先管理化學品如下：

　　　　　一、本法第二十九條第一項第三款及第三十條第一項第五款規定所列之危害性化學品。

二、依國家標準 CNS15030 分類，屬致癌物質第一級、生殖細胞
　　致突變性物質第一級或生殖毒性物質第一級者。

三、依國家標準 CNS15030 分類，具有物理性危害或健康危害，
　　其化學品運作量達中央主管機關規定者。

四、其他經中央主管機關指定公告者。

第二十一條　本法第十五條第一項第一款所稱從事石油裂解之石化工業，指
　　　　　　勞動檢查法第二十六條第一項第一款所定從事石油產品之裂解
　　　　　　反應，以製造石化基本原料者。

　　　　　　本法第十五條第一項第二款所稱從事製造、處置或使用危害性
　　　　　　之化學品，數量達中央主管機關規定量以上者，指勞動檢查法
　　　　　　第二十六條第一項第五款所定之製造、處置或使用危險物及有
　　　　　　害物，達中央主管機關規定之數量。

第二十二條　本法第十六條第一項所稱具有危險性之機械，指符合中央主管
　　　　　　機關所定一定容量以上之下列機械：

一、固定式起重機。

二、移動式起重機。

三、人字臂起重桿。

四、營建用升降機。

五、營建用提升機。

六、吊籠。

七、其他經中央主管機關指定公告具有危險性之機械。

第二十三條　本法第十六條第一項所稱具有危險性之設備，指符合中央主管
　　　　　　機關所定一定容量以上之下列設備：

一、鍋爐。

二、壓力容器。

三、高壓氣體特定設備。

四、高壓氣體容器。

五、其他經中央主管機關指定公告具有危險性之設備。

第二十四條　本法第十六條第一項規定之檢查，由中央主管機關依機械、設
　　　　　　備之種類、特性，就下列檢查項目分別定之：

　　　　　　　一、熔接檢查。

　　　　　　　二、構造檢查。

　　　　　　　三、竣工檢查。

　　　　　　　四、定期檢查。

　　　　　　　五、重新檢查。

　　　　　　　六、型式檢查。

　　　　　　　七、使用檢查。

　　　　　　　八、變更檢查。

第二十五條　本法第十八條第一項及第二項所稱有立即發生危險之虞時，指勞工處於需採取緊急應變或立即避難之下列情形之一：

　　　　　　　一、自設備洩漏大量危害性化學品，致有發生爆炸、火災或中毒等危險之虞時。

　　　　　　　二、從事河川工程、河堤、海堤或圍堰等作業，因強風、大雨或地震，致有發生危險之虞時。

　　　　　　　三、從事隧道等營建工程或管溝、沉箱、沉筒、井筒等之開挖作業，因落磐、出水、崩塌或流砂侵入等，致有發生危險之虞時。

　　　　　　　四、於作業場所有易燃液體之蒸氣或可燃性氣體滯留，達爆炸下限值之百分之三十以上，致有發生爆炸、火災危險之虞時。

　　　　　　　五、於儲槽等內部或通風不充分之室內作業場所，致有發生中毒或窒息危險之虞時。

　　　　　　　六、從事缺氧危險作業，致有發生缺氧危險之虞時。

　　　　　　　七、於高度二公尺以上作業，未設置防墜設施及未使勞工使用適當之個人防護具，致有發生墜落危險之虞時。

　　　　　　　八、於道路或鄰接道路從事作業，未採取管制措施及未設置安全防護設施致有發生危險之虞時。

　　　　　　　九、其他經中央主管機關指定公告有發生危險之虞時之情形。

第二十六條　本法第十八條第三項及第三十九條第四項所稱其他不利之處分，指直接或間接損害勞工依法令、契約或習慣上所應享有權

　　益之措施。

第二十七條　本法第二十條第一項所稱體格檢查，指於僱用勞工時，為識別勞工工作適性，考量其是否有不適合作業之疾病所實施之身體檢查。

　　本法第二十條第一項所稱在職勞工應施行之健康檢查如下：

一、一般健康檢查：指雇主對在職勞工，為發現健康有無異常，以提供適當健康指導、適性配工等健康管理措施，依其年齡於一定期間或變更其工作時所實施者。

二、特殊健康檢查：指對從事特別危害健康作業之勞工，為發現健康有無異常，以提供適當健康指導、適性配工及實施分級管理等健康管理措施，依其作業危害性，於一定期間或變更其工作時所實施者。

三、特定對象及特定項目之健康檢查：指對可能為罹患職業病之高風險群勞工，或基於疑似職業病及本土流行病學調查之需要，經中央主管機關指定公告，要求其雇主對特定勞工施行必要項目之臨時性檢查。

第二十八條　本法第二十條第一項第二款所稱特別危害健康作業，指下列作業：

一、高溫作業。

二、噪音作業。

三、游離輻射作業。

四、異常氣壓作業。

五、鉛作業。

六、四烷基鉛作業。

七、粉塵作業。

八、有機溶劑作業，經中央主管機關指定者。

九、製造、處置或使用特定化學物質之作業，經中央主管機關指定者。

十、黃磷之製造、處置或使用作業。

十一、聯啶或巴拉刈之製造作業。

十二、其他經中央主管機關指定公告之作業。

第二十九條　本法第二十條第六項所稱勞工有接受檢查之義務，指勞工應依雇主安排於符合本法規定之醫療機構接受體格及健康檢查。

勞工自行於其他符合規定之醫療機構接受相當種類及項目之檢查，並將檢查結果提供予雇主者，視為已接受本法第二十條第一項之檢查。

第三十條　　事業單位依本法第二十二條規定僱用或特約醫護人員者，雇主應使其保存與管理勞工體格及健康檢查、健康指導、健康管理措施及健康服務等資料。

雇主、醫護人員於保存及管理勞工醫療之個人資料時，應遵守本法及個人資料保護法等相關規定。

第三章　安全衛生管理

第三十一條　本法第二十三條第一項所定職業安全衛生管理計畫，包括下列事項：

一、工作環境或作業危害之辨識、評估及控制。

二、機械、設備或器具之管理。

三、危害性化學品之分類、標示、通識及管理。

四、有害作業環境之採樣策略規劃及監測。

五、危險性工作場所之製程或施工安全評估。

六、採購管理、承攬管理及變更管理。

七、安全衛生作業標準。

八、定期檢查、重點檢查、作業檢點及現場巡視。

九、安全衛生教育訓練。

十、個人防護具之管理。

十一、健康檢查、管理及促進。

十二、安全衛生資訊之蒐集、分享及運用。

十三、緊急應變措施。

十四、職業災害、虛驚事故、影響身心健康事件之調查處理及統計分析。

十五、安全衛生管理紀錄及績效評估措施。

十六、其他安全衛生管理措施。

第三十二條　本法第二十三條第一項所定安全衛生組織，包括下列組織：

一、職業安全衛生管理單位：為事業單位內擬訂、規劃、推動及督導職業安全衛生有關業務之組織。

二、職業安全衛生委員會：為事業單位內審議、協調及建議職業安全衛生有關業務之組織。

第三十三條　本法第二十三條第一項所稱安全衛生人員，指事業單位內擬訂、規劃及推動安全衛生管理業務者，包括下列人員：

一、職業安全衛生業務主管。

二、職業安全管理師。

三、職業衛生管理師。

四、職業安全衛生管理員。

第三十四條　本法第二十三條第一項所定安全衛生管理，由雇主或對事業具管理權限之雇主代理人綜理，並由事業單位內各級主管依職權指揮、監督所屬人員執行。

第三十五條　本法第二十三條第二項所稱職業安全衛生管理系統，指事業單位依其規模、性質，建立包括安全衛生政策、組織設計、規劃與實施、評估及改善措施之系統化管理體制。

第三十六條　本法第二十六條第一項規定之事前告知，應以書面為之，或召開協商會議並作成紀錄。

第三十七條　本法第二十七條所稱共同作業，指事業單位與承攬人、再承攬人所僱用之勞工於同一期間、同一工作場所從事工作。

第三十八條　本法第二十七條第一項第一款規定之協議組織，應由原事業單位召集之，並定期或不定期進行協議下列事項：

一、安全衛生管理之實施及配合。

二、勞工作業安全衛生及健康管理規範。

三、從事動火、高架、開挖、爆破、高壓電活線等危險作業之管制。

四、對進入局限空間、有害物作業等作業環境之作業管制。

五、電氣機具入廠管制。

六、作業人員進場管制。

七、變更管理。

八、劃一危險性機械之操作信號、工作場所標識（示）、有害物空容器放置、警報、緊急避難方法及訓練等。

九、使用打樁機、拔樁機、電動機械、電動器具、軌道裝置、乙炔熔接裝置、電弧熔接裝置、換氣裝置及沉箱、架設通道、施工架、工作架台等機械、設備或構造物時，應協調使用上之安全措施。

十、其他認有必要之協調事項。

第三十九條　　本法第三十一條第一項所稱有母性健康危害之虞之工作，指其從事可能影響胚胎發育、妊娠或哺乳期間之母體及幼兒健康之下列工作：

一、工作暴露於具有依國家標準CNS15030分類，屬生殖毒性物質、生殖細胞致突變性物質或其他對哺乳功能有不良影響之化學品者。

二、勞工個人工作型態易造成妊娠或分娩後哺乳期間，產生健康危害影響之工作，包括勞工作業姿勢、人力提舉、搬運、推拉重物、輪班及工作負荷等工作型態，致產生健康危害影響者。

三、其他經中央主管機關指定公告者。

第四十條　　　雇主依本法第三十三條規定宣導本法及有關安全衛生規定時，得以教育、公告、分發印刷品、集會報告、電子郵件、網際網路或其他足使勞工周知之方式為之。

第四十一條　　本法第三十四條第一項所定安全衛生工作守則之內容，依下列事項定之：

一、事業之安全衛生管理及各級之權責。

二、機械、設備或器具之維護及檢查。

三、工作安全及衛生標準。

四、教育及訓練。

五、健康指導及管理措施。

六、急救及搶救。

七、防護設備之準備、維持及使用。

八、事故通報及報告。

九、其他有關安全衛生事項。

第四十二條　前條之安全衛生工作守則，得依事業單位之實際需要，訂定適用於全部或一部分事業，並得依工作性質、規模分別訂定，報請勞動檢查機構備查。

事業單位訂定之安全衛生工作守則，其適用區域跨二以上勞動檢查機構轄區時，應報請中央主管機關指定之勞動檢查機構備查。

第四十三條　本法第三十四條第一項、第三十七條第一項所定之勞工代表，事業單位設有工會者，由工會推派之；無工會組織而有勞資會議者，由勞方代表推選之；無工會組織且無勞資會議者，由勞工共同推選之。

第四章　監督及檢查

第四十四條　中央主管機關或勞動檢查機構為執行職業安全衛生監督及檢查，於必要時，得要求代行檢查機構或代行檢查人員，提出相關報告、紀錄、帳冊、文件或說明。

第四十五條　本法第三十五條所定職業安全衛生諮詢會，置委員九人至十五人，任期二年，由中央主管機關就勞工團體、雇主團體、職業災害勞工團體、有關機關代表及安全衛生學者專家遴聘之。

第四十六條　勞動檢查機構依本法第三十六條第一項規定實施安全衛生檢查、通知限期改善或停工之程序，應依勞動檢查法相關規定辦理。

第四十七條　本法第三十七條第二項規定雇主應於八小時內通報勞動檢查機構，所稱雇主，指罹災勞工之雇主或受工作場所負責人指揮監督從事勞動之罹災工作者工作場所之雇主；所稱應於八小時內通報勞動檢查機構，指事業單位明知或可得而知已發生規定之

職業災害事實起八小時內，應向其事業單位所在轄區之勞動檢查機構通報。

雇主因緊急應變或災害搶救而委託其他雇主或自然人，依規定向其所在轄區之勞動檢查機構通報者，視為已依本法第三十七條第二項規定通報。

第四十八條　本法第三十七條第二項第二款所稱發生災害之罹災人數在三人以上，指於勞動場所同一災害發生工作者永久全失能、永久部分失能及暫時全失能之總人數達三人以上者。

本法第三十七條第二項第三款所稱發生災害之罹災人數在一人以上，且需住院治療者，指於勞動場所發生工作者罹災在一人以上，且經醫療機構診斷需住院治療者。

第四十九條　勞動檢查機構應依本法第三十七條第三項規定，派員對事業單位工作場所發生死亡或重傷之災害，實施檢查，並調查災害原因及責任歸屬。但其他法律已有火災、爆炸、礦災、空難、海難、震災、毒性化學物質災害、輻射事故及陸上交通事故之相關檢查、調查或鑑定機制者，不在此限。

前項所稱重傷之災害，指造成罹災者肢體或器官嚴重受損，危及生命或造成其身體機能嚴重喪失，且須住院治療連續達二十四小時以上之災害者。

第五十條　本法第三十七條第四項所稱雇主，指災害發生現場所有事業單位之雇主；所稱現場，指造成災害之機械、設備、器具、原料、材料等相關物件及其作業場所。

第五十一條　本法第三十八條所稱中央主管機關指定之事業如下：

一、勞工人數在五十人以上之事業。

二、勞工人數未滿五十人之事業，經中央主管機關指定，並由勞動檢查機構函知者。

前項第二款之指定，中央主管機關得委任或委託勞動檢查機構為之。

雇主依本法第三十八條規定填載職業災害內容及統計之格式，由中央主管機關定之。

第五十二條　勞工因雇主違反本法規定致發生職業災害所提起之訴訟，得向
　　　　　　中央主管機關申請扶助。
　　　　　　前項扶助業務，中央主管機關得委託民間團體辦理。

第五十三條　本法第五十條第二項所定直轄市與縣（市）主管機關及各目的
　　　　　　事業主管機關應依有關法令規定，配合國家職業安全衛生政
　　　　　　策，積極推動包括下列事項之職業安全衛生業務：
　　　　　　一、策略及規劃。
　　　　　　二、法制。
　　　　　　三、執行。
　　　　　　四、督導。
　　　　　　五、檢討分析。
　　　　　　六、其他安全衛生促進活動。

第五章　附則

第五十四條　本細則自中華民國一百零三年七月三日施行。

附錄三　勞動檢查法

法規沿革

1.中華民國二十年二月十日國民政府公布全文20條
2.中華民國二十四年四月十六日國民政府修正公布第3、5、15條條文
3.中華民國八十二年二月三日總統（82）華總(一)義字第0451號令修正公布名稱及全文 40條（原名稱：工廠檢查法）
4.中華民國八十九年七月十九日總統（89）華總一義字第8900177650號令修正公布第2、3、5、25條條文
5.中華民國九十一年五月二十九日總統華總一義字第09100108390號令修正公布第28條條文
6.中華民國一百零三年二月十四日行政院院臺規字第1030124618號公告第2條所列屬「行政院勞工委員會」之權責事項，自一百零三年二月十七日起改由「勞動部」管轄；第24條所列屬「勞工安全衛生研究所」之權責事項，自一百零三年二月十七日起改由「勞動部勞動及職業安全衛生研究所」管轄
7.中華民國一百零四年二月四日總統華總一義字第10400012451號令修正公布第2、24、33條條文

勞動檢查法規條文

第一章　總則

第一條　為實施勞動檢查，貫徹勞動法令之執行、維護勞雇雙方權益、安定社會、發展經濟，特制定本法。

第二條　本法所稱主管機關：在中央為勞動部；在直轄市為直轄市政府；在縣（市）為縣（市）政府。

第三條　本法用詞定義如左：

一、勞動檢查機構：中央或直轄市主管機關或有關機關為辦理勞動

檢查業務所設置之專責檢查機構。

　　二、代行檢查機構：謂由中央主管機關指定為辦理危險性機械或設
　　　　備檢查之行政機關、學術機構、公營事業機構或非營利法人。

　　三、勞動檢查員：謂領有勞動檢查證執行勞動檢查職務之人員。

　　四、代行檢查員：謂領有代行檢查證執行代行檢查職務之人員。

第四條　勞動檢查事項範圍如左：

　　一、依本法規定應執行檢查之事項。

　　二、勞動基準法令規定之事項。

　　三、職業安全衛生法令規定之事項。

　　四、其他依勞動法令應辦理之事項。

第二章　勞動檢查機構

第五條　勞動檢查由中央主管機關設勞動檢查機構或授權直轄市主管機關或
　　　　有關機關專設勞動檢查機構辦理之。勞動檢查機構認有必要時，得
　　　　會同縣（市）主管機關檢查。

　　　　前項授權之勞動檢查，應依本法有關規定辦理，並受中央主管機關
　　　　之指揮監督。

　　　　勞動檢查機構之組織、員額設置基準，依受檢查事業單位之數量、
　　　　地區特性，由中央主管機關擬訂，報請行政院核定之。

第六條　中央主管機關應參酌我國勞動條件現況、安全衛生條件、職業災害
　　　　嚴重率及傷害頻率之情況，於年度開始前六個月公告並宣導勞動檢
　　　　查方針，其內容為：

　　一、優先受檢查事業單位之選擇原則。

　　二、監督檢查重點。

　　三、檢查及處理原則。

　　四、其他必要事項。

　　　　勞動檢查機構應於前項檢查方針公告後三個月內，擬定勞動監督檢
　　　　查計畫，報請中央主管機關核備後實施。

第七條　勞動檢查機構應建立事業單位有關勞動檢查之資料，必要時得請求
　　　　有關機關或團體提供。對於前項之請求，除其他法律有特別規定者

外，有關機關或團體不得拒絕。

第三章　勞動檢查員

第八條　勞動檢查員之任用，除適用公務人員有關法令之規定外，其遴用標準由中央主管機關定之。

第九條　勞動檢查員應接受專業訓練。
　　　　前項訓練辦法，由中央主管機關定之。

第十條　勞動檢查員由勞動檢查機構依其專長及任務之特性指派，執行第四條所定之職務。

第十一條　勞動檢查員不得有左列行為：
　　　　一、為變更、隱匿或捏造事實之陳報。
　　　　二、洩漏受檢查事業單位有關生產技術、設備及經營財務等祕密；離職後亦同。
　　　　三、處理祕密申訴案件，洩漏其申訴來源。
　　　　四、與受檢查事業單位發生不當財務關係。
　　　　勞動檢查員有違法或失職情事者，任何人得根據事實予以舉發。

第十二條　勞動檢查員與受檢查事業單位有利害關係者，應自行迴避，不得執行職務；其辦法，由中央主管機關定之。

第十三條　勞動檢查員執行職務，除左列事項外，不得事先通知事業單位：
　　　　一、第二十六條規定之審查或檢查。
　　　　二、危險性機械或設備檢查。
　　　　三、職業災害檢查。
　　　　四、其他經勞動檢查機構或主管機關核准者。

第十四條　勞動檢查員為執行檢查職務，得隨時進入事業單位，雇主、雇主代理人、勞工及其他有關人員均不得無故拒絕、規避或妨礙。
　　　　前項事業單位有關人員之拒絕、規避或妨礙，非警察協助不足以排除時，勞動檢查員得要求警察人員協助。

第十五條　勞動檢查員執行職務時，得就勞動檢查範圍，對事業單位之雇

主、有關部門主管人員、工會代表及其他有關人員為左列行為：

一、詢問有關人員，必要時並得製作談話紀錄或錄音。

二、通知有關人員提出必要報告、紀錄、工資清冊及有關文件或作必要之說明。

三、檢查事業單位依法應備置之文件資料、物品等，必要時並影印資料、拍攝照片、錄影或測量等。

四、封存或於掣給收據後抽物料、樣品、器材、工具，以憑檢驗。

勞動檢查員依前項所為之行為，事業單位或有關人員不得拒絕、規避或妨礙。

勞動檢查員依第一項第三款所為之錄影、拍攝之照片等，事業單位認有必要時，得向勞動檢查機構申請檢視或複製。

對於前項事業單位之請，勞動檢查機構不得拒絕。

第十六條　勞動檢查員對違反勞動法律規定之犯罪嫌疑者，必要時，得聲請檢察官簽發搜索票，就其相關物件、處所執行搜索、扣押。

第四章　代行檢查機構與代行檢查員

第十七條　中央主管機關對於危險性機械或設備之檢查，除由勞動檢查機構派勞動檢查員實施外，必要時亦得指定代行檢查機構派代行檢查員實施。

第十八條　代行檢查機構之資格條件與所負責任、考評及獎勵辦法，暨代行檢查員之資格、訓練，由中央主管機關定之。

第十九條　代行檢查業務為非營利性質，其收費標準之計算，以收支平衡為原則，由代行檢查機構就其代行檢查所需經費列計標準，報請中央主管機關核定之。

第二十條　代行檢查機構擬變更代行檢查業務時，應檢附擬增減之機械或設備種類、檢查類別、區域等資料，向中央主管機關申請核准。

第二十一條　第十一條及第十二條之規定，於代行檢查員適用之。

第五章　檢查程序

第二十二條　勞動檢查員進入事業單位進行檢查時，應主動出示勞動檢查
　　　　　　證，並告知雇主及工會。事業單位對未持勞動檢查證者，得拒
　　　　　　絕檢查。

　　　　　　勞動檢查員於實施檢查後應作紀錄，告知事業單位違反法規事
　　　　　　項及提供雇主、勞工遵守勞動法令之意見。

　　　　　　第一項之勞動檢查證，中央主管機關製發之。

第二十三條　勞動檢查員實施勞動檢查認有必要時，得報請所屬勞動檢查機
　　　　　　構核准後，邀請相關主管機關、學術機構、相關團體或專家、
　　　　　　醫師陪同前往鑑定，事業單位不得拒絕。

　　　　　　第十一條第一項第二款及第十二條之規定，於前項陪同人員適
　　　　　　用之。

第二十四條　勞動檢查機構辦理職業災害檢查、鑑定、分析等事項，得由中
　　　　　　央主管機關所屬勞動部及職業安全衛生研究所或其他學術、研
　　　　　　究機構提供必要之技術協助。

第二十五條　勞動檢查員對於事業單位之檢查結果，應報由所屬勞動檢查機
　　　　　　構依法處理。其有違反勞動法令規定事項者，勞動檢查機構並
　　　　　　應於十日內以書面通知事業單位立即改正或限期改善，並副知
　　　　　　直轄市、縣（市）主管機關督促改善。對公營事業單位檢查之
　　　　　　結果，應另副知其目的事業主管機關督促其改善。

　　　　　　事業單位對前項檢查結果，應於違規場所顯明易見處公告七日
　　　　　　以上。

第二十六條　左列危險性工作場所，非經勞動檢查機構審查或檢查合格，事
　　　　　　業單位不得使勞工在該場所作業：

　　　　　　一、從事石油裂解之石化工業之工作場所。

　　　　　　二、農藥製造工作場所。

　　　　　　三、爆竹煙火工廠及火藥類製造工作場所。

　　　　　　四、設置高壓氣體類壓力容器或蒸汽鍋爐，其壓力或容量達中
　　　　　　　　央主管機關規定者之工作場所。

五、製造、處置、使用危險物、有害物之數量達中央主管機關
　　規定數量之工作場所。

六、中央主管機關會商目的事業主管機關指定之營造工程之工
　　作場所。

七、其他中央主管機關指定之工作場所。

前項工作場所應審查或檢查之事項，由中央主管機關定之。

第二十七條　　勞動檢查機構對事業單位工作場所發生重大職業災害時，應立
　　　　　　　即指派勞動檢查員前往實施檢查，調查職業災害原因及責任；
　　　　　　　其發現非立即停工不足以避免職業災害擴大者，應就發生災害
　　　　　　　場所以書面通知事業單位部分或全部停工。

第二十八條　　勞動檢查機構指派勞動檢查員對各事業單位工作場所實施安全
　　　　　　　衛生檢查時，發現勞工有立即發生危險之虞，得就該場所以書
　　　　　　　面通知事業單位逕予先行停工。

前項有立即發生危險之虞之情事，由中央主管機關定之。

第二十九條　　勞動檢查員對事業單位未依勞動檢查機構通知限期改善事項辦
　　　　　　　理，而有發生職業災害之虞時，應陳報所屬勞動檢查機構；勞
　　　　　　　動檢查機構於認有必要時，得以書面通知事業單位部分或全部
　　　　　　　停工。

第三十條　　　經依第二十七條至第二十九條規定通知停工之事業單位，得於
　　　　　　　停工之原因消滅後，向勞動檢查機構申請復工。

第三十一條　　代行檢查員進入事業單位實施檢查時，應主動出示代行檢查
　　　　　　　證，並告知雇主指派人員在場。

代行檢查員於實施危險性機械或設備之檢查後，合格者，應即
於原合格證上簽署，註明有效期限；不合格者，應告知事業單
位不合格事項，並陳報所屬代行檢查機構函請勞動檢查機構依
法處理。

前項不合格之危險性機械或設備，非經檢查合格，不得使
用。

第一項之代行檢查證，由中央主管機關製發之。

第三十二條　　事業單位應於顯明而易見之場所公告左列事項：

一、受理勞工申訴之機構或人員。

二、勞工得申訴之範圍。

三、勞工申訴書格式。

四、申訴程序。

前項公告書，由中央主管機關定之。

第三十三條 勞動檢查機構於受理勞工申訴後，應儘速就其申訴內容派勞動
檢查員實施檢查，並應於十四日內將檢查結果通知申訴人。

勞工向工會申訴之案件，由工會依申訴內容查證後，提出書面
改善建議送事業單位，並副知申訴人及勞動檢查機構。

事業單位拒絕前項之改善建議時，工會得向勞動檢查機構申請
實施檢查。

事業單位不得對勞工申訴人終止勞動契約或為其他不利勞工之
行為。

勞動檢查機構管理勞工申訴必須保持秘密，不得洩漏勞工申訴
人身分。

第六章　罰則

第三十四條 有左列情形之一者，處三年以下有期徒刑、拘役或科或併科新
臺幣十五萬元以上罰金：

一、違反第二十六條規定，使勞工在未經審查或檢查合格之工
作場所作業者。

二、違反第二十七條至第二十九條停工通知者。

法人之代表人、法人或自然人之代理人、受僱人或其他從業人
員，因執行業務犯前項之罪者，除處罰其行為人外，對該法人
或自然人亦科以前項之罰金。

第三十五條 事業單位或行為人有左列情形之一者，處新臺幣三萬元以上
十五萬元以下罰鍰：

一、違反第十四條第一項規定者。

二、違反第十五條第二項規定者。

第三十六條 有左列情形之一者，處新臺幣三萬元以上六萬元以下罰鍰：

一、事業單位違反第二十五條第二項或第三十二條第一項規定
　　　　者。

　　二、有關團體違反第七條第二項規定者。

第三十七條　依本法所處之罰鍰，經通知而逾期不繳納者，移送法院強制執
　　　　　　行。

第七章　附則

第三十八條　本法修正施行前已依法令設立之屬第二十六條所定危險性工作
　　　　　　場所，應於中央主管機關指定期限內，申請該管勞動檢查機構
　　　　　　審查或檢查；逾期不辦理或審查、檢查不合格，而仍使勞工在
　　　　　　該場所作業者，依第三十四條規定處罰。

第三十九條　本法施行細則，由中央主管機關定之。

第四十條　　本法自公布日施行。

附錄四　勞動基準法

法規沿革

1. 中華民國七十三年七月三十日總統（73）華總(一)義字第14069號令制定公布全文 86條

2. 中華民國八十五年十二月二十七日總統（85）華總(一)義字第8500298370號令修正公布第3 條條文；並增訂第30-1、84-1、84-2條條文

3. 中華民國八十七年五月十三日總統（87）華總(一)義字第8700098000號令修正公布第30-1條條文

4. 中華民國八十九年六月二十八日總統（89）華總一義字第8900158760號令修正公布第30條條文

5. 中華民國八十九年七月十九日總統（89）華總一義字第8900177630號令修正公布第4、72 條條文

6. 中華民國九十一年六月十二日總統華總一義字第09100120620號令修正公布第3、21、30-1、56條條文

7. 中華民國九十一年十二月二十五日總統華總一義字第09100248770號令修正公布第30、30-1、32、49、77、79、86條條文；本法自公布日施行，但中華民國八十九年六月二十八日修正公布之第30條第1項及第2項規定自中華民國九十年一月一日施行

8. 中華民國九十七年五月十四日總統華總一義字第09700055071號令修正公布第54條條文

9. 中華民國九十八年四月二十二日總統華總一義字第09800094001號令修正公布第53條條文

10. 中華民國一百年六月二十九日總統華總一義字第10000136181號令修正公布第75～79、80條條文；增訂第79-1條條文

11. 中華民國一百零二年十二月十一日總統華總一義字第10200225221號令修正公布第45、47、77、79-1條條文

中華民國一百零三年二月十四日行政院院臺規字第1030124618號公告第4條

所列屬「行政院勞工委員會」之權責事項，自一百零三年二月十七日起改由「勞動部」管轄；第28條第5項所列屬「勞工保險局」之權責事項，自一百零三年二月十七日起，積欠工資墊償基金收繳、墊償業務，改由「勞動部勞工保險局」管轄；積欠工資墊償基金投資及運用業務，改由「勞動部勞動基金運用局」管轄；第56條第2項所列屬「勞工退休基金監理委員會」之權責事項，自一百零三年二月十七日起，監理業務改由「勞動部」管轄；勞工退休基金投資及運用業務，改由「勞動部勞動基金運用局」管轄

12. 中華民國一百零四年二月四日總統華總一義字第10400012401號令修正公布第17、28、55、56、78、79、86條條文；增訂第80-1條條文；除第28條第1項自公布後八個月施行外，自公布日施行

13. 中華民國一百零四年六月三日總統華總一義字第10400064421號令修正公布第4、30、79、86條條文；並自一百零五年一月一日施行

14. 中華民國一百零四年七月一日總統華總一義字第10400077211號令修正公布第58條條文

勞動基準法規條文

第一章　總則

第一條　（立法目的暨法律之適用）

　　　　為規定勞動條件最低標準，保障勞工權益，加強勞雇關係，促進社會與經濟發展，特制定本法；本法未規定者，適用其他法律之規定。

　　　　雇主與勞工所訂勞動條件，不得低於本法所定之最低標準。

第二條　本法用辭定義如左：

　　　　一、勞工：謂受雇主僱用從事工作獲致工資者。

　　　　二、雇主：謂僱用勞工之事業主、事業經營之負責人或代表事業主處理有關勞工事務之人。

　　　　三、工資：謂勞工因工作而獲得之報酬；包括工資、薪金及按計

時、計日計月、計件以現金或實物等方式給付之獎金、津貼及其他任何名義之經常性給與均屬之。

四、平均工資：謂計算事由發生之當日前六個月內所得工資總額除以該期間之總日數所得之金額。工作未滿六個月者，謂工作期間所得工資總額除以工作期間之總日數所得之金額。工資按工作日數、時數或論件計算者，其依上述方式計算之平均工資，如少於該期內工資總額除以實際工作日數所得金額百分之六十者，以百分之六十計。

五、事業單位：謂適用本法各業僱用勞工從事工作之機構。

六、勞動契約：謂約定勞雇關係之契約。

第三條　本法於左列各業適用之：

一、農、林、漁、牧業。

二、礦業及土石採取業。

三、製造業。

四、營造業。

五、水電、煤氣業。

六、運輸、倉儲及通信業。

七、大眾傳播業。

八、其他經中央主管機關指定之事業。

依前項第八款指定時，得就事業之部分工作場所或工作者指定適用。

本法適用於一切勞雇關係。但因經營型態、管理制度及工作特性等因素適用本法確有窒礙難行者，並經中央主管機關指定公告之行業或工作者，不適用之。

前項因窒礙難行而不適用本法者，不得逾第一項第一款至第七款以外勞工總數五分之一。

第四條　（主管機關）

本法所稱主管機關：在中央為勞動部；在直轄市為直轄市政府；在縣（市）為縣（市）政府。

第五條　（強制勞動之禁止）

雇主不得以強暴、脅迫、拘禁或其他非法之方法，強制勞工從事勞

動。

第六條　（抽取不法利益之禁止）

任何人不得介入他人之勞動契約，抽取不法利益。

第七條　（勞工名卡之置備暨登記）

雇主應置備勞工名卡，登記勞工姓名、性別、出生年月日、本籍、教育程度、身分證統一號碼、到職年月日、工資、勞工保險投保日期、獎懲、傷病及其他必要事項。

前項勞工名卡，應保管至勞工離職後五年。

第八條　（雇主提供工作安全之義務）

雇主對於僱用之勞工，應預防職業上災害，建立適當之工作環境及福利設施。其有關安全衛生及福利事項，依有關法律之規定。

第二章　勞動契約

第九條　勞動契約，分為定期契約及不定期契約。臨時性、短期性、季節性及特定性工作得為定期契約；有繼續性工作應為不定期契約。

定期契約屆滿後，有左列情形之一者，視為不定期契約：

一、勞工繼續工作而雇主不即表示反對意思者。

二、雖經另訂新約，惟其前後勞動契約之工作期間超過九十日，前後契約間斷期間未超過三十日者。

前項規定於特定性或季節性之定期工作不適用之。

第十條　（工作年資之合併計算）

定期契約屆滿後或不定期契約因故停止履行後，未滿三個月而訂定新約或繼續履行原約時，勞工前後工作年資，應合併計算。

第十一條　非有左列情形之一者，雇主不得預告勞工終止勞動契約：

一、歇業或轉讓時。

二、虧損或業務緊縮時。

三、不可抗力暫停工作在一個月以上時。

四、業務性質變更，有減少勞工之必要，又無適當工作可供安置時。

五、勞工對於所擔任之工作確不能勝任時。

第十二條　勞工有左列情形之一者，雇主得不經預告終止契約：

一、於訂立勞動契約時為虛偽意思表示，使雇主誤信而有受損害之虞者。

二、對於雇主、雇主家屬、雇主代理人或其他共同工作之勞工，實施暴行或有重大侮辱之行為者。

三、受有期徒刑以上刑之宣告確定，而未諭知緩刑或未准易科罰金者。

四、違反勞動契約或工作規則，情節重大者。

五、故意損耗機器、工具、原料、產品，或其他雇主所有物品，或故意洩漏雇主技術上、營業上之祕密，致雇主受有損害者。

六、無正當理由繼續曠工三日，或一個月內曠工達六日者。

雇主依前項第一款、第二款及第四款至第六款規定終止契約者，應自知悉其情形之日起，三十日內為之。

第十三條　勞工在第五十條規定之停止工作期間或第五十九條規定之醫療期間，雇主不得終止契約。但雇主因天災、事變或其他不可抗力致事業不能繼續，經報主管機關核定者，不在此限。

第十四條　有左列情形之一者，勞工得不經預告終止契約：

一、雇主於訂立勞動契約時為虛偽之意思表示，使勞工誤信而有受損害之虞者。

二、雇主、雇主家屬、雇主代理人對於勞工，實施暴行或有重大侮辱之行為者。

三、契約所訂之工作，對於勞工健康有危害之虞，經通知雇主改善而無效果者。

四、雇主、雇主代理人或其他勞工患有惡性傳染病，有傳染之虞者。

五、雇主不依勞動契約給付工作報酬，或對於按件計酬之勞工不供、給充分之工作者。

六、雇主違反勞動契約或勞工法令，致有損害勞工權益之虞者。

勞工依前項第一款、第六款規定終止契約者，應自知悉其情形之

　　日起，三十日內為之。

　　有第一項第二款或第四款情形，雇主已將該代理人解僱或已將患有惡性傳染病者送醫或解僱，勞工不得終止契約。

　　第十七條規定於本條終止契約準用之。

第十五條　（勞工須預告始得終止勞動契約之情形）

　　特定性定期契約期限逾三年者，於屆滿三年後，勞工得終止契約。但應於三十日前預告雇主。

　　不定期契約，勞工終止契約時，應準用第十六條第一項規定期間預告雇主。

第十六條　雇主依第十一條或第十三條但書規定終止勞動契約者，其預告期間依左列各款之規定：

　　一、繼續工作三個月以上一年未滿者，於十日前預告之。

　　二、繼續工作一年以上三年未滿者，於二十日前預告之。

　　三、繼續工作三年以上者，於三十日前預告之。

　　勞工於接到前項預告後，為另謀工作得於工作時間請假外出。其請假時數，每星期不得超過二日之工作時間，請假期間之工資照給。

　　雇主未依第一項規定期間預告而終止契約者，應給付預告期間之工資。

第十七條　雇主依前條終止勞動契約者，應依下列規定發給勞工資遣費：

　　一、在同一雇主之事業單位繼續工作，每滿一年發給相當於一個月平均工資之資遣費。

　　二、依前款計算之剩餘月數，或工作未滿一年者，以比例計給之。未滿一個月者以一個月計。

　　前項所定資遣費，雇主應於終止勞動契約三十日內發給。

第十八條　有左列情形之一者，勞工不得向雇主請求加發預告期間工資及資遣費：

　　一、依第十二條或第十五條規定終止勞動契約者。

　　二、定期勞動契約期滿離職者。

第十九條　（發給服務證明書之義務）

勞動契約終止時，勞工如請求發給服務證明書，雇主或其代理人不得拒絕。

第二十條 （改組或轉讓時勞工留用或資遣之有關規定）

事業單位改組或轉讓時，除新舊雇主商定留用之勞工外，其餘勞工應依第十六條規定期間預告終止契約，並應依第十七條規定發給勞工資遣費。其留用勞工之工作年資，應由新雇主繼續予以承認。

第三章　工資

第二十一條 工資由勞雇雙方議定之。但不得低於基本工資。

前項基本工資，由中央主管機關設基本工資審議委員會擬訂後，報請行政院核定之。

前項基本工資審議委員會之組織及其審議程序等事項，由中央主管機關另以辦法定之。

第二十二條 （工資之給付(一) ─標的及受領權人）

工資之給付，應以法定通用貨幣為之。但基於習慣或業務性質，得於勞動契約內訂明一部以實物給付之。工資之一部以實物給付時，其實物之作價應公平合理，並適合勞工及其家屬之需要。

工資應全額直接給付勞工。但法令另有規定或勞雇雙方另有約定者，不在此限。

第二十三條 （工資之給付(二) ─時間或次數）

工資之給付，除當事人有特別約定或按月預付者外，每月至少定期發給二次；按件計酬者亦同。

雇主應置備勞工工資清冊，將發放工資、工資計算項目、工資總額等事項記入。工資清冊應保存五年。

第二十四條 雇主延長勞工工作時間者，其延長工作時間之工資依左列標準加給之：

一、延長工作時間在二小時以內者，按平日每小時工資額加給三分之一以上。

二、再延長工作時間在二小時以內者，按平日每小時工資額加
　　給三分之二以上。

三、依第三十二條第三項規定，延長工作時間者，按平日每小
　　時工資額加倍發給之。

第二十五條　　（性別歧視之禁止）
　　　　　　雇主對勞工不得因性別而有差別之待遇。工作相同、效率相同
　　　　　　者，給付同等之工資。

第二十六條　　（預扣工資之禁止）
　　　　　　雇主不得預扣勞工工資作為違約金或賠償費用。

第二十七條　　（主管機關之限期命令給付）
　　　　　　雇主不按期給付工資者，主管機關得限期令其給付。

第二十八條　　雇主有歇業、清算或宣告破產之情事時，勞工之下列債權受償
　　　　　　順序與第一順位抵押權、質權或留置權所擔保之債權相同，按
　　　　　　其債權比例受清償；未獲清償部分，有最優先受清償之權：

一、本於勞動契約所積欠之工資未滿六個月部分。

二、雇主未依本法給付之退休金。

三、雇主未依本法或勞工退休金條例給付之資遣費。

雇主應按其當月僱用勞工投保薪資總額及規定之費率，繳納一
定數額之積欠工資墊償基金，作為墊償下列各款之用：

一、前項第一款積欠之工資數額。

二、前項第二款與第三款積欠之退休金及資遣費，其合計數額
　　以六個月平均工資為限。

積欠工資墊償基金，累積至一定金額後，應降低費率或暫停收
繳。

第二項費率，由中央主管機關於萬分之十五範圍內擬訂，報請
行政院核定之。

雇主積欠之工資、退休金及資遣費，經勞工請求未獲清償者，
由積欠工資墊償基金依第二項規定墊償之；雇主應於規定期限
內，將墊款償還積欠工資墊償基金。

積欠工資墊償基金，由中央主管機關設管理委員會管理之。基

金之收繳有關業務，得由中央主管機關，委託勞工保險機構辦理之。基金墊償程序、收繳與管理辦法、第三項之一定金額及管理委員會組織規程，由中央主管機關定之。

第二十九條　（優秀勞工之獎金及紅利）

事業單位於營業年度終了結算，如有盈餘，除繳納稅捐、彌補虧損及提列股息、公積金外，對於全年工作並無過失之勞工，應給予獎金或分配紅利。

第四章　工作時間、休息、休假

第三十條　（每日暨每週之工作時數）

勞工正常工作時間，每日不得超過八小時，每週不得超過四十小時。

前項正常工作時間，雇主經工會同意，如事業單位無工會者，經勞資會議同意後，得將其二週內二日之正常工作時數，分配於其他工作日。其分配於其他工作日之時數，每日不得超過二小時。但每週工作總時數不得超過四十八小時。

第一項正常工作時間，雇主經工會同意，如事業單位無工會者，經勞資會議同意後，得將八週內之正常工作時數加以分配。但每日正常工作時間不得超過八小時，每週工作總時數不得超過四十八小時。

前二項規定，僅適用於經中央主管機關指定之行業。

雇主應置備勞工出勤紀錄，並保存五年。

前項出勤紀錄，應逐日記載勞工出勤情形至分鐘為止。勞工向雇主申請其出勤紀錄副本或影本時，雇主不得拒絕。

雇主不得以第一項正常工作時間之修正，作為減少勞工工資之事由。

第一項至第三項及第三十條之一之正常工作時間，雇主得視勞工照顧家庭成員需要，允許勞工於不變更每日正常工作時數下，在一小時範圍內，彈性調整工作開始及終止之時間。

第三十之一條　中央主管機關指定之行業，雇主經工會同意，如事業單位無

工會者，經勞資會議同意後，其工作時間得依下列原則變
更：

一、四週內正常工作時數分配於其他工作日之時數，每日不
　　得超過二小時，不受前條第二項至第四項規定之限制。

二、當日正常工時達十小時者，其延長之工作時間不得超過
　　二小時。

三、二週內至少有二日之休息，作為例假，不受第三十六條
　　之限制。

四、女性勞工，除妊娠或哺乳期間者外，於夜間工作，不受
　　第四十九條第一項之限制。但雇主應提供必要之安全衛
　　生設施。

依民國八十五年十二月二十七日修正施行前第三條規定適用
本法之行業，除第一項第一款之農、林、漁、牧業外，均不
適用前項規定。

第三十一條　（坑道或隧道內工作時間之計算）

在坑道或隧道內工作之勞工，以入坑口時起至出坑口時止為工
作時間。

第三十二條　雇主有使勞工在正常工作時間以外工作之必要者，雇主經工會
同意，如事業單位無工會者，經勞資會議同意後，得將工作時
間延長之。

前項雇主延長勞工之工作時間連同正常工作時間，一日不得超
過十二小時。延長之工作時間，一個月不得超過四十六小時。

因天災、事變或突發事件，雇主有使勞工在正常工作時間以
外工作之必要者，得將工作時間延長之。但應於延長開始後
二十四小時內通知工會；無工會組織者，應報當地主管機關備
查。延長之工作時間，雇主應於事後補給勞工以適當之休息。

在坑內工作之勞工，其工作時間不得延長。但以監視為主之工
作，或有前項所定之情形者，不在此限。

第三十三條　（主管機關命令延長工作時間之限制及程序）

第三條所列事業，除製造業及礦業外，因公眾之生活便利或其

他特殊原因，有調整第三十條、第三十二條所定之正常工作時間及延長工作時間之必要者，得由當地主管機關會商目的事業主管機關及工會，就必要之限度內以命令調整之。

第三十四條　勞工工作採晝夜輪班制者，其工作班次，每週更換一次。但經勞工同意者不在此限。

依前項更換班次時，應給予適當之休息時間。

第三十五條　（休息）

勞工繼續工作四小時，至少應有三十分鐘之休息。但實行輪班制或其工作有連續性或緊急性者，雇主得在工作時間內，另行調配其休息時間。

第三十六條　（例假）

勞工每七日中至少應有一日之休息，作為例假。

第三十七條　（休假）

紀念日、勞動節日及其他由中央主管機關規定應放假之日，均應休假。

第三十八條　勞工在同一雇主或事業單位，繼續工作滿一定期間者，每年應依左列規定給予特別休假：

一、一年以上三年未滿者七日。

二、三年以上五年未滿者十日。

三、五年以上十年未滿者十四日。

四、十年以上者，每一年加給一日，加至三十日為止。

第三十九條　（假日休息工資照給及假日工作工資加倍）

第三十六條所定之例假、第三十七條所定之休假及第三十八條所定之特別休假，工資應由雇主照給。雇主經徵得勞工同意於休假日工作者，工資應加倍發給。因季節性關係有趕工必要，經勞工或工會同意照常工作者，亦同。

第四十條　（假期之停止加資及補假）

因天災、事變或突發事件，雇主認有繼續工作之必要時，得停止第三十六條至第三十八條所定勞工之假期。但停止假期之工資，應加倍發給，並應於事後補假休息。

前項停止勞工假期，應於事後二十四小時內，詳述理由，報請
當地主管機關核備。

第四十一條　（主管機關得停止公用事業勞工之特別休假）

公用事業之勞工，當地主管機關認有必要時，得停止第三十八
條所定之特別休假。假期內之工資應由雇主加倍發給。

第四十二條　（不得強制正常工作時間以外之工作情形）

勞工因健康或其他正當理由，不能接受正常工作時間以外之工
作者，雇主不得強制其工作。

第四十三條　（請假事由）

勞工因婚、喪、疾病或其他正當事由得請假；請假應給之假期
及事假以外期間內工資給付之最低標準，由中央主管機關定
之。

第五章　童工、女工

第四十四條　（童工及其工作性質之限制）

十五歲以上未滿十六歲之受僱從事工作者，為童工。

童工不得從事繁重及危險性之工作。

第四十五條　（未滿十五歲之人之僱傭）

雇主不得僱用未滿十五歲之人從事工作。但國民中學畢業或經
主管機關認定其工作性質及環境無礙其身心健康者，不在此
限。

前項受僱之人，準用童工保護之規定。

第四十六條　（法定代理人同意書及其年齡證明文件）

未滿十六歲之人受僱從事工作者，雇主應置備其法定代理人同
意書及其年齡證明文件。

第四十七條　（童工工作時間之嚴格限制）

童工每日之工作時間不得超過八小時，例假日不得工作。

第四十八條　（童工夜間工作之禁止）

童工不得於午後八時至翌晨六時之時間內工作。

第四十九條　雇主不得使女工於午後十時至翌晨六時之時間內工作。但雇主

經工會同意，如事業單位無工會者，經勞資會議同意後，且符
合下列各款規定者，不在此限：

一、提供必要之安全衛生設施。

二、無大眾運輸工具可資運用時，提供交通工具或安排女工宿
　　舍。

前項第一款所稱必要之安全衛生設施，其標準由中央主管機關
定之。但雇主與勞工約定之安全衛生設施優於本法者，從其約
定。

女工因健康或其他正當理由，不能於午後十時至翌晨六時之時
間內工作者，雇主不得強制其工作。

第一項規定，於因天災、事變或突發事件，雇主必須使女工於
午後十時至翌晨六時之時間內工作時，不適用之。

第一項但書及前項規定，於妊娠或哺乳期間之女工，不適用
之。

第五十條　　（分娩或流產之產假及工資）

女工分娩前後，應停止工作，給予產假八星期；妊娠三個月以
上流產者，應停止工作，給予產假四星期。

前項女工受僱工作在六個月以上者，停止工作期間工資照給；
未滿六個月者減半發給。

第五十一條　　（妊娠期間得請求改調較輕易工作）

女工在妊娠期間，如有較為輕易之工作，得申請改調，雇主不
得拒絕，並不得減少其工資。

第五十二條　　（哺乳時間）

子女未滿一歲須女工親自哺乳者，於第三十五條規定之休息時
間外，雇主應每日另給哺乳時間二次，每次以三十分鐘為度。

前項哺乳時間，視為工作時間。

第六章　退休

第五十三條　　（勞工自請退休之情形）

勞工有左列情形之一者，得自請退休：

　　　　　　　一、工作十五年以上年滿五十五歲者。

　　　　　　　二、工作二十五年以上者。

　　　　　　　三、工作十年以上年滿六十歲者。

第五十四條　勞工非有左列情形之一者，雇主不得強制其退休：

　　　　　　　一、年滿六十歲者。

　　　　　　　二、心神喪失或身體殘廢不堪勝任工作者。

　　　　　　前項第一款所規定之年齡，對於擔任具有危險、堅強體力等特殊性質之工作者，得由事業單位報請中央主管機關予以調整。但不得少於五十五歲。

第五十五條　勞工退休金之給與標準如下：

　　　　　　　一、按其工作年資，每滿一年給與兩個基數。但超過十五年之工作年資，每滿一年給與一個基數，最高總數以四十五個基數為限。未滿半年者以半年計；滿半年者以一年計。

　　　　　　　二、依第五十四條第一項第二款規定，強制退休之勞工，其心神喪失或身體殘廢係因執行職務所致者，依前款規定加給百分之二十。

　　　　　　前項第一款退休金基數之標準，係指核准退休時一個月平均工資。

　　　　　　第一項所定退休金，雇主應於勞工退休之日起三十日內給付，如無法一次發給時，得報經主管機關核定後，分期給付。本法施行前，事業單位原定退休標準優於本法者，從其規定。

第五十六條　雇主應依勞工每月薪資總額百分之二至百分之十五範圍內，按月提撥勞工退休準備金，專戶存儲，並不得作為讓與、扣押、抵銷或擔保之標的；其提撥之比率、程序及管理等事項之辦法，由中央主管機關擬訂，報請行政院核定之。

　　　　　　雇主應於每年年度終了前，估算前項勞工退休準備金專戶餘額，該餘額不足給付次一年度內預估成就第五十三條或第五十四條第一項第一款退休條件之勞工，依前條計算之退休金數額者，雇主應於次年度三月底前一次提撥其差額，並送事業單位勞工退休準備金監督委員會審議。

第一項雇主按月提撥之勞工退休準備金匯集為勞工退休基金，由中央主管機關設勞工退休基金監理委員會管理之；其組織、會議及其他相關事項，由中央主管機關定之。

前項基金之收支、保管及運用，由中央主管機關會同財政部委託金融機構辦理。最低收益不得低於當地銀行二年定期存款利率之收益；如有虧損，由國庫補足之。基金之收支、保管及運用辦法，由中央主管機關擬訂，報請行政院核定之。

雇主所提撥勞工退休準備金，應由勞工與雇主共同組織勞工退休準備金監督委員會監督之。委員會中勞工代表人數不得少於三分之二；其組織準則，由中央主管機關定之。

雇主按月提撥之勞工退休準備金比率之擬訂或調整，應經事業單位勞工退休準備金監督委員會審議通過，並報請當地主管機關核定。

金融機構辦理核貸業務，需查核該事業單位勞工退休準備金提撥狀況之必要資料時，得請當地主管機關提供。

金融機構依前項取得之資料，應負保密義務，並確實辦理資料安全稽核作業。

前二項有關勞工退休準備金必要資料之內容、範圍、申請程序及其他應遵行事項之辦法，由中央主管機關會商金融監督管理委員會定之。

第五十七條　（勞工年資之計算）

勞工工作年資以服務同一事業者為限。但受同一雇主調動之工作年資，及依第二十條規定應由新雇主繼續予以承認之年資，應予併計。

第五十八條　勞工請領退休金之權利，自退休之次月起，因五年間不行使而消滅。

勞工請領退休金之權利，不得讓與、抵銷、扣押或供擔保。

勞工依本法規定請領勞工退休金者，得檢具證明文件，於金融機構開立專戶，專供存入勞工退休金之用。

前項專戶內之存款，不得作為抵銷、扣押、供擔保或強制執行之標的。

第七章　職業災害補償

第五十九條　　勞工因遭遇職業災害而致死亡、殘廢、傷害或疾病時，雇主應依左列規定予以補償。但如同一事故，依勞工保險條例或其他法令規定，已由雇主支付費用補償者，雇主得予以抵充之：

一、勞工受傷或罹患職業病時，雇主應補償其必需之醫療費用。職業病之種類及其醫療範圍，依勞工保險條例有關之規定。

二、勞工在醫療中不能工作時，雇主應按其原領工資數額予以補償。

　　但醫療期間屆滿二年仍未能痊癒，經指定之醫院診斷，審定為喪失原有工作能力，且不合第三款之殘廢給付標準者，雇主得一次給付四十個月之平均工資後，免除此項工資補償責任。

三、勞工經治療終止後，經指定之醫院診斷，審定其身體遺存殘廢者，雇主應按其平均工資及其殘廢程度，一次給予殘廢補償。

　　殘廢補償標準，依勞工保險條例有關之規定。

四、勞工遭遇職業傷害或罹患職業病而死亡時，雇主除給與五個月平均工資之喪葬費外，並應一次給與其遺屬四十個月平均工資之死亡補償。

　　其遺屬受領死亡補償之順位如左：

　　(一)配偶及子女。

　　(二)父母。

　　(三)祖父母。

　　(四)孫子女。

　　(五)兄弟姐妹。

第六十條　　　（補償金抵充賠償金）

　　　　　　雇主依前條規定給付之補償金額，得抵充就同一事故所生損害之賠償金額。

第六十一條　（補償金之時效期間）

第五十九條之受領補償權，自得受領之日起，因二年間不行使而消滅。

受領補償之權利，不因勞工之離職而受影響，且不得讓與、抵銷、扣押或擔保。

第六十二條　（承攬人中間承攬人及最後承攬人之連帶雇主責任）

事業單位以其事業招人承攬，如有再承攬時，承攬人或中間承攬人，就各該承攬部分所使用之勞工，均應與最後承攬人，連帶負本章所定雇主應負職業災害補償之責任。

事業單位或承攬人或中間承攬人，為前項之災害補償時，就其所補償之部分，得向最後承攬人求償。

第六十三條　（事業單位之督促義務及連帶補償責任）

承攬人或再承攬人工作場所，在原事業單位工作場所範圍內，或為原事業單位提供者，原事業單位應督促承攬人或再承攬人，對其所僱用勞工之勞動條件應符合有關法令之規定。

事業單位違背勞工安全衛生法有關對於承攬人、再承攬人應負責任之規定，致承攬人或再承攬人所僱用之勞工發生職業災害時，應與該承攬人、再承攬人負連帶補償責任。

第八章　技術生

第六十四條　（技術生之定義之最低年齡）

雇主不得招收未滿十五歲之人為技術生。但國民中學畢業者，不在此限。

稱技術生者，指依中央主管機關規定之技術生訓練職類中以學習技能為目的，依本章之規定而接受雇主訓練之人。

本章規定，於事業單位之養成工、見習生、建教合作班之學生及其他與技術生性質相類之人，準用之。

第六十五條　（書面訓練契約及其內容）

雇主招收技術生時，須與技術生簽訂書面訓練契約一式三份，訂明訓練項目、訓練期限、膳宿負擔、生活津貼、相關教學、

勞工保險、結業證明、契約生效與解除之條件及其他有關雙方
權利、義務事項，由當事人分執，並送主管機關備案。

前項技術生如為未成年人，其訓練契約，應得法定代理人之允
許。

第六十六條　（收取訓費用之禁止）

雇主不得向技術生收取有關訓練費用。

第六十七條　（技術生之留用及留用期間之限制）

技術生訓練期滿，雇主得留用之，並應與同等工作之勞工享受
同等之待遇。雇主如於技術生訓練契約內訂明留用期間，應不
得超過其訓練期間。

第六十八條　（技術生人數之限制）

技術生人數，不得超過勞工人數四分之一。勞工人數不滿四人
者，以四人計。

第六十九條　（準用規定）

本法第四章工作時間、休息、休假，第五章童工、女工，第七
章災害補償及其他勞工保險等有關規定，於技術生準用之。

技術生災害補償所採薪資計算之標準，不得低於基本工資。

第九章　工作規則

第七十條　雇主僱用勞工人數在三十人以上者，應依其事業性質，就左列
事項訂立工作規則，報請主管機關核備後並公開揭示之：

一、工作時間、休息、休假、國定紀念日、特別休假及繼續性
工作之輪班方法。

二、工資之標準、計算方法及發放日期。

三、延長工作時間。

四、津貼及獎金。

五、應遵守之紀律。

六、考勤、請假、獎懲及升遷。

七、受僱、解僱、資遣、離職及退休。

八、災害傷病補償及撫卹。

九、福利措施。

十、勞雇雙方應遵守勞工安全衛生規定。

十一、勞雇雙方溝通意見加強合作之方法。

十二、其他。

第七十一條　（工作規則之效力）

工作規則，違反法令之強制或禁止規定或其他有關該事業適用之團體協約規定者，無效。

第十章　監督與檢查

第七十二條　中央主管機關，為貫徹本法及其他勞工法令之執行，設勞工檢查機構或授權直轄市主管機關專設檢查機構辦理之；直轄市、縣（市）主管機關於必要時，亦得派員實施檢查。

前項勞工檢查機構之組織，由中央主管機關定之。

第七十三條　（檢查員之職權）

檢查員執行職務，應出示檢查證，各事業單位不得拒絕。事業單位拒絕檢查時，檢查員得會同當地主管機關或警察機關強制檢查之。

檢查員執行職務，得就本法規定事項，要求事業單位提出必要之報告、紀錄、帳冊及有關文件或書面說明。如需抽取物料、樣品或資料時，應事先通知雇主或其代理人並掣給收據。

第七十四條　（勞工之申訴權及保障）

勞工發現事業單位違反本法及其他勞工法令規定時，得向雇主、主管機關或檢查機構申訴。

雇主不得因勞工為前項申訴而予解僱、調職或其他不利之處分。

第十一章　罰則

第七十五條　違反第五條規定者，處五年以下有期徒刑、拘役或科或併科新臺幣七十五萬元以下罰金。

第七十六條　違反第六條規定者，處三年以下有期徒刑、拘役或科或併科新
　　　　　　臺幣四十五萬元以下罰金。

第七十七條　違反第四十二條、第四十四條第二項、第四十五條第一項、第
　　　　　　四十七條、第四十八條、第四十九條第三項或第六十四條第一
　　　　　　項規定者，處六個月以下有期徒刑、拘役或科或併科新臺幣
　　　　　　三十萬元以下罰金。

第七十八條　未依第十七條、第五十五條規定之標準或期限給付者，處新臺
　　　　　　幣三十萬元以上一百五十萬元以下罰鍰，並限期令其給付，屆
　　　　　　期未給付者，應按次處罰。
　　　　　　違反第十三條、第二十六條、第五十條、第五十一條或第
　　　　　　五十六條第二項規定者，處新臺幣九萬元以上四十五萬元以下
　　　　　　罰鍰。

第七十九條　有下列各款規定行為之一者，處新臺幣二萬元以上三十萬元以
　　　　　　下罰鍰：
　　　　　　一、違反第七條、第九條第一項、第十六條、第十九條、第
　　　　　　　　二十一條第一項、第二十二條至第二十五條、第二十八條
　　　　　　　　第二項、第三十條第一項至第三項、第六項、第七項、第
　　　　　　　　三十二條、第三十四條至第四十一條、第四十六條、第
　　　　　　　　四十九條第一項、第五十六條第一項、第五十九條、第
　　　　　　　　六十五條第一項、第六十六條至第六十八條、第七十條或
　　　　　　　　第七十四條第二項規定。
　　　　　　二、違反主管機關依第二十七條限期給付工資或第三十三條調
　　　　　　　　整工作時間之命令。
　　　　　　三、違反中央主管機關依第四十三條所定假期或事假以外期間
　　　　　　　　內工資給付之最低標準。
　　　　　　違反第三十條第五項或第四十九條第五項規定者，處新臺幣九
　　　　　　萬元以上四十五萬元以下罰鍰。

第七十九之一條　違反第四十五條第二項、第四項、第六十四條第三項及第
　　　　　　　　六十九條第一項準用規定之處罰，適用本法罰則章規定。

第八十條　　拒絕、規避或阻撓勞工檢查員依法執行職務者，處新臺幣三萬

元以上十五萬元以下罰鍰。

第八十之一條　違反本法經主管機關處以罰鍰者，主管機關應公布其事業單位或事業主之名稱、負責人姓名，並限期令其改善；屆期未改善者，應按次處罰。

主管機關裁處罰鍰，得審酌與違反行為有關之勞工人數、累計違法次數或未依法給付之金額，為量罰輕重之標準。

第八十一條　法人之代表人、法人或自然人之代理人、受僱人或其他從業人員，因執行業務違反本法規定，除依本章規定處罰行為人外，對該法人或自然人並應處以各該條所定之罰金或罰鍰。但法人之代表人或自然人對於違反之發生，已盡力為防止行為者，不在此限。

法人之代表人或自然人教唆或縱容為違反之行為者，以行為人論。

第八十二條　本法所定之罰鍰，經主管機關催繳，仍不繳納時，得移送法院強制執行。

第十二章　附則

第八十三條　（勞資會議之舉辦及其辦法）

為協調勞資關係，促進勞資合作，提高工作效率，事業單位應舉辦勞資會議。其辦法由中央主管機關會同經濟部訂定，並報行政院核定。

第八十四條　（公務員兼具勞工身分時法令之適用方法）

公務員兼具勞工身分者，其有關任（派）免、薪資、獎懲、退休、撫卹及保險（含職業災害）等事項，應適用公務員法令之規定。但其他所定勞動條件優於本法規定者，從其規定。

第八十四之一條　（另行約定之工作者）

經中央主管機關核定公告之下列工作者，得由勞雇雙方另行約定，工作時間、例假、休假、女性夜間工作，並報請當地主管機關核備，不受第三十條、第三十二條、第三十六條、第三十七條、第四十九條規定之限制。

一、監督、管理人員或責任制專業人員。

二、監視性或間歇性之工作。

三、其他性質特殊之工作。

前項約定應以書面為之，並應參考本法所定之基準且不得損及勞工之健康及福祉。

第八十四之二條　（工作年資之計算）

勞工工作年資自受僱之日起算，適用本法前之工作年資，其資遣費及退休金給與標準，依其當時應適用之法令規定計算；當時無法令可資適用者，依各該事業單位自訂之規定或勞雇雙方之協商計算之。適用本法後之工作年資，其資遣費及退休金給與標準，依第十七條及第五十五條規定計算。

第八十五條　（施行細則）

本法施行細則，由中央主管機關擬定，報請行政院核定。

第八十六條　（施行日）

本法自公布日施行。但中華民國八十九年六月二十八日修正公布之第三十條第一項及第二項規定，自九十年一月一日施行。

本法中華民國一百零四年一月二十日修正之條文，除第二十八條第一項自公布後八個月施行外，自公布日施行。

本法中華民國一百零四年五月十五日修正之條文，自一百零五年一月一日施行。

工業管理叢書 4

職業安全管理與實務

編 著 者／張國信
出 版 者／揚智文化事業股份有限公司
發 行 人／葉忠賢
總 編 輯／閻富萍
特約執編／鄭美珠
地　　址／新北市深坑區北深路三段 260 號 8 樓
電　　話／(02)8662-6826
傳　　真／(02)2664-7633
網　　址／http://www.ycrc.com.tw
　E-mail ／service@ycrc.com.tw
印　　刷／鼎易印刷事業股份有限公司
　ISBN ／978-986-298-196-2
初版一刷／2007 年 8 月
二版一刷／2015 年 11 月
定　　價／新台幣 550 元

國家圖書館出版品預行編目（CIP）資料

職業安全管理與實務 / 張國信編著. -- 二版.
-- 新北市 : 揚智文化, 2015.11
面； 公分. -- (工業管理叢書 ;4)

ISBN 978-986-298-196-2(平裝)

1.工業安全 2.職業衛生

555.56   104017538